The Intellectual Revolution

THE JOINT ASSOCIATION OF
CLASSICAL TEACHERS' GREEK COURSE

The Intellectual Revolution

SELECTIONS FROM
EURIPIDES, THUCYDIDES AND PLATO

TEXT AND RUNNING VOCABULARY

CAMBRIDGE
UNIVERSITY PRESS

Published by the Press Syndicate of the University of Cambridge
The Pitt Building, Trumpington Street, Cambridge CB2 1RP
40 West 20th Street, New York, NY 10011-4211, USA
10 Stamford Road, Oakleigh, Melbourne 3166, Australia

First published 1980
Reprinted 1985, 1987, 1989, 1992, 1994, 1998

Printed in the United Kingdom at the
University Press, Cambridge

Library of Congress cataloguing in publication data

Main entry under title:
The Intellectual Revolution.
1. Greek language – Readers. I. Euripides. II. Thucydides.
III. Plato. IV. The Joint Association of Classical Teachers'
Greek Course.
PA260.15   488'.6'421   79–16754

ISBN 0 521 22461 6 (paperback)

CONTENTS

PREFACE

The J.A.C.T. Greek Course

The J.A.C.T. Greek Course, which is aimed at beginning students in the upper school, at university and in adult education, was produced by a Project Team (Dr P.V. Jones, Dr K.C. Sidwell and Miss F.E. Corrie) working full-time at Hughes Hall, Cambridge between 1974 and 1978, under the guidance of a Steering Committee and Advisory Panel made up as follows:

Steering Committee: Professor J.P.A. Gould (Bristol University) (Chairman); M.G. Balme (Harrow School); R.M. Griffin (Manchester Grammar School); Dr J.T. Killen (Joint Treasurer, Jesus College, Cambridge); Sir Desmond Lee (Joint Treasurer, President, Hughes Hall, Cambridge); A.C.F. Verity (Headmaster, Leeds Grammar School); Miss E.P. Story (Hughes Hall, Cambridge).

Advisory Panel: G.L. Cawkwell (University College, Oxford); Dr J. Chadwick (Downing College, Cambridge); Professor A. Morpurgo Davies (Somerville College, Oxford); Sir Kenneth Dover (President, Corpus Christi College, Oxford); Professor E.W. Handley (University College, London); B.W. Kay (HMI); Dr A.H. Sommerstein (Nottingham University); Dr B. Sparkes (Southampton University); G. Suggitt (Headmaster, Stratton School); A.F. Turberfield (HMI).

The first part of the J.A.C.T. Greek Course is *Reading Greek* (C.U.P., 1978). It consists of two volumes, one of *Text* and one of *Grammar, Vocabulary and Exercises* (with an accompanying Morphology Chart), and gives the student a thorough introduction to Attic Greek as well as to Herodotus and Homer. The Foreword to *Reading Greek,* written by Sir Kenneth Dover, and the Preface give details of the setting-up, production, testing and methodology of the Course. The two volumes *A World of Heroes: Selections from Homer, Herodotus and Sophocles,* and *The Intellectual Revolution: Selections from Euripides, Thucydides and Plato* are designed to take students on from *Reading Greek* and to give them a graded introduction to six of Ancient Greece's most important authors.

The Intellectual Revolution: Selections from Euripides, Thucydides and Plato

Each author is represented by a *c.* 300-line introductory extract, the aim of which is to acclimatise the student to the most important features of the author's work, followed by the *c.* 300-line 'target' passage, usually a continuous piece of Greek taken from one of his most important works. (Plato has two 'target' passages.) When students have completed the reading in any author, they should be well prepared to read widely in him. We have taken the selections from the very finest Greek literature, while attempting at the same time to make the selections both coherent and typical of the author's work.

There are two different types of help: one given in the Text itself, the other contained in the J.A.C.T. Greek Course's *Greek Vocabulary* (C.U.P., 1980). Help in the Text is given on the assumption that the grammar and learning vocabulary of *Reading Greek* is known. Asterisked vocabulary will not be given again and has to be learnt. For students who have not used *Reading Greek* and for those whose memory lets them down, *Greek Vocabulary* contains all the learning vocabulary of *Reading Greek* together with all the vocabulary to be learnt in both *A World of Heroes* and *The Intellectual Revolution*. Students therefore have at hand all the help they should need to be able to read these texts with increasing fluency. Students who have used *Reading Greek* will also find that many of the assumptions that the authors of these selections make about their times and their art are familiar, and should therefore be in a good position to explore these texts sensitively and intelligently.

Please note that the vocabulary help given for each author is provided quite independently of the help given with other authors in the selection. Consequently, students can read the authors in any order they like. This principle also applies to the alternative 'target' passages given for Plato: the help given with both 'target' passages assumes that only the preceding introductory passage has been read.

Acknowledgements

The *Acknowledgements* in *Reading Greek* lay out the full extent of the debt we owe to our Steering Committee and Advisory Panel (as well as others), and it is a pleasure to be able to recall that debt again. We must stress again, however, that sole responsibility for all decisions taken about the Course and for all errors of omission and commission lies entirely with the Project Team.

> Peter V. Jones (Director)
> Keith C. Sidwell (Second Writer)
> Frances E. Corrie (Research Assistant)

Copyright Acknowledgements

Thanks are due to the following for permission to reproduce photographs: pp. xii, 44, 107 (below), 115 (centre) Staatliche Museen, Berlin; cover, 96 Walter Bareiss; 7 (left), 107 (above) Deutsches Archäologisches Institut, Athens; 7 (right), 71, 79, 105, 115 (above and below), 121 British Museum; 13, 27 D. Harrisiadis and the National Tourist Organisation of Greece; 15 (above), 53 (right) Metropolitan Museum of Art, New York; 15 (below) Vatican Museum; 19, 33, 37, 159 (below) Musée du Louvre; 35 Staatliche Museen, Munich; 39 Potenza; 55 Württemburgisches Landesmuseum, Stuttgart; 57, 59, 63, 67, 129, 135 (both), 137, 139, 155 Agora Excavations, American School of Classical Studies, Athens; 61, 119 Museum of Fine Arts, Boston; 65 Martin von Wagner Museum der Universität Würzburg; 117 National Gallery of Victoria; 159 (above) Musée Royaux d'Art et d'Histoire, Brussels.

ABBREVIATIONS

abs.(olute)
acc.(usative)
act.(ive)
adj.(ective)
adv.(erb)
aor.(ist)
art.(icle)
aug.(ment)
cf. (=confer) (Latin: 'compare')
comp.(arative)
cond.(itional)
conj.(ugated, ugation)
contr.(acted, action)
dat.(ive)
decl.(ension)
def.(inite)
del.(iberative)
dir.(ect)
f.(eminine)
fut.(ure)
gen.(itive)
imper.(ative)
impf.(=imperfect)
inc.(luding)
ind.(icative)
indec.(linable)
indef.(inite)
indir.(ect)
inf.(initive)
irr.(egular)
lit.(erally)
m.(asculine)
mid.(dle)
n.(euter)
nom.(inative)

opt.(ative)
part.(iciple)
pass.(ive)
perf.(ect)
pl.(ural)
plup.(erfect)
prep.(osition)
pres.(ent)
prim.(ary)
pron.(oun)
q.(uestion)
redupl.(icated, ication)
rel.(ative)
s.(ingular)
sc.(ilicet) (Latin: 'presumably')
sec.(ondary)
seq.(uence)
sp.(eech)
str.(ong)
subj.(unctive)
sup.(erlative)
tr.(anslate)
uncontr.(acted)
unfulf.(illed)
vb. (=verb)
voc.(ative)
wk (=weak)
1st, 2nd, 3rd *refer to persons of the verb, i.e.*
  1st s. ='I'
  2nd s. ='you'
  3rd s. ='he, she, it'
  1st pl. ='we'
  2nd pl. ='you'
  3rd pl. ='they'

NOTES

1   Words to be learnt are asterisked. They will not appear in the vocabulary
    again. All such words, together with all the words set to be learned in *Reading*
    Greek, appear in the J.A.C.T. Greek Course's *Greek Vocabulary*, which should
    be used with this book.

2   Linking devices, sparingly used, link words which are to be taken together.
    The devices used are ⌐ and ⌐⌐.

3   Sections are numbered to run consecutively through each author. The text is
    based on the Oxford text, and the Oxford text reference is given in brackets
    after each section heading.

4   Sir Desmond Lee has kindly contributed the Plato translation. All other
    translations are our own, though we acknowledge a special reliance upon
    Crawley for the Thucydides.

CONVENTIONS

1   Noun-types are indicated by a number and letter, e.g. a noun labelled
    1a declines like βοή

    1b: ἀπορία   3b: πρᾶγμα

    1c: τόλμα   3c: πλῆθος

    1d: ναύτης, νεανίας   3d: τριήρης

    2a: ἄνθρωπος   3e: πόλις, πρέσβυς

    2b: ἔργον   3f: ἄστυ

    3a: λιμήν   3g: βασιλεύς

                             3h: ὀφρῦς

2   Adjectives are quoted as follows: καλός ή όν, βραχύς εῖα ύ, ἀληθής ές,
    κακοδαίμων ον.

3   The most common alternative stem(s) of verbs are quoted unaugmented in
    brackets after the lexicon form, e.g. μανθάνω (μαθ-).

One of Medeia's rejuvenation spells

EURIPIDES

Theseus and Herakles argue about the nature of the gods:

ΘΗΣΕΥΣ	THESEUS
οὐδεὶς δὲ θνητῶν ταῖς τύχαις ἀκήρατος,	No man is untouched by chance,
οὐ θεῶν, ἀοιδῶν εἴπερ οὐ ψευδεῖς λόγοι.	nor any of the gods, if what the poets say is true.
οὐ λέκτρ' ἐν ἀλλήλοισιν, ὧν οὐδεὶς νόμος,	Have they not made marriages unsanctioned by law?
συνῆψαν; οὐ δεσμοῖσι διὰ τυραννίδας	And humiliated their fathers, binding them in chains –
πατέρας ἐκηλίδωσαν; ἀλλ' οἰκοῦσ' ὅμως	all to seize power? But these criminals
Ὄλυμπον ἠνέσχοντό θ' ἡμαρτηκότες.	continue to live in Olympos just the same . . .

ΗΡΑΚΛΗΣ	HERAKLES
ἐγὼ δὲ τοὺς θεοὺς οὔτε λέκτρ' ἃ μὴ θέμις	I do not think that the gods yearn for unlawful marriages,
στέργειν νομίζω, δεσμά τ' ἐξάπτειν χεροῖν	and I never believed, nor will believe
οὔτ' ἠξίωσα πώποτ' οὔτε πείσομαι,	that chains were fastened on their hands,
οὐδ' ἄλλων ἄλλου δεσπότην πεφυκέναι.	nor that one god is master of another.
δεῖται γὰρ ὁ θεός, εἴπερ ἔστ' ὀρθῶς θεός,	For god, if he is truly god, needs nothing.
οὐδενός· ἀοιδῶν οἴδε δύστηνοι λόγοι.	These are just the sorry tales of poets.

Herakles 1313–46 (*pass.*)

This Selection

Introductory passage: Medeia rejected (*Medeia* 16–575 (*pass.*)) page 4
Target passage: Medeia's revenge (*Medeia* 772–1383 (*pass.*)) page 22

Euripides, the tragedian

Euripides (*Εὐριπίδης*) was an Athenian, who was born about 485 and died in 406. He was associated with the sophistic movement, and is said to have

scandalised his audiences with his exploitation of new ideas (vigorously paro-
died by Aristophanes in his *Frogs,* in which Aeschylus and Euripides have their
plays closely, if comically, examined). It was possibly this unpopularity which
caused him to leave Athens for the court of King Arkhelaos in Macedonia in
408, where he later died. He is said to have written 92 plays in all, of which 18 (if
one discounts the authenticity of the *'Ρῆσος (Rhesus)*) survive in full. In a
possible chronological order, with Greek titles followed by the most common
ones used in English, they are: *"Αλκηστις (Alcestis), Μήδεια (Medea),
'Ιππόλυτος (Hippolytus), 'Εκάβη (Hecuba), 'Ανδρομάχη (Andromache),
'Ηρακλεῖδαι (Heraclidae, or Children of Hercules), 'Ικέτιδες (Supplices, or Sup-
pliant Women), 'Ηρακλῆς (Hercules, or Hercules Furens), Τρῳάδες (Troades, or
Trojan Women), 'Ηλέκτρα (Electra), 'Ελένη (Helen), 'Ιφιγένεια ἡ ἐν Ταύροις
(Iphigenia in Tauris), "Ιων (Ion), Φοίνισσαι (Phoenissae, or Phoenician Women),
'Ορέστης (Orestes), 'Ιφιγένεια ἡ ἐν Αὐλίδι (Iphigenia in Aulis), Βάκχαι (Bacchae),
Κύκλωψ (Cyclops).* His often sceptical handling of ancient myths and his interest
in human psychology produced many plays which have a modern ring to them.

Euripides and his times

You have already met in *Reading Greek,* Sections Five to Six something of the
common reaction of distrust of the sophists and their disruption of conventional
values. Their questioning of the basis of traditional beliefs and their assumption
that anything which concerned human existence – religion, state, justice, moral
values – should become the subject of rational debate was obviously deeply
disturbing. Euripides takes these issues out of the sphere of philosophical
discussion and gives them dramatic representation.

Euripides' interest centres on the relationship of man to man, not to the gods.
He moves away from the picture that you have met in the story of Adrastos
(*Reading Greek,* Section Eighteen), written by Herodotus, a near contemporary
of Euripides, which shows a universe in some way divinely ordered, in which
individual fates are worked out. Euripides analyses human nature, its instincts,
passions and motives: he shows us men and women confronting the problem of
evil, not as an alien thing imposed upon them from outside, but as a part of
themselves.

Closely associated with the growth of sophism was that of rhetoric: if
absolute standards can no longer be used to judge right and wrong, the ability to
argue a case and persuade becomes paramount. The importance of the ability to
speak well is something with which you are familiar in the ordinary institutions
in Athens, the assembly and the law-courts. This is exploited in the way the
characters present the situations in which they are involved.

Background to the Medeia

Jason was the son of the king of Iolkos, but his kingdom was usurped by his uncle Pelias. When Jason tried to reclaim it, his uncle sent him first on a quest to prove the validity of his claim: this was to find and bring back the golden fleece from Kolkhis, a land at the far end of the Black Sea. Jason and his companions set out in the ship Argo and after many dangers reached Kolkhis. Here Jason had to perform a number of tasks to win the golden fleece: he had to capture and yoke a pair of wild, fire-breathing oxen, plough a field with them and sow the ground with dragon's teeth, then survive the onslaught of the armed men who sprang up from them. After that, he still had to kill the unsleeping snake which guarded the fleece. But the king's daughter, Medeia, fell in love with Jason and helped him to perform these tasks by her magic powers. They then fled together from Kolkhis with the fleece and Medeia dismembered her own brother, scattering his limbs in the sea, to delay their pursuers.

Jason and Medeia returned to Iolkos and took vengeance on his uncle Pelias; Medeia persuaded Pelias' daughters that she could rejuvenate their aged father by magic, if they cut him up and boiled him in a cauldron – but she did not restore him to life. After this, Jason and Medeia fled from Iolkos and settled in exile in Corinth, where they lived for some time and two children were born to them. It is the disruption of their relationship that provides the action of the *Medeia* – for Jason now proposes to abandon Medeia to make a politically advantageous marriage with the daughter of Kreon, king of Corinth.

Medeia

In the *Medeia* Euripides is interested in presenting conflict in the way the central characters see the situation. Jason takes what he sees as a clear, rational line: he sees himself as σώφρων and acting with the best of intentions – but is he just rationalising a selfish position? Medeia shows the violence of the frustrated, of a woman whose life is forced by convention to centre on her marriage and who has no other support. But the mythical background is very important, for Medeia is not merely a woman but a barbarian with magic powers. The force of her emotion is coupled with a capacity for, and ruthlessness in, action. In the *Medeia*, the conflicting claims of reason and emotion are represented not merely in the clash between Medeia and Jason, but in the duality of human nature itself within Medeia. Medeia wants to hurt the man who has abandoned her and if the best way to do that is by killing her own children, then ultimately she is prepared to do it – even though she recognises that she is allowing her emotion to override her reason, and that the two will succumb to the deepest anguish at their loss.

Introductory passage:
Medeia rejected (*Medeia* 16–575 *(pass.)*)

The nurse wishes Jason had never sailed to fetch the golden fleece. (1–15)

NURSE I wish that the Argo had not
flown over the waves to the blue Clashing-Rocks
and that in Pelion's groves the hewn pine-trunk had never fallen
and the heroes' hands had never touched the oars
to seek, for Pelias, the golden fleece.
For my mistress then would not
have sailed to the towers of the land of Iolkos
struck in her heart with love for Jason.
And she would not, through persuading the maiden daughters of Pelias to kill
their father, be dwelling now in this land of Corinth
with husband and with children, finding favour
in her exile with the citizens to whose land she has come
and serving Jason in everything.
For this indeed is the woman's greatest source of security
when she does not have differences with her husband.

1   *Now everything has changed; Jason is going to leave Medeia for a
king's daughter. Medeia is bitter and despairing. (16–33)*

ΤΡΟΦΟΣ
νῦν δ' ἐχθρὰ πάντα, καὶ νοσεῖ τὰ φίλτατα.
προδοὺς γὰρ αὑτοῦ τέκνα δεσπότιν τ' ἐμὴν
γάμοις Ἰάσων βασιλικοῖς εὐνάζεται,
γήμας Κρέοντος παῖδ', ὃς αἰσυμνᾷ χθονός·
Μήδεια δ' ἡ δύστηνος ἠτιμασμένη   5
βοᾷ μὲν ὅρκους, ἀνακαλεῖ δὲ δεξιᾶς
πίστιν μεγίστην, καὶ θεοὺς μαρτύρεται
οἵας ἀμοιβῆς ἐξ Ἰάσονος κυρεῖ.
κεῖται δ' ἄσιτος, σῶμ' ὑφεῖσ' ἀλγηδόσι,
τὸν πάντα⌜ συντήκουσα δακρύοις ⌝χρόνον,   10
ἐπεὶ πρὸς ἀνδρὸς ᾔσθετ' ἠδικημένη,

οὔτ' ὄμμ' ἐπαίρουσ' οὔτ' ἀπαλλάσσουσα γῆς
πρόσωπον· ὡς δὲ πέτρος ἢ θαλάσσιος
κλύδων ἀκούει νουθετουμένη φίλων,
ἢν μή ποτε στρέψασα πάλλευκον δέρην,
αὐτὴ πρὸς αὑτήν, πατέρ' ἀποιμώξῃ φίλον
καὶ γαῖαν οἴκους θ', οὓς προδοῦσ' ἀφίκετο
μετ' ἀνδρὸς ὅς σφε νῦν ἀτιμάσας ἔχει.

15

αἰσυμνάω rule over (+ gen.)
*ἀλγηδών (ἀλγηδον-), ἡ pain,
  suffering (3a)
ἀμοιβή, ἡ recompense (1a)
ἀνακαλέω invoke again and
  again
*ἀπαλλάττω ⇋ ἀπαλλάσσω
  remove x (acc.) from y
  (gen.); remove; free x (acc.)
  from y (gen.); dismiss
ἀποιμώζω bewail loudly
ἄσιτος ον without food
ἀτιμάσας ἔχει '(he) has
  dishonoured'
*βασιλικός ή όν royal, kingly
  γάμοις . . . βασιλικοῖς lit. 'a
  royal marriage' i.e. 'a royal
  wife'
δέρη, ἡ neck (1a)
δεσπότις (δεσποτιδ-), ἡ
  mistress (3a)

*δύστηνος ον wretched,
  unhappy
ἐπαίρω raise
εὐνάζομαι (pass.) sleep with
  (+dat.)
ἤν = ἐάν if
  ἢν μή 'except that'
θαλάσσιος α ον of the sea
*Ἰάσων (Ἰασον-), ὁ Jason
  (leader of the Argonauts) (3a)
κλύδων (κλυδων-), ὁ wave
  (3a)
*Κρέων (κρεοντ-), ὁ Kreon
  (3a) (tyrant of Corinth)
*κυρέω meet with, find (+dat.
  or gen.); happen, come to
  pass; turn out, prove to be
*Μήδεια, ἡ Medeia (1b)
  (daughter of king of Kolkhis,
  who saved Jason and married
  him)

νοσέω be sick, ailing
*νουθετέω warn, rebuke;
  chastise
*ὄμμα (ὀμματ-), τό eye (3b)
πάλλευκος ον completely
  white
*πέτρος, ὁ stone (2a)
*πίστις, ἡ pledge, assurance;
  good faith, trust (3e)
*πρός (+gen.) at the hands of
*πρόσωπον, τό face (2b)
*στρέφω turn, twist
συντήκω cause to waste away
*σφε (enclitic) her, him (acc.)
ὑφίημι (ὑφε(ι)-) give up,
  surrender
*χθών (χθον-), ἡ land, earth.
  (3a)

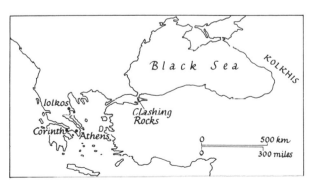

The Black Sea

2   *Medeia has learned a hard lesson. She is in a dangerous mood. The children arrive with the Paidagogos. (34–48)*

ΤΡ.   ἔγνωκε δ᾽ ἡ τάλαινα συμφορᾶς ὕπο
οἷον πατρῴας μὴ ἀπολείπεσθαι χθονός.   20
στυγεῖ δὲ παῖδας οὐδ᾽ ὁρῶσ᾽ εὐφραίνεται.
δέδοικα δ᾽ αὐτὴν μή τι βουλεύσῃ νέον·
δεινὴ γάρ· οὔτοι ῥαδίως γε συμβαλὼν
ἔχθραν τις αὐτῇ καλλίνικον οἴσεται.
    ἀλλ᾽ οἵδε παῖδες ἐκ τροχῶν πεπαυμένοι   25
στείχουσι, μητρὸς οὐδὲν ἐννοούμενοι
κακῶν· νέα γὰρ φροντὶς οὐκ ἀλγεῖν φιλεῖ.

3   *The Paidagogos intimates to the Nurse that something new has come up. (49–62)*

ΠΑΙΔΑΓΩΓΟΣ
        παλαιὸν οἴκων κτῆμα δεσποίνης ἐμῆς,
        τί πρὸς πύλαισι τήνδ᾽ ἄγουσ᾽ ἐρημίαν
        ἕστηκας, αὐτὴ θρεομένη σαυτῇ κακά;   30
        πῶς σοῦ μόνη Μήδεια λείπεσθαι θέλει;
ΤΡ.   τέκνων ὀπαδὲ πρέσβυ τῶν Ἰάσονος,
        χρηστοῖσι δούλοις ξυμφορὰ τὰ⌐ δεσποτῶν
        κακῶς ⌐πίτνοντα, καὶ φρενῶν ἀνθάπτεται.
        ἐγὼ γὰρ ἐς τοῦτ⌐ ἐκβέβηκ᾽ ⌐ἀλγηδόνος,   35
        ὥσθ᾽ ἵμερός μ᾽ ὑπῆλθε γῇ τε κοὐρανῷ
        λέξαι μολούσῃ δεῦρο δεσποίνης τύχας.
ΠΑ.   οὔπω γὰρ ἡ τάλαινα παύεται γόων;
ΤΡ.   ζηλῶ σ᾽· ἐν ἀρχῇ πῆμα κοὐδέπω μεσοῖ.
ΠΑ.   ὦ μῶρος, εἰ χρὴ δεσπότας εἰπεῖν τόδε·   40
        ὡς οὐδὲν οἶδε τῶν νεωτέρων κακῶν.

4   *The Nurse presses him and he reluctantly reveals that Kreon, ruler of Corinth, intends to exile Medeia and her children. (63–81)*

ΤΡ.   τί δ᾽ ἔστιν, ὦ γεραιέ; μὴ φθόνει φράσαι.
ΠΑ.   οὐδέν· μετέγνων καὶ τὰ πρόσθ᾽ εἰρημένα.

*ἀλγέω feel pain, grieve, suffer
*ἀνθάπτομαι seize, attack; grapple with, engage in (+gen.)
*ἀπολείπομαι (pass.) be deprived of x (gen.)
*βουλεύω plan, devise; give counsel, advise
γεραιός ά όν old
γόος, ὁ weeping, wailing (2a)
*δέδοικα I am afraid (perf. of δείδω)
δεσπότας tr. 'of masters' *(do not take it as subj. of χρὴ)*
*ἐννοέομαι (and ἐννοέω) have in one's mind, consider, reflect
ἐρημία, ἡ solitude (1b)
ἐρημίαν ἄγω be alone
*ἐς τοῦτ᾽ ἐκβαίνω come to such an extreme of x (gen.)
*εὐφραίνω cheer, gladden; (pass.) enjoy oneself, make merry

*ζηλόω admire, esteem happy; (sc. 'in your ignorance'); envy, vie with
*θέλω wish, want (=ἐθέλω)
θρέομαι cry loudly
*ἵμερος, ὁ longing, yearning; desire, love (2a)
καλλίνικος, ὁ victory, glory of victory
μεσόω be in the middle
*μεταγιγνώσκω (μεταγνο-) change one's mind about x (acc.); repent, repent of
*μολών οὖσα όν coming, going (aor. part. of βλώσκω (μολ-))
μολούσῃ *take with με in previous line*
μόνος η ον bereft of, without (+gen.)
*νέος α ον untoward, unexpected
*ξύμφορος ον=σύμφορος

ον suitable (for), expedient (for), accompanying (+dat.)
ὀπαδός, ὁ attendant (2a)
*οὔτοι indeed . . . not
πῆμα (πηματ-), τό grief, misery, calamity (3b)
*πίτνω fall, happen, turn out (=πίπτω)
*πρέσβυς, ὁ old man (3e)
πρόσθε=πρόσθεν
*στυγέω hate, loathe
*συμβάλλω (συμβαλ-) engage in x (acc.) with y (dat.)
τροχός, ὁ hoop (sc. 'playing with') (2a)
ὑπέρχομαι (ὑπελθ-) come upon, steal over
*φέρομαι win, carry off (fut. οἴσομαι)
*φθονέω bear ill-will, grudge, be envious; refuse (+inf.)

Τροχός

Mother, nurse and child

TP.   μή, πρὸς γενείου, κρύπτε σύνδουλον σέθεν·
σιγὴν γάρ, εἰ χρή, τῶνδε⌐ θήσομαι ⌐πέρι.   45

ΠΑ.   ἤκουσά του λέγοντος, οὐ δοκῶν κλύειν,
πεσσοὺς προσελθών, ἔνθα δὴ παλαίτατοι
θάσσουσι, σεμνὸν ἀμφὶ Πειρήνης ὕδωρ,
ὡς τούσδε παῖδας γῆς ἐλᾶν Κορινθίας
σὺν μητρὶ μέλλοι τῆσδε κοίρανος χθονὸς   50
Κρέων. ὁ μέντοι μῦθος εἰ σαφὴς ὅδε
οὐκ οἶδα· βουλοίμην δ᾽ ἂν οὐκ εἶναι τόδε.

TP.   καὶ ταῦτ᾽ Ἰάσων παῖδας ἐξανέξεται
πάσχοντας, εἰ καὶ μητρὶ διαφορὰν ἔχει;

ΠΑ.   παλαιὰ καινῶν λείπεται κηδευμάτων,   55
κοὐκ ἔστ᾽ ἐκεῖνος τοῖσδε δώμασιν φίλος.

TP.   ἀπωλόμεσθ᾽ ἄρ᾽, εἰ κακὸν προσοίσομεν
νέον παλαιῷ, πρὶν τόδ᾽ ἐξηντληκέναι.

ΠΑ.   ἀτὰρ σύ γ᾽, οὐ γὰρ καιρὸς εἰδέναι τόδε
δέσποιναν, ἡσύχαζε καὶ σίγα λόγον.   60

5   The Nurse and Paidagogos exchange opinions about Jason's behaviour
and the Nurse warns the Paidagogos against approaching Medeia at
present. (82–95)

TP.   ὦ τέκν᾽, ἀκούεθ᾽ οἷος εἰς ὑμᾶς πατήρ;
ὄλοιτο μὲν μή· δεσπότης γάρ ἐστ᾽ ἐμός·
ἀτὰρ κακός γ᾽ ὢν ἐς φίλους ἁλίσκεται.

ΠΑ.   τίς δ᾽ οὐχὶ θνητῶν; ἄρτι γιγνώσκεις τόδε,
ὡς πᾶς τις αὑτὸν τοῦ‿πέλας μᾶλλον φιλεῖ,   65
εἰ τούσδε γ᾽ εὐνῆς οὕνεκ᾽ οὐ στέργει πατήρ.

TP.   ἴτ᾽, εὖ γὰρ ἔσται, δωμάτων ἔσω, τέκνα.
σὺ δ᾽ ὡς μάλιστα τούσδ᾽ ἐρημώσας ἔχε
καὶ μὴ πέλαζε μητρὶ δυσθυμουμένῃ.
ἤδη γὰρ εἶδον ὄμμα νιν ταυρουμένην   70
τοῖσδ᾽, ὥς τι δρασείουσαν· οὐδὲ παύσεται
χόλου, σάφ᾽ οἶδα, πρὶν κατασκῆψαί τινα.
ἐχθρούς γε μέντοι, μὴ φίλους, δράσειέ τι.

6   The Chorus of women of Corinth have expressed sympathy and anxiety for Medeia, who has been heard raging inside the palace. Medeia appears and makes a determined effort to win the Chorus' sympathy. She tells them she is not proud and aloof, but her position as a stranger makes things difficult. (214–29)

ΜΗΔΕΙΑ

Κορίνθιαι γυναῖκες, ἐξῆλθον δόμων,
μή μοί τι μέμφησθ᾽· οἶδα γὰρ πολλοὺς βροτῶν   75
σεμνοὺς γεγῶτας, τοὺς μὲν ὀμμάτων ⁀ἄπο,
τοὺς δ᾽ ἐν θυραίοις· οἱ δ᾽ ἀφ᾽ ἡσύχου ποδὸς
δύσκλειαν ἐκτήσαντο καὶ ῥᾳθυμίαν.

---

*ἀμφί (̔+acc.) around
ἀφ᾽ ἡσύχου ποδός i.e. 'because they live a quiet life'
γεγώς (γεγωτ-)= perf. part. of γίγνομαι
γένειον, τό chin (2b)
διαφορά, ἡ disagreement (1b)
  διαφορὰν ἔχω have a disagreement with x (dat.)
δρασείω have a mind to do
δυσθυμέομαι be angry, melancholy
δύσκλεια, ἡ ill-fame, infamy (1b)
  δύσκλειαν ἐκτήσαντο καὶ ῥᾳθυμίαν= 'got the reputation for indifference'
*δῶμα (δωματ-), τό house, hall, household (3b)
εἰ ... γε since in fact
εἰ καί (l. 54) even if
ἐλάω drive out of (+gen.)
ἐξανέχομαι bear up against, endure
ἐξαντλέω drain off; endure to the end
ἐρημόω keep isolated
  ἐρημώσας ἔχω tr. 'keep ... isolated'
*ἔσω (+gen.) inside, within

(=εἴσω)
*εὐνή, ἡ bed; marriage bed (1a)
θάσσω sit
θυραῖος α ον at the door
  ἐν θυραίοις i.e. 'in the public eye'
*καινός ή όν new, fresh; novel
*καιρός, ὁ time, occasion; opportunity (2a)
κατασκήπτω attack, fall upon
κήδευμα (κηδευματ-), τό marriage, alliance by marriage (3b)
*κοίρανος, ὁ ruler, lord, master (2a)
*Κορίνθιος α ον of Corinth
*κρύπτω hide, keep in the dark, conceal; keep secret (aor. pass. ἐκρύφθην)
*λείπομαι fall short of, be left without, be left behind, be inferior to (+gen.)
*νιν him, her (acc.)
ὄμμα tr. 'in her eyes'
ὀμμάτων ἄπο i.e. 'out of sight'
*οὔνεκα (+gen.) because of, on account of
Πειρήνη, ἡ Peirene (1a) (name of a Corinthian fountain)

πελάζω bring x (acc.) near to y (dat.)
πέλας near, nearby
  ὁ πέλας one's neighbour
πεσσοί, οἱ place where draughts is played (2a)
πρός (+gen.) by
  προσφέρω add x (acc.) to y (dat.)
ῥᾳθυμία, ἡ indifference, sluggishness (1b)
*σαφής ές clear, plain, distinct; true
*σέθεν=σοῦ of you
*σεμνός ή όν revered, holy; august, majestic; haughty
σίγη, ἡ silence (1a)
  σίγην τίθεμαι keep quiet
*στέργω love, show affection for, be content with
σύνδουλος, ἡ (sc. 'me a') fellow slave (2a)
ταυρόομαι be turned into a bull i.e. become angry at (+dat.)
*του=τινος someone
χόλος, ὁ gall, anger, wrath (2a)

δίκη γὰρ οὐκ ἔνεστ᾽ ἐν ὀφθαλμοῖς βροτῶν,
ὅστις πρὶν ἀνδρὸς σπλάγχνον ἐκμαθεῖν σαφῶς   80
στυγεῖ δεδορκώς, οὐδὲν ἠδικημένος.
χρὴ δὲ ξένον μὲν κάρτα προσχωρεῖν πόλει·
οὐδ᾽ ἀστὸν ἤνεσ᾽ ὅστις αὐθάδης γεγὼς
πικρὸς πολίταις ἐστὶν ἀμαθίας ῧπο.
ἐμοὶ δ᾽ ἄελπτον πρᾶγμα προσπεσὸν τόδε   85
ψυχὴν διέφθαρκ᾽· οἴχομαι δὲ καὶ βίου
χάριν μεθεῖσα κατθανεῖν χρήζω, φίλαι.
ἐν ᾧ γὰρ ἦν μοι πάντα, γιγνώσκει καλῶς,
κάκιστος ἀνδρῶν ἐκβέβηχ᾽ οὑμὸς πόσις.

7   *Marriage is a gamble for women – and one where all their happiness is
at stake. (230–51)*

ΜΗ.   πάντων δ᾽ ὅσ᾽ ἔστ᾽ ἔμψυχα καὶ γνώμην ἔχει   90
γυναῖκές ἐσμεν ἀθλιώτατον φυτόν·
ἃς πρῶτα μὲν δεῖ χρημάτων ὑπερβολῇ
πόσιν πρίασθαι, δεσπότην τε σώματος
λαβεῖν· κακοῦ γὰρ τοῦτ᾽ ἔτ᾽ ἄλγιον κακόν.
κἂν τῷδ᾽ ἀγὼν μέγιστος, ἢ κακὸν λαβεῖν   95
ἢ χρηστόν. οὐ γὰρ εὐκλεεῖς ἀπαλλαγαὶ
γυναιξίν, οὐδ᾽ οἷόν τ᾽ ἀνήνασθαι πόσιν.
ἐς καινὰ δ᾽ ἤθη καὶ νόμους ἀφιγμένην
δεῖ μάντιν εἶναι, μὴ μαθοῦσαν οἴκοθεν,
ὅπως μάλιστα χρήσεται ξυνευνέτῃ.   100
κἂν μὲν τάδ᾽ ἡμῖν ἐκπονουμέναισιν εὖ
πόσις ξυνοικῇ, μὴ βίᾳ φέρων ζυγόν,
ζηλωτὸς αἰών· εἰ δὲ μή, θανεῖν χρεών.
ἀνὴρ δ᾽, ὅταν τοῖς ἔνδον ἄχθηται ξυνών,
ἔξω μολὼν ἔπαυσε καρδίαν ἄσης·   105
ἡμῖν δ᾽ ἀνάγκη πρὸς μίαν ψυχὴν βλέπειν.
λέγουσι δ᾽ ἡμᾶς ὡς ἀκίνδυνον βίον
ζῶμεν κατ᾽ οἴκους, οἳ δὲ μάρνανται δορί·
κακῶς φρονοῦντες· ὡς τρὶς ἂν παρ᾽ ἀσπίδα
στῆναι θέλοιμ᾽ ἂν μᾶλλον ἢ τεκεῖν ἅπαξ.   110

8 *Medeia is a stranger with no refuge if her marriage breaks down: she swears the Chorus to silence should she find some way of avenging herself on Jason. (252–68)*

MH.   ἀλλ' οὐ γὰρ αὐτὸς⌐ πρὸς σὲ κἄμ' ἥκει ⌐λόγος·
σοὶ μὲν πόλις θ' ἥδ' ἐστὶ καὶ πατρὸς δόμοι
βίου τ' ὄνησις καὶ φίλων συνουσία,
ἐγὼ δ' ἔρημος ἄπολις οὖσ' ὑβρίζομαι
πρὸς ἀνδρός, ἐκ γῆς βαρβάρου λελῃσμένη,   115

ἄελπτος ον unexpected

αἰνέω praise, approve

*αἰών (αἰων-), ὁ life (3a)

ἀλγίων ον more grievous, painful (comp. of ἀλγεινός)

ἀμαθία, ἡ ignorance, lack of understanding, insensibility (1b)

*ἄν = ἐάν if once

ἀναίνομαι (ἀνην-) reject, spurn (sc. 'the advances of')

ἀπαλλαγή, ἡ divorce (1a)

*ἅπαξ once

ἄση, ἡ distress, vexation (1a)

ἀσπίς (ἀσπιδ-), ἡ shield (3a)

αὐθάδης ες stubborn, self-willed

ἄχθομαι be annoyed with, grieved at

βίᾳ unwillingly, perforce

βίου 'for life'

γιγνώσκει καλῶς (refers to οὑμὸς πόσις) sc. 'Jason'; tr. 'and he knows this perfectly well'

δεδορκώς looking upon (sc. 'him') (perf. part. of δέρκομαι)

*δόρυ (δορατ-), τό shaft; spear (gen. δορός, dat. δορί)

*ἐκβαίνω (ἐκβα-) turn out

ἐκπονέομαι finish, execute

ἔμψυχος ον animate, having life

ἐν ᾧ 'in whom'

*εὐκλεής ές bringing good reputation, respectable, of good repute, famous

*ζάω live

*ζηλωτός όν enviable, blessed, to be deemed happy

ζυγόν, τό yoke (sc. 'of marriage') (2b)

*ἦθος, τό custom, usage, character; pl. manners, customs (3c)

κἄν = καὶ ἄν

*καρδία, ἡ heart (1b)

*κάρτα very, very much; surely, indeed

κατθανεῖν = καταθανεῖν

λῄζω seize, carry off (as booty)

*μάντις, ὁ/ἡ prophet (ess), diviner, seer (3e)

*μάρναμαι fight, do battle

*ξύνειμι = σύνειμι be with, live with (+dat.)

ξυνευνέτης, ὁ bedfellow, husband (1a)

*οἴκοθεν at home, from home

οἴχομαι tr. 'all is up with me'

ὄνησις, ἡ enjoyment, delight

(in) (3e)

ὅστις tr. as if βροτῶν were singular: 'of man, who ...'

ὅπως μάλιστα χρήσεται 'how exactly she will deal with ...'

*πικρός ά όν bitter; hateful to (+dat.); vindictive; pungent, piercing

*προσπίπτω (προσπεσ-) befall, come suddenly upon (+dat.); fall upon, encounter (+dat.)

προσχωρέω side with, support, comply with (+dat.)

πρῶτα = πρῶτον

σπλάγχνον, τό inward parts, 'heart' (seat of the affections) (2b)

συνουσία, ἡ company (1b)

*τρίς three times

ὑπερβολή, ἡ excess (1a)

χρημάτων ὑπερβολῇ i.e. 'for a very high price'

φυτόν, τό creature (2b)

*χρεών (sc. ἐστί) = χρή it is necessary (to) (+inf.)

χρῄζω desire, wish

οὐ μητέρ᾽, οὐκ ἀδελφόν, οὐχὶ συγγενῆ
μεθορμίσασθαι τῆσδ᾽ ἔχουσα συμφορᾶς.
τοσοῦτον οὖν σου τυγχάνειν βουλήσομαι,
ἤν μοι πόρος τις μηχανή τ᾽ ἐξευρεθῇ
πόσιν δίκην τῶνδ᾽ ἀντιτείσασθαι κακῶν,   120
σιγᾶν. γυνὴ⌐ γὰρ τἄλλα μὲν φόβου ⌐πλέα
κακή τ᾽ ἐς ἀλκὴν καὶ σίδηρον εἰσορᾶν·
ὅταν δ᾽ ἐς εὐνὴν ἠδικημένη κυρῇ,
οὐκ ἔστιν ἄλλη φρὴν μιαιφονωτέρα.

ΧΟΡΟΣ

δράσω τάδ᾽· ἐνδίκως γὰρ ἐκτείσῃ πόσιν,   125
Μήδεια. πενθεῖν δ᾽ οὔ σε θαυμάζω τύχας.

(*Kreon arrives and announces the banishment of Medeia and her two children. Medeia succeeds by supplication in persuading him to allow her a day of grace before she must leave. Medeia triumphs in the knowledge that she now has the opportunity to avenge herself on Jason, his new bride and Kreon.*

The Chorus announces that changes will be seen everywhere; it will no longer be women who have the bad reputation in song. They sympathise with the betrayed Medeia.)

9 *Jason enters and blames Medeia for her resistance: she has brought exile on herself.* (446–64)

ΙΑΣΩΝ

οὐ νῦν κατεῖδον πρῶτον ἀλλὰ πολλάκις
τραχεῖαν ὀργὴν ὡς ἀμήχανον κακόν.
σοὶ⌐ γὰρ παρὸν γῆν τήνδε καὶ δόμους ἔχειν
κούφως ⌐φερούσῃ κρεισσόνων βουλεύματα,   130
λόγων ματαίων οὕνεκ᾽ ἐκπεσῇ χθονός.
κἀμοὶ μὲν οὐδὲν πρᾶγμα· μὴ παύσῃ ποτὲ
λέγουσ᾽ Ἰάσον᾽ ὡς κάκιστός ἐστ᾽ ἀνήρ·
ἃ δ᾽ ἐς τυράννους ἐστί σοι λελεγμένα,
πᾶν κέρδος ἡγοῦ, ζημιουμένη φυγῇ.   135
κἀγὼ μὲν αἰεὶ βασιλέων θυμουμένων
ὀργὰς ἀφῄρουν καί σ᾽ ἐβουλόμην μένειν·
σὺ δ᾽ οὐκ ἀνίεις μωρίας, λέγουσ᾽ ἀεὶ
κακῶς τυράννους· τοιγὰρ ἐκπεσῇ χθονός.
ὅμως δὲ κἀκ τῶνδ᾽ οὐκ ἀπειρηκὼς φίλοις   140
ἥκω, τὸ σὸν δὲ προσκοπούμενος, γύναι,

ἀλκή, ἡ battle, fight (1a)
ἀνίημι cease from (+gen.)
ἀντιτίνομαι (ἀντιτεισ-) exact
  punishment (δίκην) from x
  (acc.) for y (gen.)
ἀπειρηκώς failing (+dat.)
*βούλευμα, τό resolution,
  purpose (3b)
ἐκτίνομαι (fut.
  ἐκτείσομαι) take
  vengeance on
ἐνδίκως justly
*θυμόω make angry, provoke
  κἀκ τῶνδε (l. 140) 'despite
  this'

κέρδος, τό gain, profit,
  advantage (3c)
*κοῦφος η ον light, easy
*κρεισσόνων = κρειττόνων (note
  σσ = ττ)
μάταιος α ον idle, foolish, rash
μεθορμίζομαι find a refuge
  from (+gen.)
*μιαιφόνος ον bloodthirsty,
  murderous
μωρία, ἡ folly (1b)
πενθέω bewail, lament
*πόρος, ὁ way, means; device;
  journey; path (2a)
προσκοπέομαι look to,

provide for
*σίδηρος, ὁ iron (weapon);
  tool; sword (2a)
σοι (l. 134) 'by you'; n.b.
  *dative of agent after perfect
  passives*
*τοίγαρ therefore, for that
  reason
τοσοῦτον οὖν (l. 118) 'so to
  this extent only'
τραχύς εῖα ύ savage, rough,
  harsh
τυγχάνω win over
*τύραννος, ὁ/ἡ ruler,
  sovereign, tyrant (2a)

Medeia and Chorus (Epidaurus 1976)

ὡς μήτ᾽ ἀχρήμων σὺν τέκνοισιν ἐκπέσῃς
μήτ᾽ ἐνδεής του· πόλλ᾽⌐ ἐφέλκεται φυγῇ
⌐κακὰ ξὺν αὐτῇ. καὶ γὰρ εἰ σύ με στυγεῖς,
οὐκ ἂν δυναίμην σοὶ κακῶς φρονεῖν ποτε.   145

10 Medeia accuses Jason of shamelessness in the face of the sacrifices she made for him. (465–87)

MH. ὦ παγκάκιστε, τοῦτο⌐ γάρ σ᾽ εἰπεῖν ἔχω
γλώσσῃ ⌐μέγιστον εἰς ἀνανδρίαν κακόν.
ἦλθες πρὸς ἡμᾶς, ἦλθες ἔχθιστος γεγώς;
οὔτοι θράσος τόδ᾽ ἐστὶν οὐδ᾽ εὐτολμία,
φίλους κακῶς δράσαντ᾽ ἐναντίον βλέπειν,   150
ἀλλ᾽ ἡ μεγίστη τῶν ἐν ἀνθρώποις νόσων
πασῶν, ἀναίδει᾽· εὖ δ᾽ ἐποίησας μολών·
ἐγώ τε γὰρ λέξασα κουφισθήσομαι
ψυχὴν κακῶς σε καὶ σὺ λυπήσῃ κλύων.
ἐκ τῶν δὲ πρώτων πρῶτον ἄρξομαι λέγειν.   155
ἔσωσά σ᾽,⌐ ὡς ἴσασιν Ἑλλήνων ὅσοι
ταὐτὸν συνεισέβησαν Ἀργῷον σκάφος,
⌐πεμφθέντα ταύρων πυρπνόων ἐπιστάτην
ζεύγλῃσι καὶ σπεροῦντα θανάσιμον γύην·
δράκοντά θ᾽, ὃς πάγχρυσον ἀμπέχων δέρας   160
σπείραις ἔσῳζε πολυπλόκοις ἄυπνος ὤν,
κτείνασ᾽ ἀνέσχον σοὶ φάος σωτήριον.
αὐτὴ δὲ πατέρα καὶ δόμους προδοῦσ᾽ ἐμούς,
τὴν Πηλιῶτιν ⌐εἰς ⌐Ἰωλκὸν ἱκόμην
σὺν σοί, πρόθυμος μᾶλλον ἢ σοφωτέρα·   165
Πελίαν τ᾽ ἀπέκτειν᾽, ὥσπερ ἄλγιστον θανεῖν,
παίδων ὑπ᾽ αὐτοῦ, πάντα τ᾽ ἐξεῖλον δόμον.

ἄλγιστος η ον most grievous
ἀμπέχω surround
ἀναίδεια, ἡ shamelessness (1b)
ἀνανδρία, ἡ unmanliness (1b)
*ἀνέχω (ἀνασχ-) hold up, lift up
Ἀργῷος α ον (of the) Argo
ἀχρήμων ον poor, needy
*γλῶσσα, ἡ tongue (1c)

γύης, ὁ field (1d)
δέρας, τό skin, fleece
δράκων (δρακοντ-), ὁ serpent (3a)
εἰπεῖν . . . κακόν speak ill of (+ acc.)
*ἐνδεής ἐς wanting, lacking, in need of (+ gen.)
*ἐξαιρέω (ἐξελ-) destroy; take

out; remove
ἐπιστάτης, ὁ commander, master (1d)
εὐτολμία, ἡ boldness (1b)
*ἐφέλκομαι bring on, bring in its train, attract
*ἔχω be able to
ζεύγλη, ἡ yoke (1a)
θανάσιμος ον deadly

θράσος, τό courage (3c)
'Ιωλκός, ἡ Iolkos (2a)
κουφίζομαι be relieved
*λυπέω grieve, distress, cause pain to
παγκάκιστε = πᾶν + κάκιστος
πάγχρυσος ον pure gold
Πελίας, ὁ Pelias *(Jason's uncle,*

usurper king of Iolkos, instigator of Jason's mission for the fleece) (1d)
Πηλιῶτις *(Πηλιωτιδ-)* at the foot of Pelion
πολύπλοκος ον tangled
πύρπνοος ον fire-breathing
*σκάφος, τό hull, ship (3c)
σοί (l. 145) 'of you' *(take after*

κακῶς φρονεῖν)
σπεῖραι, αἱ coils (1b)
*σπείρω (fut. σπερέω) sow, engender, spread abroad
*ταῦρος, ὁ bull (2a)
*φάος, τό light (3c)
ψυχήν (l. 154) 'in my mind'

The golden fleece

Πελίαν τ' ἀπέκτεινα

11   *Jason has betrayed her despite all this and married a new wife.*
     (488–98)

ΜΗ.   καὶ ταῦθ᾽ ὑφ᾽ ἡμῶν, ὦ κάκιστ᾽ ἀνδρῶν, παθὼν
     προύδωκας ἡμᾶς, καινὰ δ᾽ ἐκτήσω λέχη,
     παίδων γεγώτων· εἰ γὰρ ἦσθ᾽ ἄπαις ἔτι,   170
     συγγνώστ᾽ ἂν ἦν σοι τοῦδ᾽ ἐρασθῆναι λέχους.
     ὅρκων δὲ φρούδη πίστις, οὐδ᾽ ἔχω μαθεῖν
     εἰ θεοὺς νομίζεις τοὺς τότ᾽ οὐκ ἄρχειν ἔτι,
     ἢ καινά⌐ κεῖσθαι ⌐θέσμι᾽ ἀνθρώποις τὰ νῦν,
     ἐπεὶ σύνοισθά γ᾽ εἰς ἔμ᾽ οὐκ εὔορκος ὤν.   175
       φεῦ δεξιὰ χείρ, ἧς σὺ πόλλ᾽ ἐλαμβάνου,
     καὶ τῶνδε γονάτων, ὡς μάτην κεχρώσμεθα
     κακοῦ πρὸς ἀνδρός, ἐλπίδων δ᾽ ἡμάρτομεν.

12   *For his sake she betrayed family and friends: yet he abandons her.*
     (499–521)

ΜΗ.   ἄγ᾽· ὡς φίλῳ γὰρ ὄντι σοι κοινώσομαι·
     δοκοῦσα μὲν τί πρός γε σοῦ πράξειν καλῶς;   180
     ὅμως δ᾽· ἐρωτηθεὶς γὰρ αἰσχίων φανῇ·
     νῦν ποῖ τράπωμαι; πότερα πρὸς πατρὸς δόμους,
     οὓς σοὶ προδοῦσα καὶ πάτραν ἀφικόμην;
     ἢ πρὸς ταλαίνας Πελιάδας; καλῶς γ᾽ ἂν οὖν
     δέξαιντό μ᾽ οἴκοις ὧν πατέρα κατέκτανον.   185
     ἔχει γὰρ οὕτω· τοῖς μὲν οἴκοθεν φίλοις
     ἐχθρὰ καθέστηχ᾽, οὓς⌐ δέ μ᾽ οὐκ ἐχρῆν κακῶς
     δρᾶν, σοὶ χάριν φέρουσα ⌐πολεμίους ἔχω.
     τοιγάρ με πολλαῖς μακαρίαν Ἑλληνίδων
     ἔθηκας ἀντὶ τῶνδε· θαυμαστὸν δέ σε   190
     ἔχω πόσιν καὶ πιστὸν ἡ τάλαιν᾽ ἐγώ,
     εἰ φεύξομαί γε γαῖαν ἐκβεβλημένη,
     φίλων ἔρημος, σὺν τέκνοις μόνη μόνοις,
     καλόν γ᾽ ὄνειδος τῷ νεωστὶ νυμφίῳ,
     πτωχοὺς ἀλᾶσθαι παῖδας ἥ τ᾽ ἔσωσά σε.   195
       ὦ Ζεῦ, τί δὴ χρυσοῦ μὲν ὃς κίβδηλος ᾖ
     τεκμήρι᾽* ἀνθρώποισιν ὤπασας ⌐σαφῆ,
     ἀνδρῶν δ᾽ ὅτῳ χρὴ τὸν κακὸν διειδέναι,
     οὐδεὶς χαρακτὴρ ἐμπέφυκε σώματι;

XO.   δεινή τις ὀργὴ καὶ δυσίατος πέλει,   200
          ὅταν φίλοι φίλοισι συμβάλωσ' ἔριν.

13   *Jason claims she got more than she gave. (522–44)*

IA.   δεῖ μ', ὡς ἔοικε, μὴ κακὸν φῦναι λέγειν,
      ἀλλ' ὥστε ναὸς κεδνὸν οἰακοστρόφον
      ἄκροισι λαίφους κρασπέδοις ὑπεκδραμεῖν
      τὴν σὴν στόμαργον, ὦ γύναι, γλωσσαλγίαν.   205
      ἐγὼ δ', ἐπειδὴ καὶ λίαν πυργοῖς χάριν,
      Κύπριν νομίζω τῆς ἐμῆς ναυκληρίας
      σώτειραν εἶναι θεῶν τε κἀνθρώπων μόνην.

ἄκρος α ον furthest
ἀλάομαι wander, roam
γλωσσαλγία, ἡ incessant talking (1b)
*γόνυ (γονατ-), τό knee (3b)
δίοιδα distinguish, discern
δυσίατος ον hard to heal
*Ἑλληνίς (Ἑλληνιδ-), ἡ Greek woman (3a)
*ἐμφύω be set by nature on (+ dat.)
*ἔραμαι love, desire passionately (+ gen) (aor. ἠράσθην)
ἔρις (ἐριδ-), ἡ quarrel, strife (acc. s. ἔριν) (3a)
εὔορκος ον faithful to one's oath
θαυμαστός όν marvellous, admirable
θέσμια, τά laws, customs, rites (2b)
*κατακτείνω (κατακταν-) kill, slay
*κεδνός ή όν careful, trusty
κεχρώσμεθα = perf. pass. of χρώζω touch, i.e. supplicate
κίβδηλος ον adulterated, base
*κοινόομαι take counsel with; consult; (in act.)

communicate
κράσπεδον, τό edge (2b) (the whole phrase = 'close reefed')
Κύπρις, ἡ Aphrodite (acc. s. Κύπριν)
λαῖφος, τό sail (3c)
*λέχος, τό marriage-bed, marriage; spouse (often pl.) (3c)
*λίαν too much, too
*μακάριος α ον blessed, happy
*μάτην falsely, in vain, without reason
ναός = νεώς 'of a ship'
ναυκληρία, ἡ voyage, enterprise, adventure (1b)
νεωστί lately, recently, just now
νυμφίος, ὁ bridegroom (2a)
οἰακοστρόφος, ὁ helmsman (2a)
*ὄνειδος, τό reproach, rebuke (3c)
ὀπάζω give, grant
ὅτῳ (l. 198) 'by which'
πάτρα, ἡ fatherland (obj. of προδοῦσα, with οὗς) (1b)
Πελιάς (Πελιαδ-), ἡ daughter of Pelias (killed by Medeia to requite his sending Jason for

the fleece) (3a)
πέλω be, become
πολλαῖς (l. 189) 'in the eyes of many'
πότερα . . . ἤ (sc. 'am I to turn') to . . . or . . .?
πράττω καλῶς succeed
πτωχός ή όν beggar
πυργόω exalt, exaggerate
στόμαργος ον loud-mouthed, noisy
*συγγνωστός όν pardonable, allowable
*σύνοιδα know; share the knowledge of something with
σώτειρα, ἡ saviour (1b)
τί (l. 180) in what respect?
ὑπεκτρέχω (ὑπεκδραμ-) escape from
*φροῦδος η ον gone, vanished, departed
χαρακτήρ, ὁ stamp (on a coin) (3a)
χάριν φέρω do x (dat.) a favour
*χάρις (χαριτ-), ἡ obligation; reciprocity; grace; (l. 206) gratification (acc. s. χάριν) (3a)
ὥστε like

σοὶ δ' ἔστι μὲν νοῦς λεπτός, ἀλλ' ἐπίφθονος
λόγος διελθεῖν ὡς "Ερως σ' ἠνάγκασε   210
τόξοις ἀφύκτοις τοὐμὸν ἐκσῶσαι δέμας.
ἀλλ' οὐκ ἀκριβῶς αὐτὸ θήσομαι λίαν·
ὅπῃ γὰρ οὖν ὤνησας, οὐ κακῶς ἔχει.
μείζω γε μέντοι τῆς ἐμῆς σωτηρίας
εἴληφας ἢ δέδωκας, ὡς ἐγὼ φράσω.   215
πρῶτον μὲν Ἑλλάδ' ἀντὶ βαρβάρου χθονὸς
γαῖαν κατοικεῖς καὶ δίκην ἐπίστασαι
νόμοις τε χρῆσθαι μὴ πρὸς ἰσχύος χάριν·
πάντες δέ σ' ἤσθοντ' οὖσαν Ἕλληνες σοφὴν
καὶ δόξαν ἔσχες· εἰ δὲ γῆς ἐπ' ἐσχάτοις   220
ὅροισιν ᾤκεις, οὐκ ἂν ἦν λόγος σέθεν.
εἴη δ' ἔμοιγε μήτε χρυσὸς ἐν δόμοις
μήτ' Ὀρφέως κάλλιον ὑμνῆσαι μέλος,
εἰ μὴ 'πίσημος ἡ τύχη γένοιτό μοι.

14   Medeia is allowing blind jealousy to cloud a rational judgement of the
situation. (545–75)

IA.   τοσαῦτα μέν σοι τῶν ἐμῶν πόνων πέρι   225
ἔλεξ'· ἅμιλλαν γὰρ σὺ προύθηκας λόγων.
ἃ δ' ἐς γάμους μοι βασιλικοὺς ὠνείδισας,
ἐν τῷδε δείξω πρῶτα μὲν σοφὸς γεγώς,
ἔπειτα σώφρων, εἶτα σοὶ μέγας φίλος
καὶ παισὶ τοῖς ἐμοῖσιν· ἀλλ' ἔχ' ἥσυχος.   230
ἐπεὶ μετέστην δεῦρ' Ἰωλκίας χθονὸς
πολλὰς ἐφέλκων συμφορὰς ἀμηχάνους,
τί τοῦδ' ἂν εὕρημ' ηὗρον εὐτυχέστερον
ἢ παῖδα γῆμαι βασιλέως, φυγὰς γεγώς;
οὐχ, ᾗ σὺ κνίζῃ, σὸν μὲν ἐχθαίρων λέχος,   235
καινῆς δὲ νύμφης ἱμέρῳ πεπληγμένος,
οὐδ' εἰς ἅμιλλαν πολύτεκνον σπουδὴν ἔχων·
ἅλις γὰρ οἱ γεγῶτες, οὐδὲ μέμφομαι·

*ἅλις enough; sufficiently
*ἅμιλλα, ἡ contest, conflict
  (1c)
ἄφυκτος ον from which none

may escape
δέμας, τό body (3)
ἐπίφθονος ον invidious (sc. 'it
  would be an ...')

**"Ερως ('Ερωτ-), ὁ love (3a)
εὕρημα, τό piece of luck (3b)
ἐχθαίρω hate, detest

ᾗ as, the way in which
ἥσυχος ἔχω be quiet
*ἰσχύς, ἡ power; strength; might (3h)
Ἰώλκιος α ον of Iolkos
κνίζω provoke (to jealousy)
*λεπτός ή όν subtle; fine; delicate; thin
*μεθίσταμαι (μεταστα-) depart (from) + gen.; change; cease from
*μέλος, τό music, tune (3c)
*νύμφη, ἡ bride, young girl,

nymph (1a)
*ὀνειδίζω reproach x (dat.) with regard to y (ἐς + acc.)
*ὀνίνημι (ὀνησ-) profit, help; (mid.) enjoy (+gen.)
*ὅπῃ where? how? in what way?
*ὅρος, ὁ boundary (2a)
Ὀρφεύς, ὁ Orpheus (his voice and music charmed animate and inanimate objects alike)
ἐπίσημος = ἐπίσημος ον notable, remarkable

*πλήττω (πληξ-, πλαγ-) strike, smite
πολύτεκνος ον of fertility
*πόνος, ὁ suffering, distress; labour; toil (2a)
προτίθημι (προθε-) propose
τῆς ἐμῆς σωτηρίας (l. 214) 'in return for my safety'
*τίθεμαι regard in x (adv.) light; reckon; assume
τόξον, τό arrow (2b)
*ὑμνέω sing; commemorate
*φυγάς (φυγαδ-), ὁ exile, fugitive (3a)

Aphrodite and Eros

ἀλλ᾽ ὡς, τὸ μὲν μέγιστον, οἰκοῖμεν καλῶς
καὶ μὴ σπανιζοίμεσθα, γιγνώσκων ὅτι   240
πένητα φεύγει πᾶς τις ἐκποδὼν φίλος,
παῖδας δὲ θρέψαιμ᾽ ἀξίως δόμων ἐμῶν
σπείρας τ᾽ ἀδελφοὺς τοῖσιν ἐκ σέθεν τέκνοις
ἐς ταὐτὸ θείην, καὶ ξυναρτήσας γένος
εὐδαιμονοῖμεν. σοί τε γὰρ παίδων τί δεῖ;   245
ἐμοί τε λύει τοῖσι μέλλουσιν τέκνοις
τὰ ζῶντ᾽ ὀνῆσαι· μῶν βεβούλευμαι κακῶς;
οὐδ᾽ ἂν σὺ φαίης, εἴ σε μὴ κνίζοι λέχος.
ἀλλ᾽ ἐς τοσοῦτον ἥκεθ᾽ ὥστ᾽ ὀρθουμένης
εὐνῆς γυναῖκες πάντ᾽ ἔχειν νομίζετε,   250
ἢν δ᾽ αὖ γένηται ξυμφορά τις ἐς λέχος,
τὰ λῷστα. καὶ κάλλιστα πολεμιώτατα
τίθεσθε. χρῆν γὰρ ἄλλοθέν ποθεν βροτοὺς
παῖδας τεκνοῦσθαι, θῆλυ δ᾽ οὐκ εἶναι γένος·
χοὕτως ἂν οὐκ ἦν οὐδὲν ἀνθρώποις κακόν.

ἐκποδών out of the way

εὐδαιμονέω prosper, thrive

*θῆλυς εια υ female; soft, gentle

λύει it is of use to x (dat.) to y (inf.)

*λῷστος η ον (comp. λῴων ον) most agreeable; best

ξυναρτάω join together

ὀρθόομαι succeed, prosper

σοί ... παίδων τί δεῖ; lit. 'what need is there for you

of children?'

*σπανίζομαι be in want (of + gen.)

*τεκνόομαι beget children

Target passage: Medeia's revenge (*Medeia* 772–end (*pass.*))

Note: Sections **1–14** act as the introduction to this target passage.

(The Chorus and Medeia reject Jason's words as artful rhetoric. Jason adds insult to injury by telling Medeia that she brought her exile on herself by reckless words against the rulers of Corinth. Jason offers her money and friends. She rejects them and scornfully bids him wed.

The Chorus pray that they may not fall in love too deeply, nor suffer the trials of exile. They sympathise with Medeia's plight.

So far Medeia has only threatened, but she knows that her position is weak, since she has nowhere to go, once she has avenged herself on Jason. But now Aigeus, king of Athens, chances on the scene. In return for promises of magical help with his problem of childlessness, Aigeus swears he will give her refuge and allow no access to her by her enemies. Medeia is now in a position to act.)

Medeia's cry of triumph (764–71)

ME.   O Zeus and Justice and the light of the Sun,
       now, my friends, we shall be triumphant over my enemies;
       now we are on the way.
       Now there is hope that my enemies will pay the penalty.
       For this man Aigeus, where I was most at sea,
       has appeared as a harbour for my plans,
       and to him I shall bind myself
       by going to the fortified city of Athens.

15   *Medeia outlines her plans (i) to ask that her children should stay in Corinth, (ii) to send gifts which will bring death to Jason's new bride. (772–89)*

MH.   ἤδη δὲ πάντα τἀμά σοι βουλεύματα
       λέξω· δέχου δὲ μὴ πρὸς ἡδονὴν λόγους.
          πέμψασ' ἐμῶν τιν' οἰκετῶν Ἰάσονα
       ἐς ὄψιν ἐλθεῖν τὴν ἐμὴν αἰτήσομαι·
       μολόντι δ' αὐτῷ μαλθακοὺς λέξω λόγους,   260
       ὡς καὶ δοκεῖν μοι ταῦτα, καὶ καλῶς ἔχειν
       γάμους τυράννων οὓς προδοὺς ἡμᾶς ἔχει,
       καὶ ξύμφορ' εἶναι καὶ καλῶς ἐγνωσμένα.
       παῖδας δὲ μεῖναι τοὺς ἐμοὺς αἰτήσομαι,

οὐχ ὡς λιποῦσ' ἂν πολεμίας ἐπὶ χθονὸς   265
ἐχθροῖσι παῖδας τοὺς ἐμοὺς καθυβρίσαι,
ἀλλ' ὡς δόλοισι παῖδα βασιλέως κτάνω.
πέμψω γὰρ αὐτοὺς δῶρ' ἔχοντας ἐν χεροῖν,
λεπτόν τε πέπλον καὶ πλόκον χρυσήλατον·
κἄνπερ λαβοῦσα κόσμον ἀμφιθῇ χροΐ,   270
κακῶς ὀλεῖται, πᾶς θ' ὃς ἂν θίγῃ κόρης·
τοιοῖσδε χρίσω φαρμάκοις δωρήματα.

16 *Medeia adds that her plan for revenge encompasses also the slaughter of*
     her own children. The Chorus express their horror. (790–820)

ΜΗ.   ἐνταῦθα μέντοι τόνδ' ἀπαλλάσσω λόγον·
       ὤμωξα δ' οἷον ἔργον ἔστ' ἐργαστέον
       τοὐντεῦθεν ἡμῖν· τέκνα γὰρ κατακτενῶ   275
       τἄμ'· οὔτις ἔστιν ὅστις ἐξαιρήσεται·
       δόμον τε πάντα συγχέασ' Ἰάσονος
       ἔξειμι γαίας, φιλτάτων παίδων φόνον
       φεύγουσα καὶ τλᾶσ' ἔργον ἀνοσιώτατον.
       οὐ γὰρ γελᾶσθαι τλητὸν ἐξ ἐχθρῶν, φίλαι.   280
         ἴτω· τί μοι ζῆν κέρδος; οὔτε μοι πατρὶς
       οὔτ' οἶκος ἔστιν οὔτ' ἀποστροφὴ κακῶν.
       ἡμάρτανον τόθ' ἡνίκ' ἐξελίμπανον
       δόμους πατρῴους, ἀνδρὸς Ἕλληνος λόγοις
       πεισθεῖσ', ὃς ἡμῖν σὺν θεῷ τείσει δίκην.   285

ἀμφιτίθημι (ἀμφιθε-) place
around x (dat.)
*ἀνόσιος ον unholy, profane
ἀποστροφή, ἡ refuge (from)
(+gen.) (1a)
*δόλος, ὁ trick; treachery; craft
(2a)
δώρημα, τό gift, present (3b)
ἐκλιμπάνω abandon
ἐχθροῖσι ... καθυβρίσαι (l.
266) 'for enemies to
mistreat'
*ἡνίκα when
θιγγάνω (θιγ-) touch, handle

(+gen.); affect
*μαλθακός ή όν soft; mild;
gentle; cowardly
μὴ πρὸς ἡδονήν (l. 257) 'not
calculated to please'
ξύμφορ' εἶναι καὶ καλῶς
ἐγνωσμένα '(sc. these
things) were to our
advantage and well devised'
*οἰμώζω wail aloud, lament
*πέπλος, ὁ robe; garment;
woven cloth; covering (2a)
πλόκος, ὁ crown, coil

*συγχέω obliterate; confuse;
confound (aor. part.
συγχέας, pass. συνεχύθην)
*τίνω (τεισ-) pay, (mid.) exact
x (acc.) from y (acc.); make
x (acc.) pay
*τλάς τλᾶσα τλάν daring
τλητός όν bearable
*φάρμακον, τό poison; drug;
cure (2b)
χρίω rub; anoint
χρυσήλατος ον of beaten gold
ὡς καί (l. 261) 'both so that'

οὔτ' ἐξ ἐμοῦ γὰρ παῖδας ὄψεταί ποτε
ζῶντας τὸ λοιπὸν οὔτε τῆς νεοζύγου
νύμφης τεκνώσει παῖδ', ἐπεὶ κακὴν κακῶς
θανεῖν σφ' ἀνάγκη τοῖς ἐμοῖσι φαρμάκοις.
μηδείς με φαύλην κἀσθενῆ νομιζέτω   290
μηδ' ἡσυχαίαν, ἀλλὰ θατέρου τρόπου,
βαρεῖαν ἐχθροῖς καὶ φίλοισιν εὐμενῆ·
τῶν γὰρ τοιούτων εὐκλεέστατος βίος.

XO. ἐπείπερ ἡμῖν τόνδ' ἐκοίνωσας λόγον,
σέ τ' ὠφελεῖν θέλουσα, καὶ νόμοις βροτῶν   295
ξυλλαμβάνουσα, δρᾶν σ' ἀπεννέπω τάδε.

MH. οὐκ ἔστιν ἄλλως· σοὶ δὲ συγγνώμη λέγειν
τάδ' ἐστί, μὴ πάσχουσαν, ὡς ἐγώ, κακῶς.

XO. ἀλλὰ κτανεῖν σὸν σπέρμα τολμήσεις, γύναι;

MH. οὕτω γὰρ ἂν μάλιστα δηχθείη πόσις.   300

XO. σὺ δ' ἂν γένοιό γ' ἀθλιωτάτη γυνή.

MH. ἴτω· περισσοὶ πάντες οὖν μέσῳ λόγοι.
ἀλλ' εἶα χώρει καὶ κόμιζ' Ἰάσονα·

(The Chorus beg Medeia not to kill her children.)

Jason now comes in (866–8)
JA.   I have come at your command. For although you are my enemy
        I would not deny you this. But I shall listen
        to what new favour it is you want from me.

17 *Medeia feigns repentance for her previous reactions and describes to
        Jason the course she should have taken. (869–93)*

MH.   Ἰᾶσον, αἰτοῦμαί σε τῶν εἰρημένων
        συγγνώμον' εἶναι· τὰς δ' ἐμὰς ὀργὰς φέρειν   305
        εἰκός σ', ἐπεὶ νῷν πόλλ' ὑπείργασται φίλα.
        ἐγὼ δ' ἐμαυτῇ διὰ λόγων ἀφικόμην
        κἀλοιδόρησα· 'σχετλία, τί μαίνομαι
        καὶ δυσμεναίνω τοῖσι βουλεύουσιν εὖ,
        ἐχθρὰ δὲ γαίας κοιράνοις καθίσταμαι   310
        πόσει θ', ὃς ἡμῖν δρᾷ τὰ συμφορώτατα,
        γήμας τύραννον καὶ κασιγνήτους τέκνοις
        ἐμοῖς φυτεύων; οὐκ ἀπαλλαχθήσομαι

θυμοῦ; τί πάσχω, θεῶν ποριζόντων καλῶς;
οὐκ εἰσὶ μέν μοι παῖδες, οἶδα δὲ χθόνα 315
φεύγοντας ἡμᾶς καὶ σπανίζοντας φίλων;'
ταῦτ' ἐννοήσασ' ᾐσθόμην ἀβουλίαν
πολλὴν ἔχουσα καὶ μάτην θυμουμένη.
νῦν οὖν ἐπαινῶ, σωφρονεῖν τ' ἐμοὶ δοκεῖς
κῆδος τόδ' ἡμῖν προσλαβών, ἐγὼ δ' ἄφρων, 320
ᾗ χρῆν μετεῖναι τῶνδε τῶν βουλευμάτων,
καὶ ξυμπεραίνειν, καὶ παρεστάναι λέχει
νύμφην τε κηδεύουσαν ἥδεσθαι σέθεν.
ἀλλ' ἐσμὲν οἷόν ἐσμεν, οὐκ ἐρῶ κακόν,
γυναῖκες· οὔκουν χρῆν σ' ὁμοιοῦσθαι κακοῖς, 325
οὐδ' ἀντιτείνειν νήπι' ἀντὶ νηπίων.
παριέμεσθα, καί φαμεν κακῶς φρονεῖν
τότ', ἀλλ' ἄμεινον νῦν βεβούλευμαι τάδε.

ἀβουλία, ἡ thoughtlessness (1b)
ἀντιτείνω offer in return
ἀπεννέπω forbid
ἄφρων ον crazed, senseless
δηχθ- = aor. pass. stem of δάκνω
διὰ λόγων ἀφικνέομαι (l. 307) converse
δυσμεναίνω bear ill-will against (+ dat.)
εἶα on! up! away!
ἐξ ἐμοῦ (l. 286) sc. 'which he begat'
*εὐμενής ές well-disposed to (+ dat.); kindly
ἡσυχαῖος α ον gentle
θάτερος = ἕτερος
*κασίγνητος, ὁ brother (2a)
κηδεύουσαν sc. ἐμέ (after χρῆν): 'and I (ought to find pleasure in) looking after'
*κῆδος, τό connection (by

marriage); anxiety; funeral rites (3c)
*κομίζω bring, lead; carry (off); gather
λοιδορέω rebuke (sc. 'myself')
λοιπόν, τό for the future
*μαίνομαι (μαν-) rage; be furious, mad
*μέσος η ον middle (of)
*μέτεστι x (dat.) shares in y (gen.)
νεόζυγος ον newly married
νήπιος α ον silly, childish
νῷν (l. 306) 'by us two'
*ξυλλαμβάνω assist (+ dat.); understand; arrest; join x (dat.) in tackling y (gen.)
ξυμπεραίνω help in accomplishing
ὁμοιόομαι become like (+ dat.)
σὺν μέσῳ = οἱ ἐν μέσῳ 'the

intervening'
*παρίεμαι (mid.) ask for pardon; (act.) let fall; relax; yield; allow
περισσός ή όν superfluous
προσλαμβάνω take x (acc.) in addition to y (dat.)
σπέρμα, τό children (3b)
συγγνώμων ον indulgent to (+ gen.)
σχέτλιος α ον headstrong, wretched
*σωφρονέω be moderate; be sensible; come to one's senses
ὑπείργασμαι to have been done a service
*φαῦλος η ον indifferent, cheap; easy; mean; common
*φυτεύω beget; plant; cause
*ὠφελέω help, aid; be of use

18   *Medeia calls upon her children to make their peace with Jason.*
     (894–907)

MH.   ὦ τέκνα τέκνα, δεῦρο, λείπετε στέγας,
     ἐξέλθετ', ἀσπάσασθε καὶ προσείπατε   330
     πατέρα μεθ' ἡμῶν, καὶ διαλλάχθηθ' ἅμα
     τῆς πρόσθεν ἔχθρας ἐς φίλους μητρὸς μέτα·
     σπονδαὶ γὰρ ἡμῖν καὶ μεθέστηκεν χόλος.
     λάβεσθε χειρὸς δεξιᾶς· οἴμοι, κακῶν
     ὡς ἐννοοῦμαι δή τι τῶν κεκρυμμένων.   335
     ἆρ', ὦ τέκν', οὕτω καὶ πολὺν ζῶντες χρόνον
     φίλην ὀρέξετ' ὠλένην; τάλαιν' ἐγώ,
     ὡς ἀρτίδακρύς εἰμι καὶ φόβου πλέα.
     χρόνῳ δὲ νεῖκος πατρὸς ἐξαιρουμένη
     ὄψιν τέρειναν τήνδ' ἔπλησα δακρύων.   340
XO.   κἀμοὶ κατ' ὄσσων χλωρὸν ὡρμήθη δάκρυ·
     καὶ μὴ προβαίη μεῖζον ἢ τὸ νῦν κακόν.

19   *Jason magnanimously forgives Medeia's anger and prays for his sons to*
     grow up strong. Medeia breaks down, but manages not to reveal her
     true reasons. (908–31)

IA.   αἰνῶ, γύναι, τάδ', οὐδ' ἐκεῖνα μέμφομαι·
     εἰκὸς γὰρ ὀργὰς θῆλυ ποιεῖσθαι γένος,
     γάμους παρεμπολῶντος ἀλλοίους, πόσει.   345
     ἀλλ' ἐς τὸ λῷον σὸν μεθέστηκεν κέαρ,
     ἔγνως δὲ τὴν νικῶσαν, ἀλλὰ τῷ χρόνῳ,
     βουλήν· γυναικὸς ἔργα ταῦτα σώφρονος.
     ὑμῖν δέ, παῖδες, οὐκ ἀφροντίστως πατὴρ
     πολλὴν ἔθηκε σὺν θεοῖς σωτηρίαν·   350
     οἶμαι γὰρ ὑμᾶς τῆσδε γῆς Κορινθίας
     τὰ πρῶτ' ἔσεσθαι σὺν κασιγνήτοις ἔτι.
     ἀλλ' αὐξάνεσθε· τἄλλα δ' ἐξεργάζεται
     πατήρ τε καὶ θεῶν ὅστις ἐστὶν εὐμενής·
     ἴδοιμι δ' ὑμᾶς εὐτραφεῖς ἥβης τέλος   355
     μολόντας, ἐχθρῶν τῶν ἐμῶν ὑπερτέρους.
     αὕτη, τί χλωροῖς δακρύοις τέγγεις κόρας,
     στρέψασα λευκὴν ἔμπαλιν παρηίδα,
     κοὐκ ἀσμένη τόνδ' ἐξ ἐμοῦ δέχῃ λόγον;
MH.   οὐδέν. τέκνων τῶνδ' ἐννοουμένη πέρι.   360

*αἰνέω approve, praise
αὐξάνομαι grow (in strength)
ἀλλοῖος α ον different, of
    another sort (i.e. new)
ἀρτιδακρύς ready to weep
*ἄσμενος η ον glad(ly), pleased
ἀφροντίστως inconsiderately
*βουλή, ἡ counsel, advice (1a)
*δάκρυ, τό tear
διαλλάττομαι be reconciled
    to (ἐς + acc.) from (gen.)
ἔμπαλιν back, away
ἔτι from now on
εὐτραφής ές thriving
ἥβη, ἡ youth (1a)
ἡμῖν (l. 333) 'between us'
κέαρ, τό heart
κόρη, ἡ pupil; eye (1a)
*λευκός ή όν white, fair;
    bright; clear

νεῖκος, τό quarrel, feud (with
    + gen.) (3c)
ὀργὰς ποιέομαι be angry with
    x (dat.)
ὀρέγω stretch out
ὄσσε, τώ eyes (gen. ὄσσων)
οὐδέν (l. 360) for no reason
οὕτω take with ὀρέξετε (l. 336)
παρεμπολάω smuggle in
    παρεμπολῶντος sc.
    ἀνδρός 'if the man . . .'
παρηίς (παρηιδ-), ἡ cheek
    (3a)
πέρι (l. 360) goes with τέκνων
    τῶνδ'
*πίμπλημι (πλησ-) fill x (acc.)
    with y (gen.)
προβαίνω (προβα-) come to
    pass, turn out
*στέγη, ἡ roof; (pl.) house (1a)

*σύν (+ dat.) with the help of
τὰ πρῶτ' (l. 352) 'the
    foremost'
τάδ' . . . ἐκεῖνα (l. 342) i.e.
    Medeia's immediate (and) her
    previous sentiments
τέγγω wet, moisten
τέλος, τό consummation (3c)
τέρην τέρεινα delicate, tender
τήνδε (l. 340) i.e. of one of the
    children
*ὑπέρτερος α ον victorious
    over (+ gen.); above;
    stronger
*χλωρός ά όν fresh; green; pale
*χρόνῳ (τῷ) at last, after so
    long
ὠλένη, ἡ arm (1a)
ὡς since

στρέψασα λευκὴν ἔμπαλιν παρηίδα

IA.   θάρσει νυν· εὖ γὰρ τῶνδ' ἐγὼ θήσω πέρι.
MH.   δράσω τάδ'· οὔτοι σοῖς ἀπιστήσω λόγοις·
      γυνὴ δὲ θῆλυ κἀπὶ δακρύοις ἔφυ.
IA.   τί δῆτα λίαν τοῖσδ' ἐπιστένεις τέκνοις;
MH.   ἔτικτον αὐτούς· ζῆν δ' ὅτ' ἐξηύχου τέκνα,   365
      ἐσῆλθέ μ' οἶκτος εἰ γενήσεται τάδε.

20   *Medeia persuades Jason to ask his bride to secure from Kreon a home in*
      Corinth for their children. She offers a gift of robes and a crown (which
      she has poisoned) as a peace-offering. (932–58)

MH.   ἀλλ' ὧνπερ οὕνεκ' εἰς ἐμοὺς ἥκεις λόγους,
      τὰ μὲν λέλεκται, τῶν δ' ἐγὼ μνησθήσομαι.
      ἐπεὶ τυράννοις γῆς μ' ἀποστεῖλαι δοκεῖ—
      κἀμοὶ τάδ' ἐστὶ λῷστα, γιγνώσκω καλῶς,   370
      μήτ' ἐμποδὼν σοὶ μήτε κοιράνοις χθονὸς
      ναίειν· δοκῶ γὰρ δυσμενὴς εἶναι δόμοις—
      ἡμεῖς μὲν ἐκ γῆς τῆσδ' ἀπαίρομεν φυγῇ,
      παῖδες δ' ὅπως ἂν ἐκτραφῶσι σῇ χερί,
      αἰτοῦ Κρέοντα τήνδε μὴ φεύγειν χθόνα.   375
IA.   οὐκ οἶδ' ἂν εἰ πείσαιμι, πειρᾶσθαι δὲ χρή.
MH.   σὺ δ' ἀλλὰ σὴν κέλευσον αἰτεῖσθαι πατρὸς
      γυναῖκα παῖδας τήνδε μὴ φεύγειν χθόνα.
IA.   μάλιστα, καὶ πείσειν γε δοξάζω σφ' ἐγώ.
MH.   εἴπερ γυναικῶν ἐστι τῶν ἄλλων μία.   380
      συλλήψομαι δὲ τοῦδέ σοι κἀγὼ πόνου·
      πέμψω γὰρ αὐτῇ δῶρ' ἃ καλλιστεύεται
      τῶν νῦν ἐν ἀνθρώποισιν, οἶδ' ἐγώ, πολύ,
      παῖδας φέροντας. ἀλλ' ὅσον τάχος χρεὼν
      κόσμον κομίζειν δεῦρο προσπόλων τινά.   385
      εὐδαιμονήσει δ' οὐχ ἕν, ἀλλὰ μυρία,
      ἀνδρός τ' ἀρίστου σοῦ τυχοῦσ' ὁμευνέτου
      κεκτημένη τε κόσμον ὅν ποθ' Ἥλιος
      πατρὸς πατὴρ δίδωσιν ἐκγόνοισιν οἷς.
      λάζυσθε φερνὰς τάσδε, παῖδες, ἐς χέρας   390
      καὶ τῇ τυράννῳ μακαρίᾳ νύμφῃ δότε
      φέροντες· οὔτοι δῶρα μεμπτὰ δέξεται.

(The Chorus despair of the lives of the children, since the clothes have now been dispatched. They
pity Medeia for what she must do.)

21 The Paidagogos enters with the news that Medeia's children are to
remain in Corinth. Medeia's reaction is heavy with tragic irony.
(1002–20)

ΠΑ. δέσποιν', ἀφεῖνται παῖδες οἵδε σοι φυγῆς,
καὶ δῶρα νύμφη βασιλὶς ἀσμένη χεροῖν
ἐδέξατ'· εἰρήνη δὲ τἀκεῖθεν τέκνοις.   395
ἔα.
τί συγχυθεῖσ' ἔστηκας ἡνίκ' εὐτυχεῖς;
ΜΗ. αἰαῖ.
ΠΑ. τάδ' οὐ ξυνῳδὰ τοῖσιν ἐξηγγελμένοις.
ΜΗ. αἰαῖ μάλ' αὖθις. ΠΑ. μῶν τιν' ἀγγέλλων τύχην   400
οὐκ οἶδα, δόξης δ' ἐσφάλην εὐαγγέλου;
ΜΗ. ἤγγειλας οἷ' ἤγγειλας· οὐ σὲ μέμφομαι.
ΠΑ. τί δαὶ κατηφεῖς ὄμμα καὶ δακρυρροεῖς;
ΜΗ. πολλή μ' ἀνάγκη, πρέσβυ· ταῦτα γὰρ θεοὶ
κἀγὼ κακῶς φρονοῦσ' ἐμηχανησάμην.   405
ΠΑ. θάρσει· κάτει τοι καὶ σὺ πρὸς τέκνων ἔτι.
ΜΗ. ἄλλους κατάξω πρόσθεν ἡ τάλαιν' ἐγώ.

*αἰαῖ alas!
ἄν (l. 376) goes with πείσαιμι
ἀπαίρω depart
*ἀπιστέω disbelieve, distrust (+dat.)
*ἀποστέλλω (ἀποστειλ-) send away, banish, dispatch
βασιλίς (βασιλιδ-), ἡ princess (3a)
δαί then
δακρυρροέω shed tears
*δοξάζω think, imagine
*δυσμενής ἐς hostile
ἔα what's this!
εἴπερ (l. 380) sc. 'well, you will …'
εἰς ἐμοὺς … λόγους (l. 367) i.e. 'to speak with me'
*ἔκγονος, ὁ descendant, offspring (2a)
ἐμποδών in the way of x (dat.)
ἐπιστένω lament over

(+dat.)
εὐάγγελος ον of good news
εὐτυχέω prosper
*θαρσέω be confident, bold
καλλιστεύομαι be the most beautiful
κατάγω bring back from exile; bring down (to Hades) (ironic double meaning)
κατέρχομαι return from exile; come down (ironic double meaning)
κατηφέω be downcast
κοίρανος, ὁ ruler (2a)
λάζυμαι seize, take
μεμπτός ή όν contemptible
*μυρίοι αι α numberless
ναίω live, dwell
ξυνῳδός ον in harmony with (1 dat.)
οἶκτος, ὁ compassion, pity (2a)

οἷς (l. 389) from ὅς ἥ ὄν his, hers
ὁμευνέτης, ὁ husband (1d)
ὅπως ἄν (+subj.) in order that
ὅσον τάχος as quickly as possible
οὐχ ἕν (l. 386) 'not in respect of one thing'
παῖδας φέροντας (l. 384) object of πέμψω; δῶρα (l. 382) is object of φέροντας
*πρόσπολος, ὁ servant (2a)
*σφάλλομαι (σφαλ-) be foiled in (+gen.); fall; be tripped up
τἀκεῖθεν 'as to the things from that direction'
φερναί, αἱ bridal gifts (1a)
φεύγειν sc. 'that the children should not'
φυγῆς 'from exile'
χεροῖν 'in her hands'

ΠΑ.　οὔτοι μόνη σὺ σῶν ἀπεζύγης τέκνων·
　　　κούφως φέρειν χρὴ θνητὸν ὄντα συμφοράς.
ΜΗ.　δράσω τάδ'. ἀλλὰ βαῖνε δωμάτων ἔσω　　　　410
　　　καὶ παισὶ πόρσυν' οἷα χρὴ καθ' ἡμέραν.

22　*Medeia bewails the uselessness of having borne children, whom she*
　　must now live without (because she intends to kill them). (1021–39)

ΜΗ.　ὦ τέκνα τέκνα, σφῷν μὲν ἔστι δὴ πόλις
　　　καὶ δῶμ', ἐν ᾧ, λιπόντες ἀθλίαν ἐμέ,
　　　οἰκήσετ' αἰεὶ μητρὸς ἐστερημένοι·
　　　ἐγὼ δ' ἐς ἄλλην γαῖαν εἶμι δὴ φυγάς,　　　　415
　　　πρὶν σφῷν ὀνάσθαι κἀπιδεῖν εὐδαίμονας,
　　　πρὶν λέκτρα καὶ γυναῖκα καὶ γαμηλίους
　　　εὐνὰς ἀγῆλαι λαμπάδας τ' ἀνασχεθεῖν.
　　　ὦ δυστάλαινα τῆς ἐμῆς αὐθαδίας.
　　　ἄλλως ἄρ' ὑμᾶς, ὦ τέκν', ἐξεθρεψάμην,　　　　420
　　　ἄλλως δ' ἐμόχθουν καὶ κατεξάνθην πόνοις,
　　　στερρὰς ἐνεγκοῦσ' ἐν τόκοις ἀλγηδόνας.
　　　ἦ μήν ποθ' ἡ δύστηνος εἶχον ἐλπίδας
　　　πολλὰς ἐν ὑμῖν, γηροβοσκήσειν τ' ἐμὲ
　　　καὶ κατθανοῦσαν χερσὶν εὖ περιστελεῖν,　　　　425
　　　ζηλωτὸν ἀνθρώποισι· νῦν δ' ὄλωλε δὴ
　　　γλυκεῖα φροντίς. σφῷν γὰρ ἐστερημένη
　　　λυπρὸν διάξω βίοτον ἀλγεινόν τ' ἐμοί.
　　　ὑμεῖς δὲ μητέρ' οὐκέτ' ὄμμασιν φίλοις
　　　ὄψεσθ', ἐς ἄλλο σχῆμ' ἀποστάντες βίου.　　　　430

23　*Medeia looks at her children and changes her mind, argues herself back*
　　into the plan, then once more urges herself to spare them. (1040–58)

ΜΗ.　φεῦ φεῦ· τί προσδέρκεσθέ μ' ὄμμασιν, τέκνα;
　　　τί προσγελᾶτε τὸν πανύστατον γέλων;
　　　αἰαῖ· τί δράσω; καρδία γὰρ οἴχεται,
　　　γυναῖκες, ὄμμα φαιδρὸν ὡς εἶδον τέκνων.
　　　οὐκ ἂν δυναίμην· χαιρέτω βουλεύματα　　　　435
　　　τὰ πρόσθεν· ἄξω παῖδας ἐκ γαίας ἐμούς.
　　　τί δεῖ με πατέρα τῶνδε τοῖς τούτων κακοῖς
　　　λυποῦσαν αὐτὴν δὶς τόσα κτᾶσθαι κακά;

οὐ δῆτ' ἔγωγε. χαιρέτω βουλεύματα.
    καίτοι τί πάσχω; βούλομαι γέλωτ' ὀφλεῖν   440
ἐχθροὺς μεθεῖσα τοὺς ἐμοὺς ἀζημίους;
τολμητέον τάδ'. ἀλλὰ τῆς ἐμῆς κάκης,
τὸ καὶ προσέσθαι μαλθακοὺς λόγους φρενί.
χωρεῖτε, παῖδες, ἐς δόμους. ὅτῳ δὲ μὴ
θέμις παρεῖναι τοῖς ἐμοῖσι θύμασιν,   445
αὐτῷ μελήσει· χεῖρα δ' οὐ διαφθερῶ.
ἆ ἆ.
    μὴ δῆτα, θυμέ, μὴ σύ γ' ἐργάσῃ τάδε·
ἔασον αὐτούς, ὦ τάλαν, φεῖσαι τέκνων·
ἐκεῖ μεθ' ἡμῶν ζῶντες εὐφρανοῦσί σε.   450

24 *Medeia finally resolves to kill the children, knowing that Jason's bride must by now be dead. (1059–80)*

ΜΗ.   μὰ τοὺς παρ' Ἅιδη νερτέρους ἀλάστορας,
οὔτοι ποτ' ἔσται τοῦθ' ὅπως ἐχθροῖς ἐγὼ
παῖδας παρήσω τοὺς ἐμοὺς καθυβρίσαι.

ἀγάλλω (ἀγηλ-) adorn
ἀζήμιος ον unpunished
Ἅιδης, ὁ Hades (god of underworld) (1d)
*ἀλάστωρ (ἀλαστορ-), ὁ/ἡ avenging deity; wretch (3a)
*ἀλγεινός ή όν painful grievous
ἀνασχεθεῖν = aor. inf. of ἀνέχω
ἀποζεύγνυμαι (ἀποζυγ-) be parted from
αὐθαδία, ἡ wilfulness (1b)
αὐτῷ μελήσει (l. 446) i e. 'let him look out for himself'
*ἀφίσταμαι (ἀποστα-) be removed; revolt from
*βίοτος, ὁ life, resources (2a)
γαμήλιος ον bridal, nuptial
*γέλως (γελωτ-), ὁ laughter (3a: acc. s. γέλων or γέλωτα)
γέλωτ' ὀφλισκάνω (ὀφλ-) earn derision, be

laughed at
γηροβοσκέω look after in old age
*διάγω pass, spend; live
διαφθείρω weaken, hold back
*δίς twice
δυστάλας αινα αν most miserable
ἦ μήν I swear that
*θέμις, ἡ right, what is laid down by law or usage
θῦμα, τό sacrifice (3b)
κάκη, ἡ cowardice (1a) (tr. as an exclamation)
καταξαίνω wear, waste away
*λέκτρα, τά marriage bed; (s.) couch, bed (2b)
λυπρός ά όν painful, distressing
μοχθέω be weary, distressed
νέρτερος α ον belonging to the

lower world
περιστέλλω (fut. περιστελέω) lay out, bury
πορσύνω provide, prepare
προσδέρκομαι look at
προσίεμαι admit (tr. τὸ καί 'even to')
στερρός ά όν hard, cruel
*σφῶν of/to you two (dual of σύ)
*ὄχημα, τό form, shape; appearance; character (3b)
τόκος, ὁ childbirth (2a)
τόσος η ον as many
τῶν δε ... τούτων (l. 437) both refer to the children
φαιδρός ά όν bright
φείδομαι (φεισ-) spare (+gen.)
χαιρέτω 'goodbye to'

32   *Euripides*

πάντως πέπρακται ταῦτα κοὐκ ἐκφεύξεται.
καὶ δὴ 'πὶ κρατὶ στέφανος, ἐν πέπλοισι δὲ
νύμφη τύραννος ὄλλυται, σάφ' οἶδ' ἐγώ.   455
ἀλλ', εἶμι γὰρ δὴ τλημονεστάτην ὁδόν,
καὶ τούσδε πέμψω τλημονεστέραν ἔτι,
παῖδας προσειπεῖν βούλομαι· δότ', ὦ τέκνα,
δότ' ἀσπάσασθαι μητρὶ δεξιὰν χέρα.
ὦ φιλτάτη χείρ, φίλτατον δέ μοι στόμα   460
καὶ σχῆμα καὶ πρόσωπον εὐγενὲς τέκνων,
εὐδαιμονοῖτον, ἀλλ' ἐκεῖ· τὰ δ' ἐνθάδε
πατὴρ ἀφείλετ'. ὦ γλυκεῖα προσβολή,
ὦ μαλθακὸς χρὼς πνεῦμά θ' ἥδιστον τέκνων.
χωρεῖτε χωρεῖτ'· οὐκέτ' εἰμὶ προσβλέπειν   465
οἷά τε πρὸς σφᾶς, ἀλλὰ νικῶμαι κακοῖς.
καὶ μανθάνω μὲν οἷα δρᾶν μέλλω κακά,
θυμὸς δὲ κρείσσων τῶν ἐμῶν βουλευμάτων,
ὅσπερ μεγίστων αἴτιος κακῶν βροτοῖς.   470

(The Chorus remark that the childless pass by many hardships: while those with children are always careworn, working to keep their offspring. And then it may be all in vain, for Death may snatch them away despite the care lavished on them.)

Medeia sees a servant of Kreon approaching. He brings news of the death of Kreon and his daughter. She asks for an account of their final moments. (1136–1232)

MESSENGER
When your two children came
together with their father, and passed into the new bride's home,
we servants, who have been distressed with you in your troubles,
rejoiced; through our ears there rang at once many rumours
that you and your husband had made a pact over the quarrel you had before.
One of us kissed the children's hand, another their auburn hair;
I myself too joyfully followed with the children to the women's quarters.
The mistress whom we now respect instead of you,
before she saw the pair of children,
was gazing at Jason devotedly:
but when she saw them she covered up her eyes
and turned her white cheeks away,
resenting their entrance: your husband
tried to allay the young woman's angry reactions

by these words: 'Do not be hostile to those dear to you.
Stop being angry and turn back your head.
Consider dear to you whomever your husband considers dear.
Accept the gifts and beg your father
to release my children from exile, for my sake.'
When she looked at the dress she did not hold back,
but gave way to her husband in everything. And before
your sons and their father were far from the house
she took the patterned robes and put them on
and placing the golden crown around her curls
she tricked her hair out before a shining mirror,
smiling at its lifeless image of her body.
And then she got up from her seat and went through
the house, stepping daintily with her white feet,
overjoyed with the gifts, many many times
looking at her ankles, straightening her leg to see the effect.

'Accept the gifts . . .'

εἰμὶ . . . οἷά τε (ll. 466–7) *from*
  οἷός τ᾽ εἰμί
ἐκεῖ (l. 463) i.e. *in Hades and*
  where Medeia will not be
*ἐπί (+ dat.) on

*εὐγενής ές noble; generous
εὐδαιμονοῖτον 'may you two
  prosper' *(dual)*
πνεῦμα, τό breath (3b)
προσβολή, ἡ embrace (1a)

*στέφανος, ὁ crown, wreath
  (2a)
*τλήμων ον wretched,
  miserable

But what happened next was dreadful to see.
For changing colour she went reeling sideways,
her limbs trembling, and with difficulty got to the throne
and managed to fall there before falling to the ground.
An old maid-servant, thinking somehow
it was the panic of Pan or of one of the gods that had come on her,
cried out in prayer – that is, until she saw from between her lips
the white froth pouring and the princess
twisting the pupils of her eyes upwards and the blood draining from her flesh.
Then instead of a prayer she sent forth a great wail
of lamentation. At once one of the women set off towards her father's house,
another to her newly wedded husband,
relating his bride's disaster.
The whole house resounded with the sound of running.
By this time a fast runner on the first half of a six-lap race
would have reached the turn –
when, after an interval of silence and scarcely able to see,
the miserable woman started to awake with dreadful groans.
For she was being assaulted by two pains at once:
on one side the golden wreath which lay around her head
sent out an astonishing stream of all-engulfing fire
and her fine-spun garments, the gifts from your children,
were devouring the poor girl's white flesh.
Getting up she ran from the throne on fire
shaking her hair and her head from side to side,
trying to cast off the garland; but fixedly
the gold held its fastening, and the fire, when she
shook her hair, shone out twice as brightly as before.
She fell to the floor, defeated by the disaster,
except to her father virtually unidentifiable to look at.
The calmness of her eyes was no longer visible,
nor was her face beautiful, but the blood dripped from the top of
her head, mixed up with fire,
and the flesh melted from her bones like drops of pine-pitch
under the invisible bite of the poison.
It was a dreadful sight, everyone was afraid to touch
the corpse; we had her mischance as our instructor.
    But her father, poor wretch, in ignorance of the disaster,
suddenly came into the room and fell upon her corpse;
at once he gave a wail of grief and folding his arms around her

kissed her, saying these words: 'O tragic child,
which of the gods so dishonourably destroyed you?
Who is it makes this tomb of an old man empty of you?
Oh! That I might die with you, child.'
When he stopped weeping and crying in grief
although he wished to raise up his aged body
he remained held fast to the fine-spun robes
like ivy to the shoots of a laurel bush.
Dreadful was his struggle.
He wanted to lift up his legs
but she held fast. If he tried to force himself away,
he tore the aged flesh from his bones.
But in time his flame was extinguished and he, tragically doomed, let his life
go – mastered by his fate.
They lie there as corpses, the child and her old father
together, a disaster which begs for tears.

'And with difficulty got to the throne . . .'

I will not say what is to come for you
(for you will know a way to escape paying your debt) –
this is not the first time that I have thought the affairs of men are a shadow
and I would not be afraid to say that those among men
who appear to be the wise and who care about arguing
owe the greatest debt of folly.
There is no mortal who is a 'happy' man.
If prosperity flows upon him a man may be blessed by chance
more than another, but that would not make him 'happy'.

(Medeia resolves to kill her children.)

The Chorus cry for the murder to be prevented (1251–70)

CH.   Ah! Earth and the all-shining
beam of the sun, look down, look at the
destructive woman, before she lays
a bloody hand murderously upon her children.
For from your golden brood
they grew, and for the blood of a god to fall
at a mortal's hand brings fear.
But, O light born from the gods, hold her back,
back, stop her, take from the house the murderous
and miserable Fury pursued by avenging spirits.
In vain were spent the pangs of birth for her children,
in vain then you brought to birth your dear family.
You who left behind the most inhospitable onset
of the blue Clashing-Rocks.
Poor wretch, why does anger, heavy upon your wits,
fall on you and an inimical
murder come in place of sense?
Shedding the blood of relatives is a pollution
upon the earth, unbearable for men; upon the homes of murderers
troubles which harmonise with their crimes are sent from the gods.

25   *The cries of the children for help are heard from within. The Chorus recall the only previous example of a mother murdering her children. (1271–92)*

ΠΑΙΣ (ἔνδοθεν)
        ἰώ μοι·

XO.   ἀκούεις βοὰν ἀκούεις τέκνων;
            ἰὼ τλᾶμον, ὦ κακοτυχὲς γύναι.

ΠΑ.   —οἴμοι, τί δράσω; ποῖ φύγω μητρὸς χέρας;
            —οὐκ οἶδ᾽, ἀδελφὲ φίλτατ᾽· ὀλλύμεσθα γάρ.   475

XO.   παρέλθω δόμους; ἀρῆξαι φόνον
            δοκεῖ μοι τέκνοις.

ΠΑ.   —ναί, πρὸς θεῶν, ἀρήξατ᾽· ἐν δέοντι γάρ.
            —ὡς ἐγγὺς ἤδη γ᾽ ἐσμὲν ἀρκύων ξίφους.

XO.   τάλαιν᾽, ὡς ἄρ᾽ ἦσθα πέτρος ἢ σίδα-   480
            ρος, ἅτις τέκνων
            ὃν ἔτεκες ἄροτον αὐτόχειρι μοίρᾳ κτενεῖς.

ἀρήγω (ἀρηξ-) ward off x (acc.) from y (dat.)
ἄρκυς, ἡ net (3h)
ἄροτος crop (2a) *(picked up by ὅν)*
αὐτόχειρ murderous
βοάν=βοήν

note a for η (Doric dialect) in lyric passages, cf.
τλᾶμον=τλῆμον,
ἅτις=ἥτις
ἐν δέοντι in need (sc. 'we are')
ἦσθα (l. 480) sc. 'after all'
κακοτυχής ές unfortunate

μοῖρα, ἡ fate, death (1b)
*ξίφος, τό sword (3c)
ὀλλύμεσθα=ὀλλύμεθα
*-μεσθα=-μεθα
παρέρχομαι (παρελθ-) enter
ὡς (l. 479) how

ποῖ φύγω μητρὸς χέρας;

μίαν δὴ κλύω μίαν τῶν πάρος
γυναῖκ᾽ ἐν φίλοις χέρα βαλεῖν τέκνοις·
Ἰνὼ μανεῖσαν ἐκ θεῶν, ὅθ᾽ ἡ Διὸς   485
δάμαρ νιν ἐξέπεμψε δωμάτων ἄλῃ·
  πίτνει δ᾽ ἁ τάλαιν᾽ ἐς ἅλμαν φόνῳ
  τέκνων δυσσεβεῖ,
ἀκτῆς ὑπερτείνασα ποντίας πόδα,
δυοῖν τε παίδοιν συνθανοῦσ᾽ ἀπόλλυται.   490
  τί δῆτ᾽ οὖν γένοιτ᾽ ἂν ἔτι δεινόν; ὦ
  γυναικῶν λέχος
πολύπονον, ὅσα βροτοῖς ἔρεξας ἤδη κακά.

26 Jason enters with threats against Medeia, but chiefly to save his own
children. The Chorus tell him he is too late. (1293–1316)

IA.   γυναῖκες, αἳ τῆσδ᾽ ἐγγὺς ἕστατε στέγης,
      ἆρ᾽ ἐν δόμοισιν ἡ τὰ δείν᾽ εἰργασμένη   495
      Μήδεια τοῖσδ᾽ ἔτ᾽, ἢ μεθέστηκεν φυγῇ;
      δεῖ γάρ νιν ἤτοι γῆς γε κρυφθῆναι κάτω,
      ἢ πτηνὸν ἆραι σῶμ᾽ ἐς αἰθέρος βάθος,
      εἰ μὴ τυράννων δώμασιν δώσει δίκην.
      πέποιθ᾽ ἀποκτείνασα κοιράνους χθονὸς   500
      ἀθῷος αὐτὴ τῶνδε φεύξεσθαι δόμων;
      ἀλλ᾽ οὐ γὰρ αὐτῆς φροντίδ᾽ ὡς τέκνων ἔχω·
      κείνην μὲν οὓς ἔδρασεν ἔρξουσιν κακῶς,
      ἐμῶν δὲ παίδων ἦλθον ἐκσώσων βίον,
      μή μοί τι δράσωσ᾽ οἱ προσήκοντες γένει,   505
      μητρῷον ἐκπράσσοντες ἀνόσιον φόνον.
XO.   ὦ τλῆμον, οὐκ οἶσθ᾽ οἷ κακῶν ἐλήλυθας,
      Ἰᾶσον· οὐ γὰρ τούσδ᾽ ἂν ἐφθέγξω λόγους.
IA.   τί δ᾽ ἔστιν; ἦ που κἄμ᾽ ἀποκτεῖναι θέλει;
XO.   παῖδες τεθνᾶσι χειρὶ μητρῴα σέθεν.   510
IA.   οἴμοι, τί λέξεις; ὥς μ᾽ ἀπώλεσας, γύναι.
XO.   ὡς οὐκέτ᾽ ὄντων σῶν τέκνων φρόντιζε δή.
IA.   ποῦ γάρ νιν ἔκτειν᾽; ἐντὸς ἢ ἔξωθεν δόμων;
XO.   πύλας ἀνοίξας σῶν τέκνων ὄψῃ φόνον.
IA.   χαλᾶτε κλῇδας ὡς τάχιστα, πρόσπολοι,   515
      ἐκλύεθ᾽ ἁρμούς, ὡς ἴδω διπλοῦν κακόν,
      τοὺς μὲν θανόντας, τὴν δὲ τείσωμαι δίκην.

27   *Medeia enters above the stage in a chariot drawn by dragons and is reviled by Jason for what she has done. (1317–43)*

MH.   τί τάσδε κινεῖς κἀναμοχλεύεις πύλας,
      νεκροὺς ἐρευνῶν κἀμὲ τὴν εἰργασμένην;

ἀθῷος ον scot-free
αἰθήρ (αἰθερ-), ὁ heaven, sky (3a)
*αἴρω (ἀρ-) lift, raise up, exalt
ἀκτή, ἡ headland (1a)
ἄλη, ἡ wandering (1a)
ἄλμη, ἡ sea (1a)
ἀναμοχλεύω force open
*ἀνοίγνυμι (ἀνοιξ-) open
ἁρμός, ὁ fastening (2a)
βάθος, τό height (3c)
δάμαρ, ἡ wife
*διπλοῦς οὖν double
*δυσσεβής ές impious, ungodly
ἐκπράσσω avenge
*ἐντός (+gen.) inside
ἔρδω (fut. ἔρξω) do, treat

ἐρευνάω search for
ἦ που 'I expect'
ἤτοι=ἤ τοι 'either'
'Ινώ, ἡ Ino (wife of Athamas, king of Boiotia)
*κινέω move; disturb; arouse
κλῄς (κληδ-), ἡ bar, bolt (3a)
μή +subj. (l. 505) in case
*μητρῷος α ον by a mother (l. 506), of a mother (l. 510)
νιν them (acc.)
οἷ κακῶν 'to what point of disaster'
πάρος previous
πολύπονος ον much-suffering
πόντιος α ον of the sea
πτηνός ή όν winged
*προσήκων ον related, akin

ῥέζω make
συνθνῄσκω (συνθαν-) die with (+dat.)
τὰ δείν' (l. 495) i.e. the killing of Kreon and his daughter
τεθνᾶσι=τεθνήκασι
τὴν δέ (l. 517) tr. 'and from her'
ὑπερτείνω stretch out x (acc.) beyond y (gen.)
*φθέγγομαι utter
φροντίδ' ἔχω take thought for (+gen.)
χαλάω undo
χέρα (=χεῖρα) βάλλω ἐν lay hands on
ὡς (l. 502) as much as

Medeia's chariot

παῦσαι πόνου τοῦδ'. εἰ δ' ἐμοῦ χρείαν ἔχεις,   520
λέγ', εἴ τι βούλῃ, χειρὶ δ' οὐ ψαύσεις ποτέ.
τοιόνδ' ὄχημα πατρὸς Ἥλιος πατὴρ
δίδωσιν ἡμῖν, ἔρυμα πολεμίας χερός.

IA.   ὦ μῖσος, ὦ μέγιστον ἐχθίστη γύναι
θεοῖς τε κἀμοὶ παντί τ' ἀνθρώπων γένει,   525
ἥτις τέκνοισι σοῖσιν ἐμβαλεῖν ξίφος
ἔτλης τεκοῦσα, κἄμ' ἄπαιδ' ἀπώλεσας·
καὶ ταῦτα δράσασ' ἥλιόν τε προσβλέπεις
καὶ γαῖαν, ἔργον τλᾶσα δυσσεβέστατον;
ὄλοι'· ἐγὼ δὲ νῦν φρονῶ, τότ' οὐ φρονῶν,   530
ὅτ' ἐκ δόμων σε βαρβάρου τ' ἀπὸ χθονὸς
Ἕλλην' ἐς οἶκον ἠγόμην, κακὸν μέγα,
πατρός τε καὶ γῆς προδότιν ἥ σ' ἐθρέψατο.
τὸν σὸν δ' ἀλάστορ' εἰς ἔμ' ἔσκηψαν θεοί·
κτανοῦσα γὰρ δὴ σὸν κάσιν παρέστιον   535
τὸ καλλίπρῳρον εἰσέβης Ἀργοῦς σκάφος.
ἤρξω μὲν ἐκ τοιῶνδε· νυμφευθεῖσα δὲ
παρ' ἀνδρὶ τῷδε καὶ τεκοῦσά μοι τέκνα,
εὐνῆς ἕκατι καὶ λέχους σφ' ἀπώλεσας.
οὐκ ἔστιν ἥτις τοῦτ' ἂν Ἑλληνὶς γυνὴ   540
ἔτλη ποθ', ὧν γε πρόσθεν ἠξίουν ἐγὼ
γῆμαι σέ, κῆδος ἐχθρὸν ὀλέθριόν τ' ἐμοί,
λέαιναν, οὐ γυναῖκα, τῆς Τυρσηνίδος
Σκύλλης ἔχουσαν ἀγριωτέραν φύσιν.

28   Jason dismisses Medeia, who replies that she has avenged herself on his
         selfishness. (1344–60)

IA.   ἀλλ' οὐ γὰρ ἄν σε μυρίοις ὀνείδεσι   545
δάκοιμι· τοιόνδ' ἐμπέφυκέ σοι θράσος·
ἔρρ', αἰσχροποιὲ καὶ τέκνων μιαιφόνε.
ἐμοὶ δὲ τὸν ἐμὸν δαίμον' αἰάζειν πάρα,
ὃς οὔτε λέκτρων νεογάμων ὀνήσομαι,
οὐ παῖδας οὓς ἔφυσα κἀξεθρεψάμην   550
ἔξω προσειπεῖν ζῶντας, ἀλλ' ἀπώλεσα.
MH.   μακρὰν ἂν ἐξέτεινα τοῖσδ' ἐναντίον
λόγοισιν, εἰ μὴ Ζεὺς πατὴρ ἠπίστατο
οἷ' ἐξ ἐμοῦ πέπονθας οἷά τ' εἰργάσω·

σὺ δ᾽ οὐκ ἔμελλες τἄμ᾽ ἀτιμάσας λέχη   555
τερπνὸν διάξειν βίοτον ἐγγελῶν ἐμοί·
οὐδ᾽ ἡ τύραννος, οὐδ᾽ ὁ σοὶ προσθεὶς γάμους
Κρέων ἀνατεὶ τῆσδέ μ᾽ ἐκβαλεῖν χθονός.
πρὸς ταῦτα καὶ λέαιναν, εἰ βούλῃ, κάλει
καὶ Σκύλλαν ἢ Τυρσηνὸν ᾤκησεν πέτραν·   560
τῆς σῆς γὰρ ὡς χρὴ καρδίας ἀνθηψάμην.

29 *Jason and Medeia fling painful words at one another. Medeia refuses Jason's request for the children's bodies. (1361–83)*

IA.   καὐτή γε λυπῇ καὶ κακῶν κοινωνὸς εἶ.
MH.   σάφ᾽ ἴσθι· λύει δ᾽ ἄλγος, ἢν σὺ μὴ ᾽γγελᾷς.
IA.   ὦ τέκνα, μητρὸς ὡς κακῆς ἐκύρσατε.
MH.   ὦ παῖδες, ὡς ὤλεσθε πατρῴᾳ νόσῳ.   565
IA.   οὐ τοίνυν ἡμὴ δεξιά σφ᾽ ἀπώλεσεν.
MH.   ἀλλ᾽ ὕβρις, οἵ τε σοὶ νεοδμῆτες γάμοι.
IA.   λέχους σφε κἠξίωσας οὕνεκα κτανεῖν;
MH.   σμικρὸν γυναικὶ πῆμα τοῦτ᾽ εἶναι δοκεῖς;
IA.   ἥτις γε σώφρων· σοὶ δὲ πάντ᾽ ἐστὶν κακά.   570
MH.   οἵδ᾽ οὐκέτ᾽ εἰσί· τοῦτο γάρ σε δήξεται.

*ἄγριος a ον wild, savage	(+gen.)	ὄχημα, τό chariot (3b)
αἰάζω bewail	κάσις, ὁ brother	παρέστιος ον by the hearth
αἰσχροποιός όν agent of foul deeds	(3e) (*Apsyrtos, whose dismembered limbs Medeia scattered over the sea to delay her father's pursuit of her eloping with Jason*)	πέτρα, ἡ rock (1b)
ἄλγος, τό pain, grief (3a)		προδότις (προδοτιδ-), ἡ betrayer (3a)
ἀνατεί with impunity		προστίθημι (προσθε-) give
*ἀξιόω think fit; resolve; honour; expect	καλλίπρωρος ον with beautiful prow	σκήπτω hurl at
'Ἀργώ, ἡ Argo	κοινωνός, ἡ partner in (+gen.)	*Σκύλλα, ἡ Skylla (*sea-monster*) (1c)
*ἐγγελάω mock (+dat.)	*λέαινα, ἡ lionness (1c)	τερπνός ή όν delightful
ἔκατι on account of (+gen.)	μακράν at length	Τυρσηνίς (Τυρσηνιδ-), ἡ Etruscan
ἐκτείνω prolong	νεόγαμος ον newly married	Τυρσηνός ή όν Etruscan
ἔκυρσατε = aor. of κυρέω	νεοδμής (νεοδμητ-), ὁ newly tamed, i.e. newly formed	χρείαν ἔχω have need of (+gen.)
ἐμβάλλω (ἐμβαλ-) direct x (acc.) against y (dat.)	νυμφεύω marry	*ψαύω touch
ἐναντίος a ον opposite to (+dat.)	ὀλέθριος ον destructive, deadly	ὧν γε πρόσθεν 'and it was in preference to them that'
ἔρρε be gone!		
ἔρυμα, τό defence (against)		

IA.   οἶδ᾽ εἰσίν, οἴμοι, σῷ κάρᾳ μιάστορες.
MH.   ἴσασιν ὅστις ἦρξε πημονῆς θεοί.
IA.   ἴσασι δῆτα σήν γ᾽ ἀπόπτυστον φρένα.
MH.   στύγει· πικρὰν δὲ βάξιν ἐχθαίρω σέθεν.   575
IA.   καὶ μὴν ἐγὼ σήν· ῥᾴδιοι δ᾽ ἀπαλλαγαί.
MH.   πῶς οὖν; τί δράσω; κάρτα γὰρ κἀγὼ θέλω.
IA.   θάψαι νεκρούς μοι τούσδε καὶ κλαῦσαι πάρες.
MH.   οὐ δῆτ᾽, ἐπεί σφας τῇδ᾽ ἐγὼ θάψω χερί,
      φέρουσ᾽ ἐς Ἥρας τέμενος Ἀκραίας θεοῦ,   580
      ὡς μή τις αὐτοὺς πολεμίων καθυβρίσῃ,
      τύμβους ἀνασπῶν· γῇ δὲ τῇδε Σισύφου
      σεμνὴν ἑορτὴν καὶ τέλη προσάψομεν
      τὸ λοιπὸν ἀντὶ τοῦδε δυσσεβοῦς φόνου.

Medeia maintains her taunts to the end (1384–end)

ME.   I shall go to the land of Erekhtheus, Athens,
      to live with Aigeus the son of Pandion;
      but you vile man, as you deserve, will die a vile death
      now you have seen the bitter end of your new marriage.
JA.   May the Fury who takes revenge for children and
      murderous Justice destroy you.
ME.   What god or daimon hears you?
      You who lied when on oath and deceived *xenoi*.
JA.   Oh! Oh! You loathsome murderess of your children.
ME.   Go to your house and bury your bedfellow.
JA.   I am going, ill-fated in my two children.
ME.   You are not mourning yet: just wait till you get old.
JA.   O my dear, dear children.
ME.   Yes, dear to their mother, but not to you.
JA.   You can say this and have killed them?
ME.   Yes, that was to pain you.
JA.   Oh! I wish, wretched as I am,
      to press to my lips the dear lips of my children.
ME.   Now you greet them, now you welcome them,
      when you pushed them aside before.
JA.   In the god's name grant me
      to touch the soft flesh of my children.
ME.   You cannot. Your request has been thrown out to no avail.
JA.   Zeus, do you hear how I am driven away
      and what I am suffering at the hands of this loathsome

lioness who slays her cubs?
But at least so far as is possible and I am able
I make this lament and invocation
calling the gods as witness how
you killed my children and now prevent me
touching them with my hands and burying their bodies,
which I never ought as their father
to have looked upon, dead at your hands.

CH.   Zeus is the keeper of many things on Olympos,
and the gods achieve many unexpected things.
What was expected did not happen,
but for what was not expected the god found a way.
In just this manner did this affair turn out.

'Ακραῖος a ον of the Cape
ἀνασπάω tear up
ἀντί (+gen.) in return for
ἀπαλλαγή, ἡ parting (1a)
ἀπόπτυστος ον abominated, detested
βάξις, ἡ utterance (3e)
ἑορτή, ἡ festival (1a)

"Ηρα, ἡ Hera (1b)
θάπτω bury
κάρᾳ = dat. s. of κάρα head
μιάστωρ (μιαστορ-), ὁ avenger (3a)
πημονή, ἡ misery, calamity (1a)
προσάπτω bestow x (acc.) on

Y (dat.)
Σίσυφος, ὁ Sisyphos (2a) (succeeded Medeia as ruler in Corinth)
τέλη, τά offerings (3c)
τέμενος, τό precinct (3c)
τύμβος, ὁ grave (2a)

Hoplite

THUCYDIDES

Thucydides indicates how he tried to substantiate events and reveals his purpose in writing history:

τὰ δ' ἔργα τῶν πραχθέντων ἐν τῷ πολέμῳ οὐκ ἐκ τοῦ
παρατυχόντος πυνθανόμενος ἠξίωσα γράφειν, οὐδ' ὡς ἐμοὶ
ἐδόκει, ἀλλ' οἷς τε αὐτὸς παρῆν καὶ παρὰ τῶν ἄλλων ὅσον
δυνατὸν ἀκριβείᾳ περὶ ἑκάστου ἐπεξελθών. ἐπιπόνως δὲ
ηὑρίσκετο, διότι οἱ παρόντες τοῖς ἔργοις ἑκάστοις οὐ ταὐτὰ
περὶ τῶν αὐτῶν ἔλεγον, ἀλλ' ὡς ἑκατέρων τις εὐνοίας ἢ μνήμης
ἔχοι. καὶ ἐς μὲν ἀκρόασιν ἴσως τὸ μὴ μυθῶδες αὐτῶν
ἀτερπέστερον φανεῖται· ὅσοι δὲ βουλήσονται τῶν τε γενομένων
τὸ σαφὲς σκοπεῖν καὶ τῶν μελλόντων ποτὲ αὖθις κατὰ τὸ
ἀνθρώπινον τοιούτων καὶ παραπλησίων ἔσεσθαι, ὠφέλιμα
κρίνειν αὐτὰ ἀρκούντως ἕξει.

'And with reference to the narrative of events, far from permitting myself to derive it from the first source that came to hand, I did not even trust my own impressions, but it rests partly on what I saw myself, partly on what others saw for me, the accuracy of the report being always tried by the most severe and detailed tests possible. My conclusions have cost me some labour from the lack of coincidence between accounts of the same occurrences by different eye-witnesses, arising sometimes from imperfect memory, sometimes from undue partiality for one side or the other. The absence of romance in my history will, I fear, detract somewhat from its interest; but if it should be judged useful by those inquirers who desire an exact knowledge of the past as an aid to the interpretation of the future, which in the course of human things must resemble if it does not reflect it, I shall be content.'

History 1.22

This Selection

Introductory passages: Kleon at Sphakteria (*History* 4.26–40 (*pass.*)) page 48.
The mutilation of the Hermai (*History* 6.15–61) (*pass.*)) page 60.
Target passage: The Sicilian expedition (*History* 6.30–2, 7.70–8.1 (*pass.*)) page 70.

Thucydides, the historian

Thucydides *(Θουκυδίδης)* was an Athenian, who was born *c.* 460 and died *c.* 400. He saw active service in the Peloponnesian War between Athens and Sparta (431–404), and was an ardent admirer of the great Athenian leader Pericles. He caught the plague which devastated Athens in 430, but recovered. In 424, as *strategos,* he failed to prevent the Athenian coloɪy Amphipolis from surrendering without resistance to the Spartan leader Brasidas. For this failure he was exiled. When the war finished (404) he returned, but died soon afterwards. Thucydides' reputation as a historian of the very highest intellectual and critical acumen rests on his only work, his *History of the Peloponnesian War* in eight books, which was incomplete at his death. It takes the war down to 411, where it is picked up by Xenophon in his *Hellenika.* Thucydides' influence upon subsequent historians – despite his notoriously difficult style, especially in the speeches – was very great.

Introduction to the selections

These extracts from Thucydides' *History of the Peloponnesian War* are drawn from two periods in the conflict between Athens and Sparta, which continued intermittently from 431 to 404. Pericles' policy at the outbreak of the war was to withdraw all the population of Attika within the city walls of Athens, offer no resistance to the Spartans by land (who consequently invaded Attika annually, burning crops and farms) and defeat them by sea. When Pericles died from the plague (429), this unpopular policy was gradually jettisoned in favour of more aggression on land. The Athenians achieved some successes and, in 421, hostilities came to a temporary end with the uneasy peace negotiated by the Athenian politician Nikias. During this first part of the war (sometimes known as the Arkhidamian war, after the Spartan leader Arkhidamos), a vociferous and influential speaker in the *ekklesia,* after Pericles' death, was Kleon who, for Thucydides and Aristophanes, epitomised the debasement of politics in post-Periclean Athens. 'Kleon at Sphakteria' is one incident during this period.

'The mutilation of the Hermai' is set in 415, when the war had started again and the Athenians had decided to equip an expedition to Sicily. A moving force behind the proposal was Alkibiades, a young, capricious, extremely handsome and popular politician (even the iron-willed Socrates found it hard to resist him). Nevertheless, Alkibiades' penchant for luxurious living had earned him, according to Thucydides, the dislike of the more conservative politicians like Nikias, a fellow-general on this expedition. Political intrigue at Athens led to the recall of Alkibiades after the expedition had sailed, and, rather than return to Athens, Alkibiades defected to Sparta. Thucydides gives this as one of the main reasons for the Athenians' subsequent defeat in Sicily. The target passage 'The Sicilian expedition' follows this ill-fated enterprise through from its departure from Athens to its tragic end.

As an historian, Thucydides is concerned above all with the question of why people act in the way that they do, and why they succeed or fail in their chosen endeavours. He hopes in his history to give not just an answer to the question 'What happened?', but a key to the motivation of men in these events which will provide an intellectual framework for the assessment of future human actions. Yet however intellectually objective Thucydides would like to be, it is clear that he is still deeply involved on an emotional level with the events which he portrays.

Introductory passages: Kleon at Sphakteria (*History* 4.26–40 (*pass.*))

Introduction

Summer 425. The Athenians, under the general, Demosthenes, have fortified Pylos on the coast of Messenia, a town in Lakedaimonian territory. The Lakedaimonian attack on this garrison has resulted in some 420 of their men being cut off from the rest of the army and stranded on the island of Sphakteria, which adjoined Pylos. The Lakedaimonians sue for peace, but Kleon ensures that their approaches fail. Nevertheless, things in Pylos are far from going all the Athenians' way.

1   *The situation at Pylos.* (26¹⁻⁴)

> ἐν δὲ τῇ Πύλῳ ἔτι ἐπολιόρκουν τοὺς ἐν τῇ νήσῳ
> Λακεδαιμονίους οἱ Ἀθηναῖοι, καὶ τὸ ἐν τῇ ἠπείρῳ στρατόπεδον
> τῶν Πελοποννησίων κατὰ χώραν ἔμενεν. ἐπίπονος δ' ἦν τοῖς
> Ἀθηναίοις ἡ φυλακὴ σίτου τε ἀπορίᾳ καὶ ὕδατος· οὐ γὰρ ἦν
> κρήνη ὅτι μὴ μία ἐν αὐτῇ τῇ ἀκροπόλει τῆς Πύλου καὶ αὕτη   5
> οὐ μεγάλη, ἀλλὰ διαμώμενοι τὸν κάχληκα οἱ πλεῖστοι ἐπὶ τῇ
> θαλάσσῃ ἔπινον οἷον εἰκὸς ὕδωρ. στενοχωρία τε ἐν ὀλίγῳ
> στρατοπεδευομένοις ἐγίγνετο, καὶ τῶν νεῶν οὐκ ἐχουσῶν ὅρμον
> αἱ μὲν σῖτον ἐν τῇ γῇ ᾑροῦντο κατὰ μέρος, αἱ δὲ μετέωροι
> ὥρμουν. ἀθυμίαν τε πλείστην ὁ χρόνος⌐ παρεῖχε παρὰ λόγον   10
> ⌐ἐπιγιγνόμενος, οὕς⌐ ᾤοντο ἡμερῶν ὀλίγων ἐκπολιορκήσειν ἐν
> νήσῳ τε ἐρήμῃ καὶ ὕδατι ἁλμυρῷ ⌐χρωμένους.

The Lakedaimonian supply-line (26⁵⁻⁹)

The reason for the protraction of the siege was this. The Lakedaimonians had publicly called for volunteers to take over to the island ground corn, wine, cheese and other food which might be useful against the siege. The announcement had been accompanied by offers of large rewards and promises of freedom for any Helot who succeeded in the task. The Helots especially (though others took the risks involved also) kept the supply-lines open. They would put to sea from wherever in the Peloponnese they happened to be and sail over to the seaward part of the island, while it was still dark. They would watch particularly to catch a wind to carry them in, since whenever there was a breeze coming from the sea they found it easier to bypass the guard. In those circumstances it was impossible for the Athenians to surround the island. Meanwhile, since their boats were insured, the Helots did not care where they landed, but just ran aground; the Athenian ground-troops, of course, were on guard only at the regular landing-places on the island. But, by the same token, those attempting the landing during calm weather were invariably captured. Another scheme involved divers swimming underwater from the harbour side and pulling behind them on cords sacks of poppyseed mixed with honey and pounded linseed. This was successful at first, but later on the Athenians caught on to it and kept watch. So each side used every trick they knew, the one to get supplies in, the other to keep its eyes open and cut the supply-line.

ἁλμυρός όν salty, brackish
διαμάομαι scrape/clear away
*ἐκπολιορκέω take by siege
ἐν ὀλίγῳ sc. 'space'
*ἐπιγίγνομαι (ἐπιγεν-) extend
ἐπίπονος ον difficult
*ἤπειρος, ἡ mainland (2a)
κάχληξ (καχληχ-), ὁ gravel
  (3a)
*κρήνη, ἡ spring (1a)

λόγος, ὁ calculation,
  reckoning (2a)
μετέωρος ον at sea
οἷον εἰκός 'the sort you would
  expect' (sc. 'to get from this
  operation')
*ὁρμέω be moored, lie at
  anchor
*ὅρμος, ὁ mooring, port (2a)
ὅτι μή except

οὓς sc. 'with regard to men'
*πολιορκέω besiege
Πύλος, ἡ Pylos (2a) *(see map)*
στενοχωρία, ἡ lack of room
  (1b)
*στρατοπεδεύομαι encamp
*στρατόπεδον, τό army; camp
  (2b)

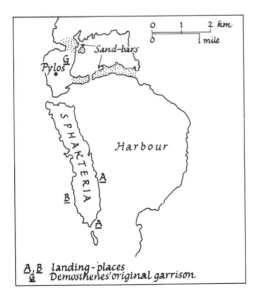

A,B landing-places
C/G Demosthenes' original garrison

Pylos and Sphakteria (1)

2   The Athenians are worried by reports of the lack of success at Pylos and
begin to regret their rejection of peace. (27¹⁻²)

ἐν δὲ ταῖς Ἀθήναις πυνθανόμενοι περὶ τῆς στρατιᾶς ὅτι
ταλαιπωρεῖται καὶ σῖτος τοῖς ̃ἐν τῇ νήσῳ ὅτι ἐσπλεῖ, ἠπόρουν
καὶ ἐδεδοίκεσαν μὴ σφῶν χειμὼν τὴν φυλακὴν ἐπιλάβοι,   15
ὁρῶντες τῶν τε ἐπιτηδείων τὴν περὶ τὴν Πελοπόννησον κομιδὴν
ἀδύνατον ἐσομένην, ἅμα ἐν χωρίῳ ἐρήμῳ καὶ οὐδ᾽ ἐν θέρει οἷοί
τε ὄντες ἱκανὰ περιπέμπειν, τόν τε ἔφορμον χωρίων ἀλιμένων
ὄντων οὐκ ἐσόμενον, ἀλλ᾽ ἤ, σφῶν ἀνέντων τὴν φυλακήν,
περιγενήσεσθαι τοὺς ἄνδρας ἢ τοῖς πλοίοις, ἃ τὸν σῖτον αὐτοῖς   20
ἦγε, χειμῶνα τηρήσαντας ἐκπλεύσεσθαι. πάντων τε ἐφοβοῦντο
μάλιστα τοὺς Λακεδαιμονίους, ὅτι ἔχοντάς ⌜τι ἰσχυρὸν ⌉αὐτοὺς
ἐνόμιζον οὐκέτι σφίσιν ἐπικηρυκεύεσθαι· καὶ μετεμέλοντο τὰς
σπονδὰς οὐ δεξάμενοι.

3   Kleon denies the truth of the reports, but, on being selected to check
them, claims there is no need, but that an expedition ought to be sent at
once. (27³⁻⁵)

Κλέων δέ, γνοὺς αὐτῶν τὴν ἐς αὐτὸν ὑποψίαν περὶ τῆς   25
κωλύμης τῆς ξυμβάσεως, οὐ τἀληθῆ ἔφη λέγειν τοὺς
ἐξαγγέλλοντας. παραινούντων δὲ τῶν ἀφιγμένων, εἰ μὴ σφίσι
πιστεύουσι, κατασκόπους τινὰς πέμψαι, ἡρέθη κατάσκοπος
αὐτὸς μετὰ Θεαγένους ὑπὸ Ἀθηναίων. καὶ γνοὺς ὅτι
ἀναγκασθήσεται ἢ ταὐτὰ λέγειν οἷς διέβαλλεν ἢ τἀναντία εἰπὼν   30
ψευδὴς φανήσεσθαι, παρῄνει τοῖς Ἀθηναίοις, ὁρῶν αὐτοὺς καὶ
ὡρμημένους τι τὸ πλέον τῇ γνώμῃ στρατεύειν, ὡς χρὴ
κατασκόπους μὲν μὴ πέμπειν μηδὲ διαμέλλειν καιρὸν
παριέντας, εἰ δὲ δοκεῖ αὐτοῖς ἀληθῆ εἶναι τὰ ἀγγελλόμενα,
πλεῖν ἐπὶ τοὺς ἄνδρας. καὶ ἐς Νικίαν τὸν Νικηράτου στρατηγὸν   35
ὄντα ἀπεσήμαινεν, ἐχθρὸς ὤν, καὶ ἐπιτιμῶν ῥάδιον εἶναι
παρασκευῇ, εἰ ἄνδρες εἶεν οἱ στρατηγοί, πλεύσαντας λαβεῖν
τοὺς ἐν τῇ νήσῳ, καὶ αὐτός γ᾽ ἄν, εἰ ἦρχε, ποιῆσαι τοῦτο.

4 Nikias turns the tables on Kleon and offers him his own command. (28¹⁻³)

ὁ δὲ Νικίας (τῶν τε Ἀθηναίων τι ὑποθορυβησάντων ἐς τὸν
Κλέωνα, ὅτι οὐ καὶ νῦν πλεῖ, εἰ ῥᾴδιόν γε αὐτῷ φαίνεται, καὶ 40
ἅμα ὁρῶν αὐτὸν ἐπιτιμῶντα), ἐκέλευεν ἥντινα βούλεται
δύναμιν λαβόντα τὸ ἐπὶ σφᾶς εἶναι ἐπιχειρεῖν. ὁ δὲ τὸ μὲν
πρῶτον, οἰόμενος αὐτὸν λόγῳ μόνον ἀφιέναι, ἕτοιμος ἦν, γνοὺς
δὲ τῷ ὄντι παραδωσείοντα ἀνεχώρει καὶ οὐκ ἔφη αὐτὸς ἀλλ᾽
ἐκεῖνον στρατηγεῖν, δεδιὼς ἤδη καὶ οὐκ ἂν οἰόμενός οἱ αὐτὸν 45
τολμῆσαι ὑποχωρῆσαι. αὖθις δὲ ὁ Νικίας ἐκέλευε καὶ ἐξίστατο
τῆς ἐπὶ Πύλῳ ἀρχῆς καὶ μάρτυρας τοὺς Ἀθηναίους ἐποιεῖτο.

ἄν (l. 45) take with τολμῆσαι
ἄν ... ποιῆσαι 'that he would
have done' (ἄν + aor. inf. in
indir. sp. = ἄν + aor. ind. in
dir. sp.)
*ἀνίημι (ἀνε(ι)-) let up on
ἀποσημαίνω allude to, point
at
*ἀρχή, ἡ command (1a)
*ἄρχω be in command
ἀφιγμένος = perf. part. of
ἀφικνέομαι
*δεδιώς fearing (= perf. part.
of δείδω I fear, perf. δέδια
δέδοικα (μή + subj./opt.) I am
afraid (that)
διαμέλλω delay
*δύναμις, ἡ force (3e)
ἐκπλεύσεσθαι = fut. inf. of
*ἐκπλέω sail out
ἐναντίος a ον opposite
ἐξαγγέλλω bring back reports
ἐξίσταμαι retire from, give
up (+ gen.)
ἐπιλαμβάνω
(ἐπιλαβ-) overtake

*ἐπιτήδεια, τά the necessities
of life (2b)
ἐπιτιμάω censure
*ἐπιχειρέω put one's hand to
ἔφορμος, ὁ blockade (2a)
Θεαγένης, ὁ Theagenes (3d)
*θέρος, τό summer (3c)
*καιρός, ὁ opportunity (2a)
κατάσκοπος, ὁ inspector (2a)
Κλέων (Κλεων), ὁ Kleon
(3a) (son of Kleombrotos, a
wealthy property-owner)
κομιδή, ἡ conveyance (1a)
κωλύμη, ἡ prevention (1a)
Νικήρατος, ὁ Nikeratos (2a)
Νικίας, ὁ Nikias (1d)
ξύμβασις, ἡ agreement,
treaty (3e)
*ὁ αὐτός (+ dat.) the same as
οἱ (l. 45) 'for him' (i.e.
Kleon), 'in his (i.e. Kleon's)
favour'
οἷς (l. 30) 'as those whom'
παραδωσείω be disposed to
deliver up
*παραινέω advise (+ dat.)

*παρίημι (παρε(ι)-) let slip
Πελοπόννησος, ἡ
Peloponnese (2a)
*περιγίγνομαι
(περιγεν-) escape; survive
πλεύσαντας = aor. part. of
πλέω
*στρατεύω send an expedition
στρατηγέω be general
*ταλαιπωρέομαι suffer distress
τηρέω watch for
τὸ ἐπὶ σφᾶς εἶναι 'the situation
facing them' (i.e. the
generals)
*τῷ ὄντι really
ὑποθορυβέω (ἐς) begin to
clamour (at)
ὑποχωρέω withdraw
ὑποψία, ἡ suspicion (1b)
φανήσεσθαι = fut. inf. of
φαίνομαι
ὡρμημένος being eager
(+ inf.) (perf. part. pass. of
ὁρμάω)

5 The Athenians press Kleon to accept the command. He does so, and boasts that he will capture the men and return with them 'dead or alive' within twenty days. (28³⁻⁴)

οἱ δέ, οἷον ὄχλος φιλεῖ ποιεῖν, ὅσῳ μᾶλλον ὁ Κλέων ὑπέφευγε
τὸν πλοῦν καὶ ἐξανεχώρει τὰ εἰρημένα, τόσῳ ἐπεκελεύοντο τῷ
Νικίᾳ παραδιδόναι τὴν ἀρχὴν καὶ ἐκείνῳ ἐπεβόων πλεῖν. ὥστε   50
οὐκ ἔχων ὅπως τῶν εἰρημένων ἔτι ἐξαπαλλαγῇ, ὑφίσταται τὸν
πλοῦν, καὶ παρελθὼν οὔτε φοβεῖσθαι ἔφη Λακεδαιμονίους
πλεύσεσθαί τε λαβὼν ἐκ μὲν τῆς πόλεως οὐδένα, Λημνίους δὲ
καὶ Ἰμβρίους τοὺς παρόντας καὶ πελταστὰς οἳ ἦσαν ἔκ τε
Αἴνου βεβοηθηκότες καὶ ἄλλοθεν τοξότας τετρακοσίους· ταῦτα   55
δὲ ἔχων ἔφη πρὸς τοῖς ἐν Πύλῳ στρατιώταις ἐντὸς ἡμερῶν
εἴκοσιν ἢ ἄξειν Λακεδαιμονίους ζῶντας ἢ αὐτοῦ ἀποκτενεῖν.

6 Reactions to Kleon's commission and reasons for satisfaction because of it. (28⁵)

τοῖς δὲ Ἀθηναίοις ἐνέπεσε μέν τι καὶ γέλωτος τῇ
κουφολογίᾳ αὐτοῦ, ἀσμένοις δ' ὅμως ἐγίγνετο τοῖς σώφροσι
τῶν ἀνθρώπων, λογιζομένοις δυοῖν ἀγαθοῖν τοῦ ἑτέρου   60
τεύξεσθαι, ἢ Κλέωνος ἀπαλλαγήσεσθαι, ὃ μᾶλλον ἤλπιζον, ἢ
σφαλεῖσι γνώμης Λακεδαιμονίους σφίσι χειρώσεσθαι.

(Kleon sets out for Pylos. He has chosen as his colleague in the expedition Demosthenes, who is already on the scene and whom he knows to be planning an attack. The delay in attacking Sphakteria has been caused by the difficulty of reconnaissance with the island so thickly wooded. But an accidental fire has now burned down most of the forest cover and Demosthenes has prepared a plan which is put into effect on Kleon's arrival.

Just before dawn the Athenians put ashore a landing party of hoplites on each side of the island (A and B). They surprise and kill the thirty Spartan guards and secure the position for their main force to land. The Athenians' first objective is to seize the high points of the island. The main Spartan force holds its ground on the central ridge (X), but cannot use its own special hoplite skills properly against the bulk of the Athenian forces who are light-armed troops with missiles.)

Αἶνος Ainos (2a) (in Thrace)
ἄλλοθεν from somewhere else
*ἀπαλλάττομαι be rid of, be
 freed from (+gen.)

(fut.=ἀπαλλαγήσομαι)
ἀσμένοις . . . ἐγίγνετο 'it
 turned out (for . . .) that
 they were pleased'

*ἄσμενος η ον pleased, glad
αὐτοῦ on the spot
*γέλως (γελωτ-), ὁ laughter
 (3a)

τι καὶ γέλωτος tr. 'a burst of laughter'

ἐντός (+gen.) inside, within

ἐξαναχωρέω go back on

ἐξαπαλλάττομαι escape from (+gen.) (aor. pass. ἐξαπηλλάγην)

ἐπιβοάω call upon, cry out to

ἐπικελεύομαι encourage (+dat.)

*ζάω live

Ἴμβριοι, οἱ Imbrians (2a)

κουφολογία, ἡ light talk (1b)

Λήμνιοι, οἱ Lemnians (2a)

*οἷον as

ὅπως tr. 'a way to ...'

*ὅσῳ μᾶλλον ... τόσῳ 'the more ... the more' (lit. 'by how much the more ... by so much')

*ὄχλος, ὁ crowd, mob (2a)

πελταστής, ὁ peltast (1d) (soldier armed with small round shield, with no body armour)

*στρατιώτης, ὁ soldier (1d)

*σφάλλομαι be mistaken in, be foiled in (+gen.) (aor. = ἐσφάλην)

σφίσι ... χειρώσεσθαι 'that for them σφαλεῖσι γνώμης, (Kleon) would ...'

τετρακόσιοι αι α 400

*τοξότης, ὁ archer (1d)

*ὑποφεύγω shrink back from (sc. 'undertaking')

ὑφίσταμαι submit to, consent to

χειρόομαι subdue

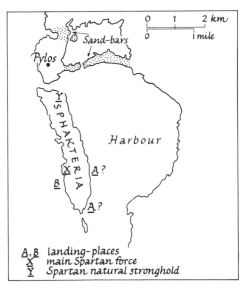

Pylos and Sphakteria (2)

An archer

7 *The light-armed troops, no longer overawed by the Lakedaimonian reputation, now see the advantage of their own position, take heart and attack them.* (34¹)

χρόνον μὲν οὖν τινα ὀλίγον οὕτω πρὸς ἀλλήλους
ἠκροβολίσαντο· τῶν δὲ Λακεδαιμονίωνᵧ οὐκέτι ὀξέως ἐπεκθεῖν
ᾗ προσπίπτοιεν ᵧδυναμένων, γνόντες αὐτοὺς οἱ ψιλοὶ   65
βραδυτέρους ἤδη ὄντας τῷ ἀμύνασθαι, καὶ αὐτοί, τῇ τε ὄψει
τοῦ θαρσεῖν τὸ πλεῖστον εἰληφότες, πολλαπλάσιοι φαινόμενοι
καὶ ξυνειθισμένοι μᾶλλον μηκέτι δεινοὺς αὐτοὺς ὁμοίως σφίσι
φαίνεσθαι, ὅτι οὐκ εὐθὺς ἄξια τῆς προσδοκίας ἐπεπόνθεσαν,
ὥσπερ ὅτε πρῶτον ἀπέβαινον τῇ γνώμῃ δεδουλωμένοι ὡς ἐπὶ   70
Λακεδαιμονίους, καταφρονήσαντες καὶ ἐμβοήσαντες ἁθρόοι
ὥρμησαν ἐπ᾽ αὐτοὺς καὶ ἔβαλλον λίθοις τε καὶ τοξεύμασι καὶ
ἀκοντίοις, ὡς ἕκαστός τι πρόχειρον εἶχεν.

8 *Confusion of the Lakedaimonians in the face of unfamiliar battle conditions.* (34²⁻³)

γενομένης δὲ τῆς βοῆς ἅμα τῇ ἐπιδρομῇ, ἔκπληξίς τε
ἐνέπεσεν ἀνθρώποις ἀήθεσι τοιαύτης μάχης καὶ ὁ κονιορτὸς τῆς   75
ὕλης νεωστὶ κεκαυμένης ἐχώρει πολὺς ἄνω, ἄπορόν τε ἦν ἰδεῖν
τὸ πρὸ αὑτοῦ ὑπὸ τῶν τοξευμάτων καὶ λίθωνᵧ ἀπὸ πολλῶν
ἀνθρώπων μετὰ τοῦ κονιορτοῦ ἅμα ᵧφερομένων. τό τε ἔργον
ἐνταῦθα χαλεπὸν τοῖς Λακεδαιμονίοις καθίστατο· οὔτε γὰρ οἱ
πῖλοι ἔστεγον τὰ τοξεύματα, δοράτιά τε ἐναπεκέκλαστο   80
βαλλομένων, εἶχόν τε οὐδὲν σφίσιν αὐτοῖς χρήσασθαι
ἀποκεκλημένοι μὲν τῇ ὄψει τοῦ προορᾶν, ὑπὸ δὲ τῆς μείζονος
βοῆς τῶν πολεμίων τὰ ἐν αὑτοῖς παραγγελλόμενα οὐκ
ἐσακούοντες, κινδύνου τε πανταχόθεν περιεστῶτος, καὶ οὐκ
ἔχοντες ἐλπίδα καθ᾽ ὅτι χρὴ ἀμυνομένους σωθῆναι.   85

(*The Lakedaimonians cannot hold the central area: they close ranks and retreat to a natural stronghold* (Y) *already garrisoned. Despite a concerted Athenian attack the Lakedaimonians hold out.*)

ἀήθης ες unused to (+gen.)
*ἄθροος α ον in a body
*ἀκόντιον, τό javelin (2b)
ἀκροβολίζομαι
  (πρός+acc.) skirmish
  (with)
*ἅμα (+dat.) at the same time
  as
*ἀμύνομαι defend oneself
*ἄνω up
ἀποκλήω shut off from
  (+gen.)
ἄπορος ον impossible
βαλλομένων 'those who were
  hit'
*βάλλω (βαλ-) pelt
βραδύτερος = comp. of
  *βραδύς εîα ύ slow
δεινούς . . . ὁμοίως σφίσι . . .
  ὥσπερ . . . 'as formidable
  as . . .'
δοράτιον, τό spear (2b)
δουλόομαι be enslaved
εἶχον . . . χρήσασθαι 'and they
  did not know at all what to
  do with themselves'
*ἔκπληξις, ἡ confusion, panic,

fear (3e)
ἐμβοάω shout aloud
ἐναποκλάω break off short in
  (+gen.)
ἐπεκθέω rush out against
ἐπιδρομή, ἡ attack, charge
  (1a)
ᾗ where(ver)
θαρσέω be confident
καθ' ὅτι 'in accordance with
  which'
*κεκαυμένης: perf. part. pass. of
  καίω (καυσ-) burn, set fire
  to
κονιορτός, ὁ dust (2a)
νεωστί recently
ξυνειθισμένος = perf. part. of
  ξυνεθίζομαι become used
  to (sc. 'the fact that')
ὀξέως quickly
*ὁρμάω set off, charge (at)
*πανταχόθεν from every
  direction
παραγγέλλω order
*περιεστώς ῶσα ός surrounding
  (perf. part. of περίσταμαι,
  (περιστα-) surround,

devolve on, turn out)
πῖλος, ὁ helmet (2a)
πολλαπλάσιοι φαινόμενοι: tr.
  with καὶ αὐτοί at beginning of
  clause
πολλαπλάσιος α ον many
  times larger, greatly
  superior in numbers
προοράω see in front
προσδοκία, ἡ expectation (1b)
*προσπίπτω
  (προσπεσ-) attack
πρόχειρος ον at hand
στέγω keep off
τῇ . . . ὄψει 'from the sight'
*τόξευμα, τό arrow (3b)
τοῦ θαρσεῖν τὸ πλεῖστον 'a
  great deal of heart'
τῷ ἀμύνασθαι 'in defending'
  (themselves)
ὕλη, ἡ wood, forest (1a)
*ψιλοί, οἱ lightly armed troops
  (2a)
ὡς (l. 70) 'as' (they naturally
  would, going . . .)

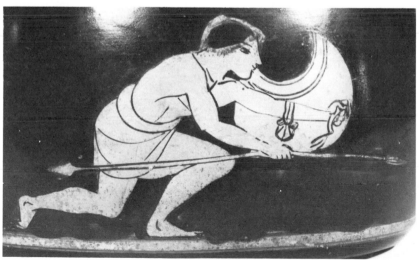

A peltast

9   *Eventually the Messenian general proposes a plan to work round the back of the fortification. This flank he finds undefended. (36¹⁻²)*

ἐπειδὴ δὲ ἀπέραντον ἦν, προσελθὼν ὁ τῶν Μεσσηνίων
στρατηγὸς Κλέωνι καὶ Δημοσθένει ἄλλως ἔφη πονεῖν σφᾶς· εἰ
δὲ βούλονται ἑαυτῷ δοῦναι τῶν τοξοτῶν μέρος τι καὶ τῶν
ψιλῶν περιιέναι κατὰ νώτου αὐτοῖς ὁδῷ ᾗ ἂν αὐτὸς εὕρῃ, δοκεῖν
βιάσεσθαι τὴν ἔφοδον. λαβὼν δὲ ἃ ᾐτήσατο, ἐκ τοῦ ἀφανοῦς   90
ὁρμήσας ὥστε μὴ ἰδεῖν ἐκείνους, κατὰ τὸ αἰεὶ παρεῖκον τοῦ
κρημνώδους τῆς νήσου προσβαίνων, καὶ ᾗ οἱ Λακεδαιμόνιοι,
χωρίου ἰσχύι πιστεύσαντες, οὐκ ἐφύλασσον, χαλεπῶς τε καὶ
μόλις περιελθὼν ἔλαθε, καὶ ἐπὶ τοῦ μετεώρου ἐξαπίνης
ἀναφανεὶς κατὰ νώτου αὐτῶν, τοὺς μὲν τῷ ἀδοκήτῳ ἐξέπληξε,   95
τοὺς δὲ ἃ προσεδέχοντο ἰδόντας πολλῷ μᾶλλον ἐπέρρωσεν.

10 *The Lakedaimonians, now assailed from both sides (as at Thermopy-
lai in 480, when a traitor showed the Persians a steep mountain track by
way of which they could reach the Lakedaimonian rear), begin to give
way. (36³)*

καὶ οἱ Λακεδαιμόνιοι βαλλόμενοί τε ἀμφοτέρωθεν ἤδη καὶ
γιγνόμενοι ἐν τῷ αὐτῷ ξυμπτώματι,ᴦ ὡς μικρὸν μεγάλῳ
εἰκάσαι, ᵀτῷ ἐν Θερμοπύλαις (ἐκεῖνοί τε γὰρ τῇ ἀτραπῷ
περιελθόντων τῶν Περσῶν διεφθάρησαν) οὗτοί τε ἀμφίβολοι   100
ἤδη ὄντες οὐκέτι ἀντεῖχον, ἀλλὰ πολλοῖς τε ὀλίγοι μαχόμενοι
καὶ ἀσθενείᾳ σωμάτων διὰ τὴν σιτοδείαν ὑπεχώρουν, καὶ οἱ
Ἀθηναῖοι ἐκράτουν ἤδη τῶν ἐφόδων.

11 *Kleon and Demosthenes proclaim a truce. (37–8)*

γνοὺς δὲ ὁ Κλέων καὶ ὁ Δημοσθένης εἰ καὶ ὁποσονοῦν μᾶλλον
ἐνδώσουσι, διαφθαρησομένους αὐτοὺς ὑπὸ τῆς σφετέρας   105
στρατιᾶς, ἔπαυσαν τὴν μάχην καὶ τοὺς ἑαυτῶν ἀπεῖρξαν,
βουλόμενοι ἀγαγεῖν αὐτοὺς Ἀθηναίοις ζῶντας, εἴ πως τοῦ
κηρύγματος ἀκούσαντες ἐπικλασθεῖεν τῇ γνώμῃ τὰ ὅπλα
παραδοῦναι καὶ ἡσσηθεῖεν τοῦ παρόντος δεινοῦ. ἐκήρυξάν τε, εἰ
βούλονται, τὰ ὅπλα παραδοῦναι καὶ σφᾶς αὐτοὺς Ἀθηναίοις   110
ὥστε βουλεῦσαι ὅτι ἂν ἐκείνοις δοκῇ. οἱ δὲ ἀκούσαντες

παρῆκαν τὰς ἀσπίδας οἱ πλεῖστοι καὶ τὰς χεῖρας ἀνέσεισαν,
δηλοῦντες προσίεσθαι τὰ κεκηρυγμένα.

ἀδόκητος ον unexpected
αἰτέομαι ask for
ἀμφίβολος ον assailed on both
 sides
ἀμφοτέρωθεν from both sides
ἀνασείω lift up and wave
*ἀντέχω (ἀντισχ-) hold out;
 hold one's ground
ἀπείργω keep back
ἀπέραντος ον endless
ἀσπίς (ἀσπιδ-), ἡ shield (3a)
ἀτραπός, ἡ path, track (2a)
*βιάζομαι force
*βουλεύω deliberate, plan,
 devise
*Δημοσθένης, ὁ Demosthenes
 (an Athenian general) (3d)
*διαφθαρήσομαι = fut. pass. of
 διαφθείρω
δοκεῖν (he said) 'that he
 thought'
*εἰκάζω compare, guess; ὡς
 εἰκάσαι = 'to compare'
ἐκ τοῦ ἀφανοῦς 'from out of
 sight' (of the enemy)
ἐκεῖνοι (l. 99) – the

Λακεδαιμόνιαν army at
 Thermopylai
ἐκείνοις (l. 111) i.e. the
 Athenians
ἐκπλήττω (ἐκπληξ-) astonish
*ἐνδίδωμι (ἐνδο-) give way,
 give in
ἐξαπίνης suddenly
ἐπικλάομαι be broken (+inf.
 'so much as to')
ἐπιρρώννυμι
 (ἐπιρρωσ-) encourage
*ἔφοδος, ἡ approach, access;
 attack (2a)
*ᾗ where
*ἡσσάομαι give way to
 (+gen.), be defeated
Θερμοπυλαί, αἱ Thermopylai
 (where Greeks fought Persians
 in 480) (1a)
ἰσχύς, ἡ strength (3h)
κατὰ νώτου αὐτοῖς 'behind
 their backs'
κήρυγμα, τό proclamation
 (3b)
*κηρύττω (κηρυξ-) command

by proclamation; announce
κρημνώδης ες rocky, steep
Μεσσήνιοι, οἱ Messenians (2a)
μετέωρον, τό high ground
 (2b)
μόλις barely, only just
ξύμπτωμα, τό unlucky
 situation (3b)
ὁποσονοῦν a little bit
παρείκω permit, be
 practicable
Πέρσαι, οἱ Persians (1d)
*πονέω labour, make a great
 effort; be in distress
προσδέχομαι await, expect
προσίεμαι accept
σιτοδεία, ἡ lack of food (1b)
σφέτερος α ον their own
τοὺς δέ (l. 96) i.e. the
 Athenians in front of the
 fortifications
τοὺς μέν (l. 95) i.e. the
 Lakedaimonians
*ὑποχωρέω withdraw

Spartan shield captured at Pylos

58   *Thucydides*

(The fighting is now at an end. The Lakedaimonians discuss their position under truce and decide to surrender themselves and their arms. They are then kept under guard by the Athenians. Of the original 420 hoplites, 292 are taken alive, of whom 120 are actual Spartiates, members of the ruling élite, which, small in numbers but formidable in military organisation and skill, holds down a subject population many times its own size.)

12 *Kleon's success; the shock caused in Greece by the unexpected surrender of the Lakedaimonians. (39³–40)*

οἱ μὲν δὴ Ἀθηναῖοι καὶ οἱ Πελοποννήσιοι ἀνεχώρησαν τῷ
στρατῷ ἐκ τῆς Πύλου ἑκάτεροι ἐπ᾽ οἴκου, καὶ τοῦ Κλέωνος   115
καίπερ μανιώδης οὖσα ἡ ὑπόσχεσις ἀπέβη· ἐντὸς γὰρ εἴκοσιν
ἡμερῶν ἤγαγε τοὺς ἄνδρας, ὥσπερ ὑπέστη. παρὰ γνώμην τε δὴ
μάλιστα τῶν κατὰ τὸν πόλεμον τοῦτο τοῖς Ἕλλησιν ἐγένετο·
τοὺς γὰρ Λακεδαιμονίους οὔτε λιμῷ οὔτ᾽ ἀνάγκῃ οὐδεμιᾷ
ἠξίουν τὰ ὅπλα παραδοῦναι, ἀλλὰ ἔχοντας καὶ μαχομένους ὡς   120
ἐδύναντο ἀποθνῄσκειν.

*ἀξιόω expect; think worthy, right
*ἀποβαίνω (ἀποβα-) succeed; turn out; result

*ἐπί (+gen.) to, towards
*λιμός, ὁ/ἡ starvation, hunger (2a)
μανιώδης ες mad

παρὰ γνώμην 'against the general judgment'
*στρατός, ὁ army (2a)
ὑπόσχεσις, ἡ promise (3e)

The indented inscription on the shield illustrated on p. 57

Introductory passages: The mutilation of the Hermai (*History* 6.15–61 (*pass.*))

Introduction

Summer 415. The Athenians discuss sending an expedition to Sicily, ostensibly to help their allies, but really for purposes of conquest. The main contenders in the debate on the matter in the *ekklesia* are Nikias and Alkibiades (both to become generals conducting the campaign along with Lamakhos). Nikias has already spoken against the venture, warning the Athenians not to allow someone like Alkibiades to make personal capital out of it. Before reporting Alkibiades' reply, Thucydides stops to consider his motives and character, and their effect on the final outcome of the war.

13   *Alkibiades' reasons for supporting the expedition and a sketch of his character.* (15^{2-4})

ἐνῆγε δὲ προθυμότατα τὴν στρατείαν ᾿Αλκιβιάδης ὁ
Κλεινίου, βουλόμενος τῷ τε Νικίᾳ ἐναντιοῦσθαι, ὢν καὶ ἐς
τἆλλα διάφορος τὰ πολιτικὰ καὶ ὅτι αὐτοῦ διαβόλως ἐμνήσθη,
καὶ μάλιστα στρατηγῆσαί τε ἐπιθυμῶν καὶ ἐλπίζων Σικελίαν τε   125
δι᾿ αὐτοῦ καὶ Καρχηδόνα λήψεσθαι καὶ τὰ ἴδια ἅμα εὐτυχήσας
χρήμασί τε καὶ δόξῃ ὠφελήσειν. ὢν γὰρ ἐν ἀξιώματι ὑπὸ τῶν
ἀστῶν, ταῖς ἐπιθυμίαις μείζοσιν ἢ κατὰ τὴν ὑπάρχουσαν οὐσίαν
ἐχρῆτο ἔς τε τὰς ἱπποτροφίας καὶ τὰς ἄλλας δαπάνας· ὅπερ καὶ
καθεῖλεν ὕστερον τὴν τῶν ᾿Αθηναίων πόλιν οὐχ ἥκιστα.   130
φοβηθέντες γὰρ αὐτοῦ οἱ πολλοὶ τὸ μέγεθος τῆς⌐ τε κατὰ τὸ
ἑαυτοῦ σῶμα ⌐παρανομίας ἐς τὴν δίαιταν καὶ τῆς διανοίας ὧν
καθ᾿ ἓν ἕκαστον, ἐν ὅτῳ γίγνοιτο, ἔπρασσεν, ὡς τυραννίδος
ἐπιθυμοῦντι πολέμιοι καθέστασαν, καὶ δημοσίᾳ κράτιστα
διαθέντι τὰ τοῦ πολέμου ἰδίᾳ ἕκαστοι τοῖς ἐπιτηδεύμασιν αὐτοῦ   135
ἀχθεσθέντες, καὶ ἄλλοις ἐπιτρέψαντες, οὐ διὰ μακροῦ ἔσφηλαν
τὴν πόλιν.

(The Athenians vote for the expedition, which will be a massive force. But one night during the period of preparation for the expedition most of the Hermai (cult statues) dotted round the city are mutilated. Thucydides describes the consternation caused by this event and the political consequences of the mood it creates, particularly for Alkibiades.)

*Ἀλκιβιάδης, ὁ Alkibiades
(1a)
ἀξίωμα, τό esteem (3b)
ἄχθομαι (ἀχθεσθ-) be
annoyed, irritated,
disgusted at (+dat.)
δαπάνη, ἡ expense,
extravagance (1a)
*δημοσίᾳ publicly
διαβόλως slanderously
διαθέντι sc. 'Alkibiades'
δίαιτα, ἡ way of life (1c)
*διάφορος ον at variance in
(+acc.); different; superior
*ἐνάγω propose, suggest, urge
ἐναντιόομαι oppose,
contradict (+dat.)
*ἐπιθυμία, ἡ passion, desire
(1b)
ἐπιθυμοῦντι sc. 'to

Alkibiades'
*ἐπιτήδευμα, τό habit,
practice; pursuit; business
(3b)
ἐπιτρέπω hand over to
(+dat.)
ἐς (l. 123) (+acc.) with
regard to
εὐτυχέω do well, succeed
ἐχρῆτο 'he indulged'
*ἰδίᾳ privately
*ἴδιος α ον private, individual;
τὰ ἴδια 'his personal
fortunes'
ἱπποτροφία, ἡ horse-breeding
(1b)
καθ' ἓν ἕκαστον 'in every
single venture'
*καθαιρέω (καθελ-) take
down; destroy

καθέστασαν 'they (i.e. οἱ
πολλοί) had become' (plup.
of καθίσταμαι)
Καρχηδών (Καρχηδον-), ἡ
Carthage (3a)
Κλεινίας, ὁ Kleinias (1d)
κράτιστα with supreme
excellence
*οὐ διὰ μακροῦ in a short time
*παρανομία, ἡ transgression of
normal standards (of
decency) (1b)
*Σικελία, ἡ Sicily (1b)
*στρατεία, ἡ expedition (1b)
σφάλλω (σφηλ-) ruin
τυραννίς (τυραννιδ-), ἡ
absolute power, tyranny
(3a)
*ὠφελέω promote; help; be of
use to

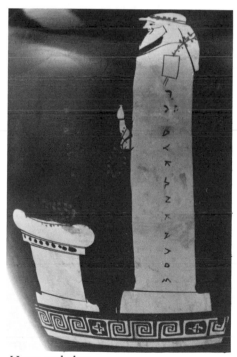

Herm and altar

62 *Thucydides*

14 *Mutilation of the Hermai. Rewards offered for information, with a guarantee of immunity for anyone who might incriminate himself by informing. (27)*

ἐν δὲ τούτῳ, ὅσοι Ἑρμαῖ ἦσαν λίθινοι ἐν τῇ πόλει τῇ
Ἀθηναίων (εἰσὶ δὲ κατὰ τὸ ἐπιχώριον, ἡ τετράγωνος ἐργασία,
πολλοὶ καὶ ἐν ἰδίοις προθύροις καὶ ἐν ἱεροῖς), μιᾷ νυκτὶ οἱ   140
πλεῖστοι περιεκόπησαν τὰ πρόσωπα. καὶ τοὺς δράσαντας ᾔδει
οὐδείς, ἀλλὰ μεγάλοις μηνύτροις δημοσίᾳ οὗτοί τε ἐζητοῦντο
καὶ προσέτι ἐψηφίσαντο, καὶ εἴ τις ἄλλο⌐τι⌐ οἶδεν ⌐ἀσέβημα
γεγενημένον, μηνύειν ἀδεῶς τὸν βουλόμενον καὶ ἀστῶν καὶ
ξένων καὶ δούλων. καὶ τὸ πρᾶγμα μειζόνως ἐλάμβανον· τοῦ τε   145
γὰρ ἔκπλου οἰωνὸς ἐδόκει εἶναι καὶ ἐπὶ ξυνωμοσίᾳ ἅμα
νεωτέρων πραγμάτων καὶ δήμου καταλύσεως γεγενῆσθαι.

15 *Information from some 'metics and slaves' about (i) earlier mutilations of statues and (ii) profane performances of the Mysteries in private houses. Alkibiades is implicated in the latter by his political opponents. (28)*

μηνύεται οὖν ἀπὸ μετοίκων τέ τινων καὶ ἀκολούθων περὶ μὲν
τῶν Ἑρμῶν οὐδέν, ἄλλων δὲ ἀγαλμάτων περικοπαί τινες
πρότερον ὑπὸ νεωτέρων μετὰ παιδιᾶς καὶ οἴνου γεγενημέναι,   150
καὶ τὰ μυστήρια ἅμα ὡς ποιεῖται ἐν οἰκίαις ἐφ᾽ ὕβρει· ὧν καὶ
τὸν Ἀλκιβιάδην ἐπῃτιῶντο. καὶ αὐτὰ ὑπολαμβάνοντες οἱ
μάλιστα τῷ Ἀλκιβιάδῃ⌐ ἀχθόμενοι ⌐ἐμποδὼν⌐ ὄντι σφίσι μὴ
αὐτοῖς τοῦ δήμου βεβαίως προεστάναι, καὶ νομίσαντες, εἰ
αὐτὸν ἐξελάσειαν, πρῶτοι ἂν εἶναι, ἐμεγάλυνον καὶ ἐβόων ὡς   155
ἐπὶ δήμου καταλύσει τά τε μυστικὰ καὶ ἡ τῶν Ἑρμῶν
περικοπὴ γένοιτο καὶ οὐδὲν εἴη αὐτῶν ὅτι οὐ μετ᾽ ἐκείνου
ἐπράχθη, ἐπιλέγοντες τεκμήρια τὴν ἄλλην⌐ αὐτοῦ ἐς τὰ
ἐπιτηδεύματα οὐ ⌐δημοτικὴν παρανομίαν.

16 *Alkibiades argues that he should be brought to trial before the departure of the expedition. (29¹⁻²)*

ὁ δ᾽ ἔν τε τῷ παρόντι πρὸς τὰ μηνύματα ἀπελογεῖτο καὶ   160
ἕτοιμος ἦν, πρὶν ἐκπλεῖν, κρίνεσθαι, εἴ τι τούτων εἰργασμένος

ἦν (ἤδη γὰρ καὶ τὰ τῆς παρασκευῆς ἐπεπόριστο), καὶ εἰ μὲν
τούτων τι εἴργαστο, δίκην δοῦναι, εἰ δ᾽ ἀπολυθείη, ἄρχειν. καὶ

ἄγαλμα, τό statue (3b)
ἀδεῶς without fear (sc. 'of prosecution')
*ἀκόλουθος, ὁ slave, servant (2a)
ἀσέβημα, τό profane act, act of sacrilege (3b)
*δῆμος, ὁ democracy (2a)
δημοτικός ή όν democratic
εἴ (l. 161) 'to establish whether'
ἔκπλους, ὁ departure, sailing (2a contr.)
ἐμπόδων (with ὄντι) + dat. + μή + inf. in the way of x (dat.) doing y (μή + inf.)
ἐξελαύνω (ἐξελασ-) drive out, expel
ἐπαιτιάομαι bring a charge against x (acc.) of y (gen.)
*ἐπί (+ dat.) in furtherance of
ἐπιλέγω adduce

ἐπιχώριον, τό local custom (2b)
*Ἑρμῆς, ὁ Herm (a square pillar with a head and erect phallus) (1d)
*κατάλυσις, ἡ overthrow, destruction (3c)
λίθινος η ον of stone
μεγαλύνω make much of things
μειζόνως rather seriously
μέτοικος, ὁ metic (non-Athenian resident of Athens) (2a)
*μήνυμα, τό accusation (of informers) (3b)
μήνυτρον, τό reward for information (2b)
*μηνύω give information (tr. 'that he who wished should give information')
μυστήρια, τά Mysteries (rites

of Demeter held at Eleusis, open only to initiates) (2b)
*μυστικά, τά the (profanation of) Mysteries (2b)
νεώτερα πράγματα, τά revolution
*ξυνωμοσία, ἡ conspiracy (1b)
*οἶνος, ὁ wine (2a)
παιδιά, ἡ play (1b)
περικοπή, ἡ mutilation (1a)
περικόπτω (aor. pass. περιεκόπην) mutilate
πρόθυρον, τό doorway (2b)
προΐσταμαι be leader of (+ gen.)
προσέτι in addition
πρόσωπον, τό face (2b)
τετράγωνος ἐργασία, ἡ 'the (sc. well-known) four-cornered pattern'
*ὑπολαμβάνω (ὑπολαβ-) take up; answer; suppose, assume

A mutilated Herm

ἐπεμαρτύρετο μὴ ἀπόντος πέρι αὐτοῦ διαβολὰς ἀποδέχεσθαι,
ἀλλ' ἤδη ἀποκτείνειν, εἰ ἀδικεῖ, καὶ ὅτι σωφρονέστερον εἴη μὴ   165
μετὰ τοιαύτης αἰτίας, πρὶν διαγνῶσι, πέμπειν αὐτὸν ἐπὶ
τοσούτῳ στρατεύματι.

17   *His political enemies contrive that Alkibiades should set sail with the*
expedition, to be recalled for trial when necessary. (29³)

οἱ δ' ἐχθροί – δεδιότες τό τε στράτευμα μὴ εὔνουν ἔχῃ, ἢν
ἤδη ἀγωνίζηται, ὅ τε δῆμος μὴ μαλακίζηται θεραπεύων ὅτι δι'
ἐκεῖνον οἵ τ' Ἀργεῖοι ξυνεστράτευον καὶ τῶν Μαντινέων   170
τινές – ἀπέτρεπον καὶ ἀπέσπευδον, ἄλλους ῥήτορας ἐνιέντες οἳ
ἔλεγον νῦν μὲν πλεῖν αὐτὸν[ʲ] καὶ μὴ κατασχεῖν τὴν ἀναγωγήν,
ᵃἐλθόντα δὲ κρίνεσθαι ἐν ἡμέραις ῥηταῖς, βουλόμενοι ἐκ
μείζονος διαβολῆς (ἣν ἔμελλον ῥᾷον, αὐτοῦ ἀπόντος, ποριεῖν)
μετάπεμπτον κομισθέντα αὐτὸν ἀγωνίσασθαι. καὶ ἔδοξε πλεῖν   175
τὸν Ἀλκιβιάδην.

(The expedition against Sicily proceeds, but investigations in Athens continue.)

Athenian methods of inquiring into the mutilation (53²⁻³)

The fact was that the Athenians had been pursuing their inquiries into the
affair of the Hermai and the sacrilege no less enthusiastically since the expedition's
departure. But they had not scrutinised the informants, merely accepting everything as
grounds for suspicion; so by putting trust in bad characters, they had seized and
imprisoned some perfectly honest citizens. They clearly considered it a more profitable
course to get to the heart of the matter and solve the puzzle than to allow anyone to get
off with being cross-examined because he was of good character while the informant was
a crook.

Athenian fears concerning the incident (53³)

The people from hearsay knew that Peisistratos' tyranny and that of his sons
had become harsh towards the end and, what was worse, that its overthrow had not been
due to themselves or Harmodios* but the Lakedaimonians. So they remained in a
constant state of apprehension and looked with suspicion upon everything.

---

*   Peisistratos was tyrant of Athens from 545 to 527, and was succeeded by his son Hippias
(527–510). In 514 Hippias' brother Hipparkhos was assassinated by the two lovers
Harmodios and Aristogeiton, earning them eternal glory in Athenian eyes, but frighten-
ing Hippias so much that a reign of terror ensued until he was removed by the
Lakedaimonians in 510, who themselves had designs upon Athens.

18   *These fears lead the Athenians to suspect that those who profaned the*
Mysteries were plotting to set up a tyranny. One of the suspects is
persuaded to confess. (60¹⁻³)

ὧν ἐνθυμούμενος ὁ δῆμος ὁ τῶν ᾿Αθηναίων, καὶ
μιμνησκόμενος ὅσα ἀκοῇ περὶ αὐτῶν ἠπίστατο, χαλεπὸς ἦν
τότε καὶ ὕποπτης ἐς τοὺς⌐ περὶ τῶν μυστικῶν τὴν αἰτίαν
ˈλαβόντας, καὶ πάντα αὐτοῖς ἐδόκει ἐπὶ ξυνωμοσίᾳ ὀλιγαρχικῇ   180
καὶ τυραννικῇ πεπρᾶχθαι. καὶ ὡς αὐτῶν διὰ τὸ τοιοῦτον

ἀγωνίζηται 'the case (sc.
  against Alkibiades) was
  brought up'
*αἰτία, ἡ charge, accusation
  (sc. 'hanging over him')
  (1b)
αἰτίαν λαμβάνω incur blame
*ἀκοή, ἡ hearsay; report;
  tradition; hearing (1a)
ἀναγωγή, ἡ departure (1a)
ἀποδέχομαι accept
ἀπουπεύδω oppose with
  determination
ἀποτρέπω dissuade
*᾿Αργεῖοι, οἱ Argives (2a)
βουλόμενοι controls αὐτὸν
  ἀγωνίσασθαι

δεδιότες . . . μή . . . μή 'fearing
  that . . . and that'
διαγιγνώσκω
  (διαγνο-) determine,
  make a judgement
ἐνίημι send in
*ἐπι (+dat.) at the head of
ἐπιμαρτύρομαι appeal
εὔνουν agrees with στράτευμα,
  obj. of ἔχῃ
*ἤν = ἐάν
*θεραπεύω protect the
  interests of (i.e. Alkibiades)
καὶ ὅτι 'and (he said) that'
*κατέχω (κατασχ-) hold up,
  check; possess; stop
*κομίζομαι travel, journey

μαλακίζομαι be appeased
*Μαντινεῖς, οἱ Mantineans (3g)
μετάπεμπτος ον sent for
ξυνωμοσία, ἡ conspiracy (1b)
*ξυστρατεύω take part in an
  expedition, fight alongside
ὀλιγαρχικός ή όν oligarchic
πέρι governs ἀπόντος . . . αὐτοῦ
*ῥᾷον more easily (from ῥᾴδιος
  ῥᾴων ῥᾷστος easy)
ῥητός ή όν appointed
*στράτευμα, τό army (3b)
τυραννικός ή όν aiming at
  absolute power
ὕποπτης suspicious

The death of Hipparkhos

ὀργιζομένων πολλοί τε καὶ ἀξιόλογοι ἄνθρωποι ἤδη ἐν τῷ
δεσμωτηρίῳ ἦσαν καὶ οὐκ ἐν παύλῃ ἐφαίνετο, ἀλλὰ καθ᾽
ἡμέραν ἐπεδίδοσαν μᾶλλον ἐς τὸ ἀγριώτερόν τε καὶ πλείους ἔτι
ξυλλαμβάνειν, ἐνταῦθα ἀναπείθεται εἷς τῶν δεδεμένων, ὅσπερ   185
ἐδόκει αἰτιώτατος εἶναι, ὑπὸ τῶν ξυνδεσμωτῶν τινος εἴτε ἄρα
καὶ τὰ ὄντα μηνῦσαι εἴτε καὶ οὔ· ἐπ᾽ ἀμφότερα γὰρ εἰκάζεται,
τὸ δὲ σαφὲς οὐδεὶς οὔτε τότε οὔτε ὕστερον ἔχει εἰπεῖν περὶ τῶν
δρασάντων τὸ ἔργον. λέγων δὲ ἔπεισεν αὐτὸν ὡς χρή, εἰ μὴ καὶ
δέδρακεν, αὑτόν τε ἄδειαν ποιησάμενον σῶσαι καὶ τὴν πόλιν   190
τῆς παρούσης ὑποψίας παῦσαι· βεβαιοτέραν γὰρ αὐτῷ
σωτηρίαν εἶναι ὁμολογήσαντι μετ᾽ ἀδείας ἢ ἀρνηθέντι διὰ δίκης
ἐλθεῖν.

19   *The suspect confesses and the Athenians act immediately upon the*
evidence provided. (60⁴⁻⁵)

καὶ ὁ μὲν αὐτός τε καθ᾽ ἑαυτοῦ καὶ κατ᾽ ἄλλων μηνύει τὸ
τῶν Ἑρμῶν· ὁ δὲ δῆμος ὁ τῶν Ἀθηναίων ἄσμενος λαβών, ὡς   195
ᾤετο, τὸ σαφὲς καὶ δεινὸν ποιούμενοι πρότερον εἰ τοὺς
ἐπιβουλεύοντας σφῶν τῷ πλήθει μὴ εἴσονται, τὸν μὲν μηνυτὴν
εὐθὺς καὶ τοὺς ἄλλους μετ᾽ αὐτοῦ ὅσων μὴ κατηγορήκει
ἔλυσαν, τοὺς δὲ καταιτιαθέντας κρίσεις ποιήσαντες τοὺς μὲν
ἀπέκτειναν, ὅσοι ξυνελήφθησαν, τῶν δὲ διαφυγόντων θάνατον   200
καταγνόντες ἐπανεῖπον ἀργύριον τῷ ἀποκτείναντι. κἂν τούτῳ
οἱ μὲν παθόντες ἄδηλον ἦν εἰ ἀδίκως ἐτετιμώρηντο, ἡ μέντοι
ἄλλη πόλις ἐν τῷ παρόντι περιφανῶς ὠφέλητο.

20   *Athenian indignation against Alkibiades for alleged profanation of the*
Mysteries. Suspicion against him on all sides. (61¹⁻⁴)

περὶ δὲ τοῦ Ἀλκιβιάδου ἐναγόντων τῶν ἐχθρῶν, οἵπερ, καὶ
πρὶν ἐκπλεῖν αὐτόν, ἐπέθεντο, χαλεπῶς οἱ Ἀθηναῖοι   205
ἐλάμβανον· καὶ ἐπειδὴ τὸ τῶν Ἑρμῶν ᾤοντο σαφὲς ἔχειν, πολὺ
δὴ μᾶλλον καὶ τὰ μυστικά, ὧν ἐπαίτιος ἦν, μετὰ τοῦ αὐτοῦ
λόγου καὶ τῆς ξυνωμοσίας ἐπὶ τῷ δήμῳ ἀπ᾽ ἐκείνου ἐδόκει
πραχθῆναι. καὶ γάρ τις καὶ στρατιὰ Λακεδαιμονίων οὐ πολλὴ
ἔτυχε, κατὰ τὸν καιρὸν τοῦτον ἐν ᾧ περὶ ταῦτα ἐθορυβοῦντο,   210
μέχρι Ἰσθμοῦ παρελθοῦσα, πρὸς Βοιωτούς τι πράσσοντες.

ἄγριος α ον savage, fierce

ἄδειαν ποιέομαι obtain freedom from prosecution

ἄδηλος ον unclear

ἀναπείθεται controls μηνῦσαι (l. 187)

ἀξιόλογος ον noteworthy

ἀρνέομαι make a denial

Βοιωτοί, οἱ Boiotians (2a)

δεδεμένος, ὁ prisoner (from δέω bind)

δεινὸν ποιέομαι think (it) intolerable

δεσμωτήριον, τό prison (2b)

διὰ δίκης ἔρχομαι submit to a lawsuit

εἰ μὴ καί (l. 189) 'even if he had not actually'

εἰκάζεται (ἐπ' ἀμφότερα) 'opinions were held on both sides'

ἐπαίτιος ον charged with (+gen.)

ἐπανεῖπον offered publicly

ἐπιβουλεύω plot against (+dat.)

*ἐπιδίδωμι advance, progress

*ἐπιτίθεμαι attack (+dat.)

*ἔχω (l. 188) be able to (+inf.)

Ἰσθμός, ὁ the Isthmus (2a)

*καθ' ἡμέραν daily

καὶ τῆς ξυνωμοσίας 'that is, a conspiracy'

*καταγιγνώσκω (καταγνο-) condemn x (gen.) to Y (acc.)

καταιτιάομαι accuse

*κατηγορέω accuse (+gen.)

*λόγος, ὁ design, idea (2a)

*μέχρι as far as (+gen.)

μηνυτής, ὁ informer (1a)

*ξυλλαμβάνω arrest; seize; understand

ξυνδεσμώτης, ὁ fellow-prisoner (1d)

παῦλα, ἡ end (ἐν . . . ἐφαίνετο 'there seemed to be no end to the process')

*σαφής ές clear, plain'

τὸ σαφές the truth

τὰ ὄντα = the truth

τιμωρέομαι be punished

*ὑποψία, ἡ suspicion (1b)

Marble *stele* listing confiscated property of the Hermai mutilators

ἐδόκει οὖν ἐκείνου πράξαντος καὶ οὐ Βοιωτῶν ἕνεκα ἀπὸ
ξυνθήματος ἥκειν, καὶ εἰ μὴ ἔφθασαν δὴ αὐτοὶ κατὰ τὸ μήνυμα
ξυλλαβόντες τοὺς ἄνδρας, προδοθῆναι ἂν ἡ πόλις. καί τινα μίαν
νύκτα καὶ κατέδαρθον ἐν Θησείῳ τῷ ἐν πόλει ἐν ὅπλοις. οἵ τε   215
ξένοι τοῦ ᾿Αλκιβιάδου οἱ ἐν ῎Αργει κατὰ τὸν αὐτὸν χρόνον
ὑπωπτεύθησαν τῷ δήμῳ ἐπιτίθεσθαι, καὶ τοὺς ὁμήρους τῶν
᾿Αργείων τοὺς ἐν ταῖς νήσοις κειμένους οἱ ᾿Αθηναῖοι τότε
παρέδοσαν τῷ ᾿Αργείων δήμῳ διὰ ταῦτα διαχρήσασθαι.
πανταχόθεν τε περιειστήκει ὑποψία ἐς τὸν ᾿Αλκιβιάδην.   220

21   The state ship Salaminia *is sent to the Athenian base of Katane in
Sicily to fetch Alkibiades and other suspects, with a warning to tread
gently. (61⁴⁻⁵)*

ὥστε βουλόμενοι αὐτὸν ἐς κρίσιν ἀγαγόντες ἀποκτεῖναι,
πέμπουσιν οὕτω τὴν Σαλαμινίαν ναῦν ἐς τὴν Σικελίαν ἐπί τε
ἐκεῖνον καὶ ὧν πέρι ἄλλων ἐμεμήνυτο. εἴρητο δὲ προειπεῖν
αὐτῷ ἀπολογησομένῳ ἀκολουθεῖν, ξυλλαμβάνειν δὲ μή,
θεραπεύοντες τό⌐ τε πρὸς τοὺς ἐν τῇ Σικελίᾳ στρατιώτας τε   225
σφετέρους καὶ πολεμίους ⌐μὴ θορυβεῖν καὶ οὐχ ἥκιστα τοὺς
Μαντινέας καὶ ᾿Αργείους βουλόμενοι παραμεῖναι, δι᾿ ἐκείνου
νομίζοντες πεισθῆναι σφίσι ξυστρατεύειν.

22   Alkibiades *sails in his own ship with the* Salaminia *as far as Thourioi
in South Italy and then absconds. The Athenians condemn him to
death in his absence. (61⁶⁻⁷)*

καὶ ὁ μὲν ἔχων τὴν ἑαυτοῦ ναῦν καὶ οἱ ξυνδιαβεβλημένοι
ἀπέπλεον μετὰ τῆς Σαλαμινίας ἐκ τῆς Σικελίας ὡς ἐς τὰς   230
᾿Αθήνας· καὶ ἐπειδὴ ἐγένοντο ἐν Θουρίοις, οὐκέτι ξυνείποντο,
ἀλλ᾿ ἀπελθόντες ἀπὸ τῆς νεὼς οὐ φανεροὶ ἦσαν, δείσαντες τό⌐
ἐπὶ διαβολῇ ἐς δίκην ⌐καταπλεῦσαι. οἱ δ᾿ ἐκ τῆς Σαλαμινίας
τέως μὲν ἐζήτουν τὸν ᾿Αλκιβιάδην καὶ τοὺς μετ᾿ αὐτοῦ· ὡς δ᾿
οὐδαμοῦ φανεροὶ ἦσαν, ᾤχοντο ἀποπλέοντες. ὁ δὲ ᾿Αλκιβιάδης   235
ἤδη φυγὰς ὢν οὐ πολὺ ὕστερον ἐπὶ πλοίου ἐπεραιώθη ἐς
Πελοπόννησον ἐκ τῆς Θουρίας· οἱ δ᾿ ᾿Αθηναῖοι ἐρήμῃ δίκῃ
θάνατον κατέγνωσαν αὐτοῦ τε καὶ τῶν μετ᾿ ἐκείνου.

ἀπὸ ξυνθήματος 'because of an agreement'

'Αργεῖοι (l. 218): *Argive anti-democrats, rounded up by Alkibiades and kept under guard on Aegean islands*

"Αργος, τό Argos (3c)

διαχράομαι kill

εἴρητο 'orders were to' (impersonal plup. pass. of λέγω)

ἐρήμη δίκη in an uncontested case

ἥκειν i.e. the Lakedaimonians

θεραπεύοντες τὸ . . . μή

θορυβεῖν 'taking care not to cause disturbance among'

Θησεῖον, τό temple of Theseus (2b)

Θουρία, ἡ Thouria (1b)

Θούριοι, οἱ Thourians (2a)

καταδαρθάνω (καταδαρθ-) sleep

καταπλέω (καταπλευσ-) sail home

ξυνδιαβάλλω slander together with

ξυνέπομαι keep up, follow

ὅμηρος, ὁ hostage (2a)

*οὐδαμοῦ nowhere

πεισθῆναι 'that they had been persuaded' (take σφίσι with ξυστρατεύειν)

περαιόομαι cross over

προειπεῖν to summon x (dat.) formally

Σαλαμινία, ἡ the *Salaminia (a fast trireme sent on state missions)*

σφέτερος α ον their own

τέως for a while

ὑποπτεύω suspect of (+inf.)

*φυγάς (φυγαδ-), ὁ exile (3a)

ὧν πέρι ἄλλων 'the others about whom'

Sicily and Italy

Target passage: The Sicilian expedition (*History* 6.30–2, 7.70–8.1 (*pass.*))

Note: Sections **13–22** act as the introduction to this target.

(Twice before during war, in 427 and 425/4, the Athenians had been involved in Sicily, on both occasions on a small scale and in answer to requests for help from allies. Now in 415 they were faced with another request, this time from Egesta, and their minds were fixed on much larger prizes.)

The decision to invade Sicily

Athenian motives: the Egestaians provide an excuse to invade Sicily (6–7)

Such is the list of the peoples, Hellenic and barbarian, inhabiting Sicily, and such the size of the island which the Athenians were now determined to invade. In fact they were ambitious to conquer the whole of it, although they had also the specious aim of helping their kinsmen and other allies in the island. But they were especially encouraged by envoys from Egesta, who had come to Athens and requested their help more urgently than ever. The Egestaians had gone to war with their neighbours the Selinountines upon questions of marriage and disputed territory and the Selinountines had won the alliance of the Syracusans, and attacked Egesta hard by land and sea. The Egestaians now reminded the Athenians of the alliance with the Leontinoi in the time of Lakhes (427), during the previous war, and begged them to send a fleet to their aid. Among a number of other considerations they urged as their main argument that if the Syracusans were allowed to go unpunished for their depopulation of Leontinoi, to ruin the allies still left to Athens in Sicily and to get the whole power of the island into their hands, there would be a danger of their one day coming with a large force, as Dorians, to the aid of their Dorian kinsmen, and as colonists, to the aid of the Peloponnesians who had sent them out, and joining these in pulling down the Athenian Empire. The Athenians would, therefore, do well to unite with the allies still left to them, and to make a stand against the Syracusans; especially as they, the Egestaians, were prepared to supply enough money for the war. The Athenians, hearing these arguments constantly repeated in the assemblies by the Egestaians and their supporters, voted first to send envoys to Egesta, to see if there really was the money that they talked of in the treasury and the temples and at the same time to ascertain what the position was in the war with the Selinountines. The envoys of the Athenians were accordingly dispatched to Sicily.

In March 415 the envoys returned with the Egestaians, 60 talents of silver and reports of vast wealth ready for use in the war. The reports were not accurate (the Egestaians had tricked the envoys into thinking that the whole populace used gold and silver plate regularly and that it was there in great quantities by collecting all the articles in the city and lending them to whoever was entertaining the envoys at the time), but the Athenians were impressed.

The Athenians vote for the expedition (8)

The Athenians held an assembly, and after hearing from the Egestaians and their own envoys a report, as attractive as it was untrue, upon the state of affairs generally, and in particular about the money, of which, it was said, there was abundance in the temples and the treasury, voted to send sixty ships to Sicily, under the command of Alkibiades son of Kleinias, Nikias son of Nikeratos, and Lamakhos son of Xenophanes, who were appointed with full powers; they were to help the Egestaians against the Selinountines, to re-establish Leontinoi if they gained any advantage in the war, and to order all other matters in Sicily as they should deem best for the interests of Athens.

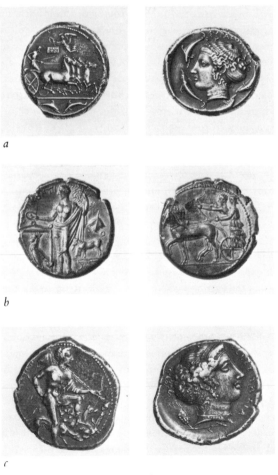

a

b

c

Coins of (*a*) Syracuse, (*b*) Selinous (*c*) Egesta

The expedition sets sail

23   *Summer 415. The allies are ordered to meet the Athenian detachment at Kerkyra. The whole of Athens crowds the Piraeus to watch the departure with mixed emotions. (30¹–31¹)*

μετὰ δὲ ταῦτα θέρους μεσοῦντος ἤδη ἡ ἀναγωγὴ ἐγίγνετο ἐς
τὴν Σικελίαν. τῶν μὲν οὖν ξυμμάχων τοῖς πλείστοις καὶ ταῖς   240
σιταγωγοῖς ὁλκάσι καὶ τοῖς πλοίοις καὶ ὅση ἄλλη παρασκευὴ
ξυνείπετο πρότερον εἴρητο ἐς Κέρκυραν ξυλλέγεσθαι ὡς ἐκεῖθεν
ἁθρόοις ἐπὶ ἄκραν Ἰαπυγίαν τὸν Ἰόνιον διαβαλοῦσιν· αὐτοὶ δ'
Ἀθηναῖοι καὶ εἴ τινες τῶν ξυμμάχων παρῆσαν, ἐς τὸν Πειραιᾶ
καταβάντες ἐν ἡμέρᾳ ῥητῇ ἅμα ἕῳ ἐπλήρουν τὰς ναῦς ὡς   245
ἀναξόμενοι. ξυγκατέβη δὲ καὶ ὁ ἄλλος ὅμιλος ἅπας ὡς εἰπεῖν ὁ
ἐν τῇ πόλει καὶ ἀστῶν καὶ ξένων, οἱ μὲν ἐπιχώριοι τοὺς
σφετέρους αὐτῶν ἕκαστοι προπέμποντες, οἱ μὲν ἑταίρους, οἱ δὲ
ξυγγενεῖς, οἱ δὲ υἱεῖς, καὶ μετ' ἐλπίδος τε ἅμα ἰόντες
καὶ ὀλοφυρμῶν, τὰ μὲν ὡς κτήσοιντο, τοὺς δ' εἴ ποτε ὄψοιντο,   250
ἐνθυμούμενοι ὅσον πλοῦν ἐκ τῆς σφετέρας ἀπεστέλλοντο. καὶ ἐν
τῷ παρόντι καιρῷ, ὡς ἤδη ἔμελλον μετὰ κινδύνων ἀλλήλους
ἀπολιπεῖν, μᾶλλον αὐτοὺς ἐσῄει τὰ δεινὰ ἢ ὅτε ἐψηφίζοντο
πλεῖν· ὅμως δὲ τῇ παρούσῃ ῥώμῃ, διὰ τὸ πλῆθος ἑκάστων ὧν
ἑώρων τῇ ὄψει, ἀνεθάρσουν. οἱ δὲ ξένοι καὶ ὁ ἄλλος ὄχλος κατὰ   255
θέαν ἧκεν ὡς ἐπ' ἀξιόχρεων καὶ ἄπιστον διάνοιαν.

Details of the expeditionary force (31²⁻⁶)

Indeed this expedition that first sailed out was by far the most costly and splendid Greek force that had ever been sent out by a single city up to that time. In mere number of ships and hoplites, that against Epidauros under Pericles, and that against Potidaia under Hagnon, were not inferior, since these contained 4,000 Athenian hoplites, 300 cavalry, and 100 triremes accompanied by 50 ships from Lesbos and Chios and many allies besides. But they were sent upon a short voyage and with ordinary equipment. The present expedition was formed with the prospect of a long term of service by land and sea alike, and was equipped with ships and troops so as to be ready for either, as required. The fleet had been elaborately equipped at great cost to the trierarchs and the state. The Treasury gave a drachma a day to each seaman, and provided new ships, 60 triremes and 40 transports, and manned these with the best slave-crews obtainable; while the trierarchs gave a bonus in addition to the pay from the Treasury to the *thranitai** and crews

---

*   Rowers at the top of the trireme, in a more exposed position in battle, whose work was harder than the other two ranks and required more skill.

generally, besides spending lavishly upon figure-heads and equipment. Every one of them did all he could to enable his own ship to stand out in appearance and speed. Meanwhile the land forces had been picked from the best men on call-up, and tried to rival each other in the attention they paid to their arms and personal equipment. From this resulted not only a spirit of competition among the Athenians themselves in their different departments, but an idea among the rest of the Greeks that it was more a display of power and resources than an expedition against an enemy. For if anyone had counted up the public expenditure of the state, and the private outlay of individuals – that is to say, the sums which the state had already spent upon the expedition and was sending out in the hands of the generals, and those which individuals had spent on their personal equipment, or as trierarchs had laid out and were still to lay out on their triremes; and if he had added to this personal expenses which each was likely to have provided himself with, independently of the pay from the Treasury, for a voyage of such length, and what the soldiers or traders took with them for the purpose of exchange – it would have been found that many talents in all were being taken out of the city. Indeed the expedition became famous as much for its amazing daring and for the magnificence of its appearance as for its overwhelming strength in comparison with the peoples against whom it was directed, quite apart from the fact that this was the longest voyage from home yet attempted, and the most ambitious in its aims, when one took into consideration the existing capacities of those who undertook it.

ἄκρα 'Ιαπυγία Cape Iapygia
*ἀνάγομαι put out to sea, set sail
*ἀναγωγή, ἡ departure, setting sail (1a)
ἀναθαρσέω take heart
ἀξιόχρεως noteworthy, remarkable
ἄπιστος ον unbelievable
ἀποστέλλω send out
*διαβάλλω (διαβαλ-) cross over
εἴρητο 'it had been ordered'
*ἐκεῖθεν from there
ἐπιχώριος α ον native

ἔσειμι come to one's mind
*θέα, ἡ sight (1b)
'Ιόνιος, ὁ the Ionian gulf (2a)
μεσόω be in the middle
μετά (l. 252) 'with the threat of'
ξυλλέγομαι gather together
ὁλκάς (ὁλκαδ-), ἡ merchant-ship (3a)
*ὀλοφυρμός, ὁ lamentation (2a)
*ὅμιλος, ὁ crowd (2a)
*Πειραιεύς, ὁ Piraeus (3f)
*πληρόω man
προπέμπω send off

ῥητός ή όν fixed
*ῥώμη, ἡ strength; confidence; energy (1a)
σιταγωγός ον corn-bearing
σφετέρας (l. 251) sc. 'country'
*σφέτερος α ον his, their own
τὰ δεινά 'the risks'
τὰ μὲν ὡς . . . ὄψοιντο '(with hope) that they would win the one, but (with lamentation) whether they would ever see their men again'
*υἱεῖς = υἱούς
ὡς εἰπεῖν almost

24 *Preparations complete, the departure ceremony takes place. The fleet moves off.* (*32¹⁻²*)

ἐπειδὴ δὲ αἱ νῆες πλήρεις ἦσαν καὶ ἐσέκειτο πάντα ἤδη ὅσα
ἔχοντες ἔμελλον ἀνάξεσθαι, τῇ μὲν σάλπιγγι σιωπὴ
ὑπεσημάνθη, εὐχὰς δὲ τὰς νομιζομένας πρὸ τῆς ἀναγωγῆς οὐ
κατὰ ναῦν ἑκάστην, ξύμπαντες δὲ ὑπὸ κήρυκος ἐποιοῦντο,   260
κρατῆράς τε κεράσαντες παρ᾽ ἅπαν τὸ στράτευμα καὶ
ἐκπώμασι χρυσοῖς τε καὶ ἀργυροῖς οἵ τε ἐπιβάται καὶ οἱ
ἄρχοντες σπένδοντες. ξυνεπηύχοντο δὲ καὶ ὁ ἄλλος ὅμιλος ὁ ἐκ
τῆς γῆς τῶν τε πολιτῶν καὶ εἴ τις ἄλλος εὔνους παρῆν σφίσιν.
παιανίσαντες δὲ καὶ τελεώσαντες τὰς σπονδὰς ἀνήγοντο, καὶ   265
ἐπὶ κέρως τὸ πρῶτον ἐκπλεύσαντες ἅμιλλαν ἤδη μέχρι Αἰγίνης
ἐποιοῦντο. καὶ οἱ μὲν ἐς τὴν Κέρκυραν, ἔνθαπερ καὶ τὸ ἄλλο
στράτευμα τῶν ξυμμάχων ξυνελέγετο, ἠπείγοντο ἀφικέσθαι.

The battle in Syracuse harbour

Introduction

The expedition begins with two great advantages, strength and surprise. But bad decisions and bad luck dog the campaign from the outset. The Athenians do not attack at once, thus allowing the Syracusans time to overcome their shock and make preparations. Then, as you have seen, Alkibiades is recalled to Athens. He immediately places himself at the disposal of the Lakedaimonians and persuades them to send help to Syracuse and to pursue the war in Greece more vigorously (by building a fort *inside* Attika).

Meanwhile (414), in Syracuse, Lamakhos is killed, leaving the sick Nikias in sole command. But even so Gylippos arrives from Sparta only just in time to stop the Athenians completing a siege wall blocking off all access to Syracuse from the land. The Syracusans are on the point of surrendering but with Gylippos in command of Syracusan and allied forces, the Athenian position gradually worsens, their siege wall is cut off by a counter-wall, and finally Nikias appeals to Athens for reinforcements. They send out Demosthenes with another large armament (Spring 413). But before he can arrive the Syracusans make inroads into Athenian positions and man a fleet, which they use with some success against the Athenians. When Demosthenes finally arrives, he takes the initiative, but is severely defeated in a land-battle. Demosthenes now puts on strong pressure for leaving; but Nikias prevaricates. When the decision to go is finally made, an eclipse of the moon inclines the Athenians to stay, and Nikias refuses to leave until 'thrice nine days' have elapsed (the advice of the sooth-sayers). The Syracusans begin to close up the entrance to the Great Harbour with boats, to stop the Athenians leaving. They have also strengthened the prows of their ships with the idea of ramming the Athenian vessels head-on, thus reducing their natural naval superiority. The Athenians meet and decide to risk everything in a sea-battle. Abandoning all but a small section of their land base, they man 110 ships and go out to face the Syracusans. They have previously agreed that if they win they will sail to Katane; but if they lose they will attempt an escape overland. The Athenian army at this point numbers about 40,000 men.

ἅμιλλα, ἡ race, contest (1c)
ἀργυροῦς ᾶ οῦν silver
ἄρχων (ἀρχοντ-), ὁ
   commander (3a)
ἔκπωμα, τό cup (3b)
*ἔνθαπερ (*note the strengthening force of* περ, 'indeed')
*ἐπείγομαι hurry, hasten, be eager to

*ἐπιβάτης, ὁ marine (1d)
ἔσκειμαι be (put) on board
κεράννυμι (κερασ-) mix
κέρως (ἐπί) in column
κρατήρ (κρατηρ-), ὁ bowl of wine (3a)
παιανίζω sing the paian (*a hymn sung before battle*)
πλήρης ες manned, full

σάλπιγξ (σαλπιγγ-), ἡ
   trumpet (3a)
σιωπή, ἡ silence (1a)
σπονδαί, αἱ libations (1a)
τελεόω complete
ὑποσημαίνω proclaim
χρυσοῦς ᾶ οῦν golden

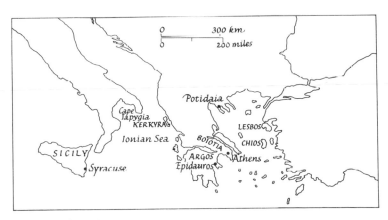

Athens and Sicily

Nikias' state of mind before the battle (69²⁻⁴)

Meanwhile Nikias, appalled by the position of affairs (since he realised the extent and the proximity of the danger now that they were on the point of putting out from shore) and thinking, as men generally do in great crises, that when all has been done they have still something left to do, and when all has been said they have not yet said enough, again called on the trierarchs one by one, addressing each by his father's name and by his own, and by that of his tribe, and called on them to live up to their reputations and not to cast a shadow on the inherited virtues for which their ancestors were famous: he reminded them of their country, the freest of them all, and of the unfettered liberty allowed in it to all to live as they pleased; and added other arguments such as men would use at such a crisis, and which, with little alteration, are made to serve on all occasions alike – appeals to wives, children and national gods – without caring whether they are thought clichés, but loudly invoking them in the belief that they will be of use in the present panic. Having thus encouraged them, not, he felt, as he would, but as he could, Nikias withdrew and led the troops to the sea, and drew them up in as long a line as he was able, in order to do all he could to sustain the courage of the men afloat; while Demosthenes, Menandros and Euthydemos, who took the command on board, put out from their own camp and sailed straight to the barrier across the mouth of the harbour and to the passage left open, to try to force their way out.

25 *Syracusan ships are arranged all around the harbour; their generals. (70¹)*

προεξαγαγόμενοι δὲ οἱ Συρακόσιοι καὶ οἱ ξύμμαχοι ναυσὶ
παραπλησίαις τὸν ἀριθμὸν καὶ πρότερον, κατά τε τὸν ἔκπλουν   270
μέρει αὐτῶν ἐφύλασσον καὶ κατὰ τὸν ἄλλον κύκλῳ λιμένα, ὅπως
πανταχόθεν ἅμα προσπίπτοιεν τοῖς Ἀθηναίοις, καὶ ὁ πεζὸς ἅμα
αὐτοῖς παρεβοήθει ᾗπερ καὶ αἱ νῆες κατίσχοιεν. ἦρχον δὲ τοῦ
ναυτικοῦ τοῖς Συρακοσίοις Σικανὸς μὲν καὶ Ἀγάθαρχος, κέρας
ἑκάτερος τοῦ παντὸς ἔχων, Πυθὴν δὲ καὶ οἱ Κορίνθιοι τὸ μέσον.   275

26 *The Athenians try to break out of the harbour enclosures and the battle begins in earnest. Enthusiasm of the crews. (70²⁻³)*

ἐπειδὴ δὲ οἱ ἄλλοι Ἀθηναῖοι προσέμισγον τῷ ζεύγματι, τῇ
μὲν πρώτῃ ῥύμῃ ἐπιπλέοντες ἐκράτουν τῶν τεταγμένων νεῶν
πρὸς αὐτῷ καὶ ἐπειρῶντο λύειν τὰς κλῄσεις· μετὰ δὲ τοῦτο
πανταχόθεν σφίσι τῶν Συρακοσίων καὶ ξυμμάχων

ἐπιφερομένων οὐ πρὸς τῷ ζεύγματι ἔτι μόνον ἡ ναυμαχία, ἀλλὰ   280
καὶ κατὰ τὸν λιμένα ἐγίγνετο, καὶ ἦν καρτερὰ καὶ οἷα οὐχ
ἑτέρα τῶν προτέρων. πολλὴ μὲν γὰρ ἑκατέροις προθυμία ἀπὸ
τῶν ναυτῶν ἐς τὸ ἐπιπλεῖν ὁπότε κελευσθείη ἐγίγνετο, πολλὴ
δὲ ἡ ἀντιτέχνησις τῶν κυβερνητῶν καὶ ἀγωνισμὸς πρὸς
ἀλλήλους· οἵ τε ἐπιβάται ἐθεράπευον, ὁπότε προσπέσοι ναῦς   285
νηί, μὴ λείπεσθαι τὰ ἀπὸ τοῦ καταστρώματος τῆς ἄλλης
τέχνης· πᾶς τέ τις ἐν ᾧ προσετέτακτο αὐτὸς ἕκαστος ἠπείγετο
πρῶτος φαίνεσθαι.

Ἀγάθαρχος, ὁ Agatharkhos (2c)

ἀγωνισμός, ὁ rivalry (2a)

αἱ νῆες (l. 273) i.e. of the Athenians

ἀντιτέχνησις, ἡ counter-manoeuvring; emulation (3e)

*ἔκπλους exit (2a contr.)

ἐν ᾧ (l. 287) 'in the task to which'

ἐπιφέρομαι bear down on (+dat.)

ζεῦγμα, τό barrier (3b)

θεραπεύω μή take care that .. not

καρτερός ά όν stubbornly contested

κατάστρωμα, τό deck (3b)

*κατίσχω put in to land

*κέρας, τό wing (of army); horn

κλῆσις, ἡ chain (3e)

*Κορίνθιοι, οἱ Corinthians (2a)

κύκλος, ὁ circle (2a)

*λείπομαι fall short of (+gen.); be inferior to, wanting

*μέσος η ον middle (of)

*ναυτικόν, τό fleet (2b)

οἷα like

*παραπλήσιος (α) ον very

similar in (acc.) to (καί, or +dat.)

πεζός, ὁ infantry (2a)

προεξάγομαι move out first, in front

προθυμία, ἡ eagerness (1b)

προσμίσγω come close up to (+dat.)

προστάσσομαι be assigned to

Πυθήν, ὁ Pythen (3a)

ῥύμη, ἡ charge (1a)

Σικανός, ὁ Sikanos (2a)

*Συρακόσιοι, οἱ Syracusians (2a)

*τάττω draw up; command

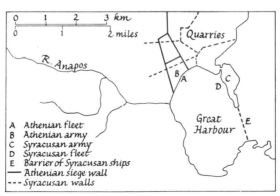

A Athenian fleet
B Athenian army
C Syracusan army
D Syracusan fleet
E Barrier of Syracusan ships
— Athenian siege wall
--- Syracusan walls

Syracuse harbour

27   *Cramped conditions of battle dictate tactics. There is little use of the beak, much hand-to-hand fighting and frequent collisions. (70⁴⁻⁶)*

ξυμπεσουσῶν δὲ ἐν ὀλίγῳ πολλῶν νεῶν (πλεῖσται γὰρ δὴ
αὗται ἐν ἐλαχίστῳ ἐναυμάχησαν· βραχὺ γὰρ ἀπέλιπον   290
ξυναμφότεραι διακόσιαι γενέσθαι) αἱ μὲν ἐμβολαὶ διὰ τὸ μὴ
εἶναι τὰς ἀνακρούσεις καὶ διέκπλους ὀλίγαι ἐγίγνοντο, αἱ δὲ
προσβολαί, ὡς τύχοι ναῦς νηὶ προσπεσοῦσα ἢ διὰ τὸ φεύγειν ἢ
ἄλλῃ ἐπιπλέουσα, πυκνότεραι ἦσαν. καὶ ὅσον μὲν χρόνον
προσφέροιτο ναῦς, οἱ ἀπὸ τῶν καταστρωμάτων τοῖς ἀκοντίοις   295
καὶ τοξεύμασι καὶ λίθοις ἀφθόνως ἐπ' αὐτὴν ἐχρῶντο· ἐπειδὴ
δὲ προσμείξειαν, οἱ ἐπιβάται ἐς χεῖρας ἰόντες ἐπειρῶντο ταῖς
ἀλλήλων ναυσὶν ἐπιβαίνειν. ξυνετύγχανέ τε πολλαχοῦ διὰ τὴν
στενοχωρίαν τὰ μὲν ἄλλοις ἐμβεβληκέναι, τὰ δὲ αὐτοὺς
ἐμβεβλῆσθαι, δύο τε περὶ μίαν καὶ ἔστιν ᾗ καὶ πλείους ναῦς   300
κατ' ἀνάγκην ξυνηρτῆσθαι, καὶ τοῖς κυβερνήταις τῶν μὲν
φυλακήν, τῶν δ' ἐπιβουλήν, μὴ καθ' ἓν ἕκαστον, κατὰ πολλὰ δὲ
πανταχόθεν, περιεστάναι, καὶ τὸν κτύπον μέγαν ἀπὸ πολλῶν
νεῶν ξυμπιπτουσῶν ἔκπληξίν τε ἅμα καὶ ἀποστέρησιν τῆς
ἀκοῆς ὧν οἱ κελευσταὶ φθέγγοιντο παρέχειν.   305

28   *Exhortations on both sides, by boatswains to their men and by generals to their trierarchs. (70⁷⁻⁸)*

πολλὴ γὰρ δὴ ἡ παρακέλευσις καὶ βοὴ ἀφ' ἑκατέρων τοῖς
κελευσταῖς κατά τε τὴν τέχνην καὶ πρὸς τὴν αὐτίκα φιλονικίαν
ἐγίγνετο, τοῖς μὲν Ἀθηναίοις βιάζεσθαί τε τὸν ἔκπλουν
ἐπιβοῶντες καὶ περὶ τῆς ἐς τὴν πατρίδα σωτηρίας νῦν, εἴ ποτε,
καὶ αὖθις προθύμως ἀντιλαβέσθαι, τοῖς δὲ Συρακοσίοις καὶ   310
ξυμμάχοις καλὸν εἶναι κωλῦσαί τε αὐτοὺς διαφυγεῖν καὶ τὴν
οἰκείαν ἑκάστους πατρίδα νικήσαντας ἐπαυξῆσαι. καὶ οἱ
στρατηγοὶ προσέτι ἑκατέρων, εἴ τινά που ὁρῷεν μὴ κατ'
ἀνάγκην πρύμναν κρουόμενον, ἀνακαλοῦντες ὀνομαστὶ τὸν
τριήραρχον ἠρώτων, οἱ μὲν Ἀθηναῖοι εἰ τὴν πολεμιωτάτην γῆν   315
οἰκειοτέραν ἤδη τῆς οὐ δι' ὀλίγου πόνου κεκτημένης θαλάσσης
ἡγούμενοι ὑποχωροῦσιν, οἱ δὲ Συρακόσιοι εἰ οὓς σαφῶς ἴσασι
προθυμουμένους Ἀθηναίους παντὶ τρόπῳ διαφυγεῖν, τούτους
αὐτοὶ φεύγοντας φεύγουσιν.

ἄλλη (l. 294) sc. 'ship'

ἀνακαλέω call

ἀνάκρουσις, ἡ backing water (3e)

ἀντιλαμβάνομαι περί take part in

ἀπολείπω fall short of –ing (inf.)

ἀποστέρησις, ἡ deprivation (3e)

*αὐτίκα of the moment; now; immediate

ἀφθόνως without holding back

βραχύ only a little

*διακόσιοι αι α 200

διέκπλους, ὁ breaking through the line (2a contr.)

δύο i.e. ships

*ἐλάχιστος η ον very small

ἐμβάλλω (perf. ἐμβεβληκ-) ram

ἐμβολή, ἡ attack with the beak (1a)

ἐν ὀλίγῳ (l. 289) sc 'space'

ἐπαυξάνω (ἐπαυξησ-) enlarge, glorify

ἐπιβαίνω board (+ dat.)

ἐπιβουλή, ἡ planning to

attack (1a) (with φυλακήν, subject of περιεστάναι)

*ἐπιβοάω (-ομαι) cry out to, call upon)

ἐπιβοῶντες 'as the boatswains called upon x (dat.) to y (inf.)'

ἐς χεῖρας ἰέναι join battle at close quarters

ἔστιν ᾗ 'in some places'

καλὸν εἶναι '(calling) that it would be a fine thing'

κελευσταῖς 'given by the boatswains'

κτύπος, ὁ din, crash (2a)

κυβερνήταις τῶν μέν . . . τῶν δέ . . . 'upon the steersmen against one side . . . and against another'

μὴ καθ' ἓν ἕκαστον 'not in one spot at a time'

ξυμπίπτω (ξυμπεσ-) meet in battle

ξυναμφότεροι αι α both sides together

ξυναρτάομαι be tangled up

ξυνετύγχανε 'it kept happening that' (+ inf.)

*οἰκεῖος α ον one's own

ὀνομαστί by name

οὓς . . . Ἀθηναίους (ll. 317–318) 'the Athenians whom' (οὓς is picked up by τούτους in l. 318)

παρακέλευσις, ἡ encouragement, exhortation (3e)

περιεστάναι 'there devolved (upon)' (+ dat.)

πολλαχοῦ in many places

*πόνος, ὁ labour, distress; pain (2a)

*προσβολή, ἡ collision; attack (1a)

*προσέτι in addition

προσμείγνυμι (προσμειξ-) approach, come close

προσφέρομαι bear down, approach

πρύμναν κρούομαι back water

πυκνός ή όν frequent

τὰ μέν . . . τὰ δέ (l. 299) 'on one quarter . . . while on another'

*φθέγγομαι speak, say, utter

φιλονικία, ἡ rivalry, competition (1b)

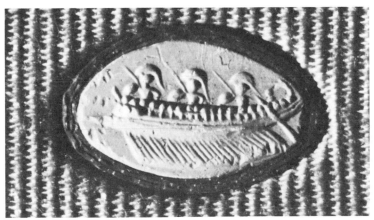

Ship with ram and ἐπιβάται

29   Reactions of the armies on shore to the battle. The emotions of the
       Athenians vary with their view of the action. (71¹⁻⁴)

ὅ τε ἐκ τῆς γῆς πεζὸς ἀμφοτέρων ἰσορρόπου τῆς ναυμαχίας   320
καθεστηκυίας πολὺν τὸν ἀγῶνα καὶ ξύστασιν τῆς γνώμης εἶχε,
φιλονικῶν μὲν ὁ αὐτόθεν περὶ τοῦ πλέονος ἤδη καλοῦ, δεδιότες
δὲ οἱ ἐπελθόντες μὴ τῶν παρόντων ἔτι χείρω πράξωσιν. πάντων
γὰρ δὴ ἀνακειμένων τοῖς Ἀθηναίοις ἐς τὰς ναῦς ὅ τε φόβος ἦν
ὑπὲρ τοῦ μέλλοντος οὐδενὶ ἐοικώς, καὶ διὰ τὸ ἀνώμαλον τῆς   325
ναυμαχίας ἀνώμαλον καὶ τὴν ἔποψιν ἐκ τῆς γῆς ἠναγκάζοντο
ἔχειν. δι' ὀλίγου γὰρ οὔσης τῆς θέας καὶ οὐ πάντων ἅμα ἐς τὸ
αὐτὸ σκοπούντων, εἰ μέν τινες ἴδοιέν πη τοὺς σφετέρους
ἐπικρατοῦντας, ἀνεθάρσησάν τε ἂν καὶ πρὸς ἀνάκλησιν θεῶν μὴ
στερῆσαι σφᾶς τῆς σωτηρίας ἐτρέποντο, οἱ δ' ἐπὶ τὸ   330
ἡσσώμενον βλέψαντες ὀλοφυρμῷ τε ἅμα μετὰ βοῆς ἐχρῶντο
καὶ ἀπὸ τῶν δρωμένων τῆς ὄψεως καὶ τὴν γνώμην μᾶλλον τῶν
ἐν τῷ ἔργῳ ἐδουλοῦντο· ἄλλοι δὲ καὶ πρὸς ἀντίπαλόν τι τῆς
ναυμαχίας ἀπιδόντες, διὰ τὸ ἀκρίτως ξυνεχὲς τῆς ἁμίλλης καὶ
τοῖς σώμασιν αὐτοῖς ἴσα τῇ δόξῃ περιδεῶς ξυναπονεύοντες ἐν   335
τοῖς χαλεπώτατα διῆγον· αἰεὶ γὰρ παρ' ὀλίγον ἢ διέφευγον ἢ
ἀπώλλυντο. ἦν τε ἐν τῷ αὐτῷ στρατεύματι τῶν Ἀθηναίων, ἕως
ἀγχώμαλα ἐναυμάχουν, πάντα ὁμοῦ ἀκοῦσαι, ὀλοφυρμὸς βοή,
νικῶντες κρατούμενοι, ἄλλα ὅσα ἐν μεγάλῳ κινδύνῳ μέγα
στρατόπεδον πολυειδῆ ἀναγκάζοιτο φθέγγεσθαι.   340

30   The Athenians are driven in confusion to the land. The emotions of the
       army now that defeat is a reality. (71⁵⁻⁷)

παραπλήσια δὲ καὶ οἱ ἐπὶ τῶν νεῶν αὐτοῖς ἔπασχον, πρίν γε
δὴ οἱ Συρακόσιοι καὶ οἱ ξύμμαχοι ἐπὶ πολὺ ἀντισχούσης τῆς
ναυμαχίας ἔτρεψάν τε τοὺς Ἀθηναίους καὶ ἐπικείμενοι
λαμπρῶς, πολλῇ κραυγῇ καὶ διακελευσμῷ χρώμενοι,
κατεδίωκον ἐς τὴν γῆν. τότε δὲ ὁ μὲν ναυτικὸς στρατὸς ἄλλος   345
ἄλλῃ, ὅσοι μὴ μετέωροι ἑάλωσαν, κατενεχθέντες ἐξέπεσον ἐς τὸ
στρατόπεδον· ὁ δὲ πεζὸς οὐκέτι διαφόρως, ἀλλ' ἀπὸ μιᾶς ὁρμῆς
οἰμωγῇ τε καὶ στόνῳ πάντες δυσανασχετοῦντες τὰ γιγνόμενα,
οἱ μὲν ἐπὶ τὰς ναῦς παρεβοήθουν, οἱ δὲ πρὸς τὸ λοιπὸν τοῦ
τείχους ἐς φυλακήν, ἄλλοι δὲ καὶ οἱ πλεῖστοι ἤδη περὶ σφᾶς   350
αὐτοὺς καὶ ὅπῃ σωθήσονται διεσκόπουν. ἦν τε ἐν τῷ παραυτίκα

οὐδεμιᾶς δὴ τῶν ξυμπασῶν ἐλάσσων ἔκπληξις. παραπλήσιά τε
ἐπεπόνθεσαν καὶ ἔδρασαν αὐτοὶ ἐν Πύλῳ· διαφθαρεισῶν γὰρ
τῶν νεῶν τοῖς Λακεδαιμονίοις προσαπώλλυντο αὐτοῖς καὶ οἱ ἐν
τῇ νήσῳ ἄνδρες διαβεβηκότες, καὶ τότε τοῖς Ἀθηναίοις   355
ἀνέλπιστον ἦν τὸ κατὰ γῆν σωθήσεσθαι, ἢν μή τι παρὰ λόγον
γίγνηται.

ἀγχώμαλα 'with almost equal
    success'
ἀκρίτως ξυνεχές, τό lit. 'the
    doubtfully continuous (sc.
    nature)', i.e. *the long
    drawn-out uncertainty*
*ἄλλος ἄλλῃ one in one place,
    one in another
ἄν (l. 329) *denotes frequentative
    (not conditional) meaning,
    'they continually . . .'*
ἀναθαρσέω take heart
ἀνάκειμαι (ἐς) be staked (on)
ἀνάκλησις, ἡ invocation (3e)
*ἀνέλπιστος ον beyond
    expectation; unhoped for;
    unexpected
ἀντίπαλος ον nearly balanced
ἀνώμαλος ον uneven (τὸ
    ἀνώμαλον 'the uneven
    nature')
ἀπό (l. 332) *take with* ὄψεως
*αὐτόθεν from that place (i.e.
    the Syracusans)
ἀφοράω (ἀπιδ-) look at
γε δή (ll. 341–342) 'that is'
δι' ὀλίγου at close quarters
διάγω pass time
διακελευσμός, ὁ exhortation,
    cheering (2a)
διασκοπέω consider
*δουλόω enslave

δυσανασχετέω take badly
ἑάλωσαν = 3rd pl. aor. of
    ἁλίσκομαι, be caught
εἰ μέν τινες (l. 328) *is balanced
    by* οἱ δέ (l. 330)
ἐν τοῖς (ll. 335–6) 'in these
    circumstances'
*ἐπὶ πολύ for a long time
ἐπίκειμαι press on
*ἐπικρατέω be victorious,
    win, prevail (over +gen.)
ἔποψις, ἡ view (3e)
ἦν (l. 337) 'it was possible'
ἡσσώμενον, τό 'a point where
    they were being defeated'
ἴσα 'in accordance with'
    (+dat.)
ἰσόρροπος ον evenly balanced
καὶ τὴν γνώμην 'in their
    minds too'
κατενεχθέντες = aor. part.
    pass. of καταφέρω drive to
    land
κραυγή, ἡ shouting (1a)
λαμπρῶς vigorously, in
    obvious triumph
μέλλον (μελλοντ-), τό the
    future
μετέωρος ον on the sea
νικῶντες κρατούμενοι 'we are
    winning, we are losing'
*ξύμπας πασα παν all together

ξυναπονέω sway together
ξύστασις, ἡ conflict (3e)
*οἰμωγή, ἡ lamentation (1a)
*ὁμοῦ together; together with
    (+dat.)
ὅπη how
ὁρμή, ἡ impulse (1a)
οὐδένι 'nothing in their
    experience'
παρ' ὀλίγον 'within a hair's
    breadth'
*παραπλήσιος (α) ον similar
    (to) (+dat. *or* καί)
παραυτίκα, ἐν τῷ 'at this
    immediate moment'
περί . . . καλοῦ (l. 322) 'for the
    greater prize now at hand'
*περιδεῶς fearfully
    περιδεής ές fearful,
    apprehensive
πῃ anywhere
πολυειδής ές of many kinds
    (*agrees with* ἄλλα ὅσα)
προσαπόλλυμι destroy in
    addition to (+dat.)
*στερέω deprive x (acc.) of y
    (gen.)
στόνος, ὁ groaning (2a)
τῇ δόξῃ i.e. *their view of the
    battle*
*τρέπω rout, turn to flight
φιλονικέω be ambitious

Syracusan tactics after their naval victory (72–4)

After the sea-fight, which had been a severe one in which many ships and lives had been lost on both sides, the victorious Syracusans and their allies now picked up their wrecks and dead, sailed off to the city and set up a trophy. The Athenians, overwhelmed by their misfortune, never even thought of asking permission to take up their dead or wrecks, but wanted to retreat that very night. Demosthenes, however, went to Nikias and offered the opinion that they should man the ships they had left and make another effort to force their passage out next morning; saying that they still had left more ships fit for service than the enemy. In fact the Athenians had about sixty remaining as against less than fifty of their opponents. Nikias agreed, but when they wanted to man the vessels, the sailors refused to go on board. They were utterly overcome by their defeat and no longer believed in the possibility of success. So they now made up their minds to retreat by land.

Meanwhile the Syracusan Hermokrates, suspecting their intention, and impressed by the danger of allowing a force of that size to retreat by land, establish itself in some other part of Sicily and renew the war from there, went and stated his views to the authorities, and pointed out to them that they ought not to let the enemy get away by night, giving reasons for this opinion, but that all the Syracusans and their allies should at once march out and block up the roads and seize and guard the passes. The authorities were entirely agreed, and thought that it ought to be done, but on the other hand felt sure that the people, who had started rejoicing and taking things easy after a great battle at sea, would not be particularly willing to obey; besides, they were celebrating a festival, and that day were offering a sacrifice to Herakles, and most of them in their joy at the victory had begun drinking at the festival. They reckoned they would probably agree to anything rather than to taking up their arms and marching out at that moment. For these reasons the plan appeared impracticable to the magistrates; and Hermokrates, finding that he was no longer making an impression on them, now put into operation the following contingency plan of his own. He was afraid that the Athenians might quietly get ahead of them by passing the most difficult places during the night; so as soon as it was dusk, he sent some friends of his own to the Athenian camp with some horsemen who rode up within earshot and called out to some of the men, pretending they were well-wishers of the Athenians, and told them to tell Nikias (who had in fact some spies who informed him of what went on inside the town) not to lead off the army by night as the Syracusans were guarding the roads, but to make his preparations at his leisure and to retreat by day. After saying this they departed; and their hearers informed the Athenian generals.

On the strength of this message, not doubting its sincerity, they held on for the night, and, since after all they had not set out at once, they now decided to stay on the following day also, to give time to the soldiers to pack up the most useful articles as well as they could, and, leaving everything else behind, to start only with what was strictly necessary for their personal subsistence. Meanwhile the Syracusans and Gylippos marched out and blocked up the roads through the country by which the Athenians were likely to pass, and kept guard at the fords of the streams and river, posting themselves so as to meet them and stop the army where they thought best. Their fleet sailed up to the beach and towed off the ships of the Athenians. Some few were burned by the Athenians themselves as they had intended; the rest the Syracusans lashed on to their own at their leisure as they had been thrown up on shore, without anyone trying to stop them, and took them to the town.

Athenian morale in retreat

31 *The Athenians move off. Their strategic position is terrible and their spirits are low. They are affected by the corpses, but even more by the necessity of leaving wounded comrades, whose desperate appeals they must not heed. (75¹⁻⁴)*

μετὰ δὲ τοῦτο, ἐπειδὴ ἐδόκει τῷ Νικίᾳ καὶ τῷ Δημοσθένει
ἱκανῶς παρεσκευάσθαι, καὶ ἡ ἀνάστασις ἤδη τοῦ στρατεύματος
τρίτῃ ἡμέρᾳ ἀπὸ τῆς ναυμαχίας ἐγίγνετο. δεινὸν οὖν ἦν οὐ καθ᾽   360
ἓν μόνον τῶν πραγμάτων, ὅτι τάς τε ναῦς ἀπολωλεκότες πάσας
ἀπεχώρουν καὶ ἀντὶ μεγάλης ἐλπίδος καὶ αὐτοὶ καὶ ἡ πόλις
κινδυνεύοντες, ἀλλὰ καὶ ἐν τῇ ἀπολείψει τοῦ στρατοπέδου
ξυνέβαινε τῇ τε ὄψει ἑκάστῳ ἀλγεινὰ καὶ τῇ γνώμῃ αἰσθέσθαι.
τῶν τε γὰρ νεκρῶν ἀτάφων ὄντων, ὁπότε τις ἴδοι τινὰ τῶν   365
ἐπιτηδείων κείμενον, ἐς λύπην μετὰ φόβου καθίστατο, καὶ οἱ
ζῶντες καταλειπόμενοι τραυματίαι τε καὶ ἀσθενεῖς πολὺ τῶν
τεθνεώτων τοῖς ζῶσι λυπηρότεροι ἦσαν καὶ τῶν ἀπολωλότων
ἀθλιώτεροι. πρὸς γὰρ ἀντιβολίαν καὶ ὀλοφυρμὸν τραπόμενοι ἐς
ἀπορίαν καθίστασαν, ἄγειν τε σφᾶς ἀξιοῦντες καὶ ἕνα ἕκαστον   370
ἐπιβοώμενοι, εἴ τινά πού τις ἴδοι ἢ ἑταίρων ἢ οἰκείων, τῶν τε
ξυσκήνων ἤδη ἀπιόντων ἐκκρεμαννύμενοι καὶ ἐπακολουθοῦντες

ἄγειν sc. 'that those leaving should...'	ἐκκρεμάννυμαι hang on to (+gen.)	(+dat.)
ἀλγεινός ή όν painful to (+dat.)	ἐπακολουθέω follow closely	*ξυμβαίνει (ξυμβα-) it falls to x's lot (dat.) to Y (inf.)
ἀνάστασις, ἡ departure (3e)	*ἐπιτήδειος, ὁ friend (2a)	ξύσκηνος, ὁ tent-mate (2a)
ἀντιβολία, ἡ entreaty (1b)	καθίστασαν sc. 'those who were leaving' as object	τεθνεώς (τεθνηωτ-) dead
ἀπόλειψις, ἡ leaving (3e)	καὶ...ἤδη (l. 359) 'now at last'	τραυματίας, ὁ wounded man (1d)
*ἀπόλλυμι (perf. part. ἀπολωλεκώς) lose	λύπη, ἡ grief (1a)	τρίτος η ον third
ἄταφος ον unburied	λυπηρός ά όν painful (to)	

ἐς ὅσον δύναιντο, εἴ τῳ δὲ προλίποι ἡ ῥώμη καὶ τὸ σῶμα, οὐκ
ἄνευ ὀλίγων ἐπιθειασμῶν καὶ οἰμωγῆς ὑπολειπόμενοι, ὥστε
δάκρυσι πᾶν τὸ στράτευμα πλησθὲν καὶ ἀπορίᾳ τοιαύτῃ μὴ   375
ῥᾳδίως ἀφορμᾶσθαι, καίπερ ἐκ πολεμίας τε καὶ μείζω ἢ κατὰ
δάκρυα τὰ μὲν πεπονθότας ἤδη, τὰ δὲ περὶ τῶν ἐν ἀφανεῖ
δεδιότας μὴ πάθωσιν.

32 *The immense size of the force. Each man, even the hoplites, carries his
own equipment. (75⁵)*

κατήφειά τέ τις ἅμα καὶ κατάμεμψις σφῶν αὐτῶν πολλὴ ἦν.
οὐδὲν γὰρ ἄλλο ἢ πόλει ἐκπεπολιορκημένῃ ἐῴκεσαν   380
ὑποφευγούσῃ, καὶ ταύτῃ οὐ σμικρᾷ· μυριάδες γὰρ τοῦ
ξύμπαντος ὄχλου οὐκ ἐλάσσους τεσσάρων ἅμα ἐπορεύοντο. καὶ
τούτων οἵ τε ἄλλοι πάντες ἔφερον ὅτι τις ἐδύνατο ἕκαστος
χρήσιμον, καὶ οἱ ὁπλῖται καὶ οἱ ἱππῆς παρὰ τὸ εἰωθὸς αὐτοὶ τὰ
σφέτερα αὐτῶν σιτία ὑπὸ τοῖς ὅπλοις, οἱ μὲν ἀπορίᾳ   385
ἀκολούθων, οἱ δὲ ἀπιστίᾳ· ἀπηυτομολήκεσαν γὰρ πάλαι τε καὶ
οἱ πλεῖστοι παραχρῆμα. ἔφερον δὲ οὐδὲ ταῦτα ἱκανά· σῖτος γὰρ
οὐκέτι ἦν ἐν τῷ στρατοπέδῳ.

33 *Not even the fact that they all share the same distress helps their spirits,
when they consider the contrast with how they set out. Thucydides
claims this was the greatest upset for any Greek force. (75⁶⁻⁷)*

καὶ μὴν ἡ ἄλλη αἰκία καὶ ἡ ἰσομοιρία τῶν κακῶν, ἔχουσά
τινα⌜ ὅμως τὸ μετὰ πολλῶν ⌝κούφισιν, οὐδ' ὣς ῥᾳδία ἐν τῷ   390
παρόντι ἐδοξάζετο, ἄλλως τε καὶ ἀπὸ οἵας λαμπρότητος καὶ
αὐχήματος τοῦ πρώτου ἐς οἵαν τελευτὴν καὶ ταπεινότητα
ἀφῖκτο. μέγιστον γὰρ δὴ τὸ διάφορον τοῦτο Ἑλληνικῷ
στρατεύματι ἐγένετο, οἷς ἀντὶ μὲν τοῦ ἄλλους δουλωσομένους
ἥκειν αὐτοὺς τοῦτο μᾶλλον δεδιότας μὴ πάθωσι ξυνέβη   395
ἀπιέναι, ἀντὶ δ' εὐχῆς τε καὶ παιάνων, μεθ' ὧν ἐξέπλεον, πάλιν
τούτων τοῖς ἐναντίοις ἐπιφημίσμασιν ἀφορμᾶσθαι, πεζούς τε
ἀντὶ ναυβατῶν πορευομένους καὶ ὁπλιτικῷ προσέχοντας
μᾶλλον ἢ ναυτικῷ. ὅμως δὲ ὑπὸ μεγέθους τοῦ ἐπικρεμαμένου
ἔτι κινδύνου πάντα ταῦτα αὐτοῖς οἰστὰ ἐφαίνετο.   400

Nikias encourages his dejected troops (76–7)

Nikias, seeing the army dejected and greatly altered, passed along the ranks and encouraged and comforted them as far as was possible under the circumstances, shouting louder and louder as he went from one company to another in his earnestness, and in his anxiety that the benefit of his words might reach as many as possible:

'Athenians and allies, even in our present position we must still have hope, since men have before now been saved from worse situations than this; and you must not condemn yourselves too severely either because of your disasters or because of your present unmerited sufferings. I myself am not any stronger than any of you – indeed you see how ill I am – and though in fortune I am, I think, in private life and in other respects the equal of any, I am now exposed to the same danger as the meanest among you; and yet my life has been one of great devotion toward the gods, and of many just and blameless actions towards men. I still have, therefore, a strong hope for the future, and our misfortunes do not terrify me as much as they might. Indeed, we may hope that they will be lightened: our enemies have had enough good fortune, and if any of the gods was aroused to jealousy by our expedition, we have already been punished sufficiently. Others before us have attacked their neighbours, have done what men will do and suffered what men can bear; and now we may justly expect to find the gods more kind,

αἰκία, ἡ degradation (1b)
*ἄλλως τε καί (l. 391) especially (as)
ἀπαυτομολέω desert
ἀπιστία, ἡ distrust (1b)
*ἀπορία, ἡ lack, want (1b)
αὔχημα, τό self-confidence (3b)
ἀφανεῖ, ἐν 'in the unknown' (sc. 'future')
ἀφῖκτο (impersonal) 'things had come'
*δάκρυ, τό tear (3b)
διάφορον, τό reverse (2b)
δοξάζω think, judge
εἴ τῳ δέ (l. 373) lit. 'but if for anyone'
*εἰωθώς ός (εἰωθοτ-) usual, customary
ἐκπολιορκέομαι capitulate
ἐπιθειασμός, ὁ invocation of the gods (2a)
ἐπικρέμαμαι (pass.) hang over (sc. 'them')
ἐπιφήμισμα, τό word of

ill-omen (3b)
*ἱππεύς, ὁ cavalryman (3f)
ἰσομοιρία, ἡ equal sharing (1a)
κατάμεμψις, ἡ criticism (3c)
κατήφεια, ἡ depression, dejection (1b)
κούφως, ἡ alleviation, lightening (3e)
λαμπρότης (λαμπρορητ-), ἡ splendour (3a)
μείζω ἢ κατὰ δάκρυα 'too great for tears' (lit. 'greater than in accordance with tears')
μυρίας (μυριαδ-), ἡ 10,000 (3a)
ναυβάτης, ὁ sailor (1d)
οἷς ... ξυνέβη 'to whose lot it fell that'
οἰστός ή όν endurable, tolerable
*ὁπλίτης, ὁ hoplite (1d)
ὁπλιτικόν, τό hoplite army (2b)

παιάν (παιαν-), ὁ song of triumph (3a)
*παραχρῆμα on the spot, straight away
πεπονθότας ... δεδιότας i.e. the soldiers
*πλησθέν aor. part. pass. of πίμπλημι fill
πολεμίας sc. 'territory'
προλείπω (προλιπ-) fail, leave
προσέχω devote oneself to (+dat.)
*σιτία, τά provisions (2b)
τὰ μέν ... τὰ δέ 'on the one hand ... on the other'
ταπεινότης (ταπεινοτητ-), ἡ abasement (3a)
*τελευτή, ἡ end (1a)
*τέσσαρες a four
τὸ μετὰ πολλῶν (l. 390) ' "in company", as they say'
ὑπολείπω leave behind

for we have become fitter objects for their pity than their jealousy. Look at yourselves; note the numbers and efficiency of the hoplites marching in your ranks, and do not give way too much to despondency, but reflect that you are yourselves at once a city wherever you settle and that there is no other in Sicily that could easily resist your attack, or expel you when once established. The safety and order of the march is your concern; the one thought of each man must be that the spot on which he may be forced to fight must be conquered and held as his country and stronghold. Meanwhile we shall hasten on our way night and day alike, as our provisions are scanty; and if we can reach some friendly place of the Sikels, whom fear of the Syracusans still keeps true to us, you may only then consider yourselves safe. A message has been sent on to them with directions to meet us with supplies of food. To sum up, be convinced, soldiers, that you must be brave, as there is no place near for you to take refuge in if you are cowards, and that if you now escape from the enemy, you may all see again what your hearts desire, while those of you who are Athenians will raise up again the great power of the state, fallen though it may be. Men make the city, not walls nor ships without men in them.'

The retreat under way (78–9)

As he made this address, Nikias went among the ranks, and brought back to their place any of the troops that he saw straggling out of the line; while Demosthenes did the same for his part of the army, addressing them in words very similar. The army marched in a hollow square, the division under Nikias leading, and that of Demosthenes following. The hoplites were outside and held the baggage-carriers and the bulk of the army in their middle. When they arrived at the ford of the river Anapos they found a body of Syracusans and their allies drawn up. They routed these, made good their passage and pushed on, harassed by the charges of the Syracusan cavalry and by the missiles of their light troops. On that day they advanced about 4½ miles [7 km], halting for the night upon a hill. On the next they started early and got about 2 miles [3 km] further on, descended into a place in the plain and encamped there, to get some food from the houses, as the place was inhabited, and water to take with them from there, as for some way ahead in the direction in which they were going it was not plentiful. The Syracusans meanwhile went on and fortified the pass in front, where there was a steep hill with a rocky ravine on each side of it, called the Akraian cliff. The next day the Athenians advanced and found themselves held up by the missiles and charges of the cavalry and javelin-throwers, both very numerous, of the Syracusans and their allies; and after fighting for a long while, at length they went back to the same camp, where they no longer had provisions as before, since it was impossible to leave their position because of the cavalry.

Early next morning they started again and forced their way to the hill, which had been fortified, where they found in front of them the enemy's infantry drawn up many shields deep, since the pass was narrow, to defend the fortification. The Athenians assaulted the wall, but were greeted by a storm of missiles from the hill, which told with greater effect because of the steepness of the incline, and, unable to force the passage, retreated again and rested. Meanwhile there were some claps of thunder and rain, as often happens towards autumn, which still further disheartened the Athenians, who thought all these things were omens of their approaching ruin. While they were resting, Gylippos and the Syracusans sent a part of their army to build fortifications in their rear on the way by which they had advanced; but the Athenians immediately sent some of their men and stopped them; after which they retreated more towards the plain and halted for the night. When they advanced the next day the Syracusans surrounded and attacked them on every side, and disabled many of them, falling back if the Athenians advanced and coming forward if they retired, and in particular assaulting their rear, in the hope of routing them a few at a time, and thus putting the whole army in a panic. For a long while the Athenians held on in this way, but after advancing for about half a mile halted to rest in the plain. The Syracusans also withdrew to their own camp.

34 *The Athenians strike out across country towards Kamarina and Gela.*
But enemy harassment so impedes their progress that they decide to
change direction and march towards the sea. (80^{1-2})

τῆς δὲ νυκτὸς τῷ Νικίᾳ καὶ Δημοσθένει ἐδόκει, ἐπειδὴ
κακῶς σφίσι τὸ στράτευμα εἶχε τῶν τε ἐπιτηδείων πάντων
ἀπορίᾳ ἤδη, καὶ κατατετραυματισμένοι ἦσαν πολλοὶ ἐν πολλαῖς
προσβολαῖς τῶν πολεμίων γεγενημέναις, πυρὰ καύσαντας ὡς
πλεῖστα ἀπάγειν τὴν στρατιάν, μηκέτι τὴν αὐτὴν ὁδὸν ᾗ   405
διενοήθησαν, ἀλλὰ τοὐναντίον ἢ οἱ Συρακόσιοι ἐτήρουν, πρὸς
τὴν θάλασσαν. ἦν δὲ ἡ ξύμπασα ὁδὸς αὕτη οὐκ ἐπὶ Κατάνης τῷ
στρατεύματι, ἀλλὰ κατὰ τὸ ἕτερον μέρος τῆς Σικελίας τὸ πρὸς
Καμάριναν καὶ Γέλαν καὶ τὰς ταύτῃ πόλεις καὶ Ἑλληνίδας καὶ
βαρβάρους.   410

Γέλα, ἡ Gela (1c)	Κατάνη, ἡ Katane (1a)	τοὐναντίον ἤ 'in the opposite
Ἑλληνίς (Ἑλληνιδ-) Greek	κατατραυματίζω wound	direction to that which'
Καμάρινα, ἡ Kamarina (1c)	ταύτῃ here, at this spot	

35 *They march by night; their fears and confusion. Demosthenes' contingent falls behind. (80³⁻⁴)*

καύσαντες οὖν πυρὰ πολλὰ ἐχώρουν ἐν τῇ νυκτί. καὶ αὐτοῖς,
οἷον φιλεῖ καὶ πᾶσι στρατοπέδοις, μάλιστα δὲ τοῖς μεγίστοις,
φόβοι καὶ δείματα ἐγγίγνεσθαι, ἄλλως τε καὶ ἐν νυκτί τε καὶ
διὰ πολεμίας καὶ ἀπὸ πολεμίων οὐ πολὺ ἀπεχόντων ἰοῦσιν,
ἐμπίπτει ταραχή· καὶ τὸ μὲν Νικίου στράτευμα, ὥσπερ ἡγεῖτο,   415
ξυνέμενέ τε καὶ προύλαβε πολλῷ, τὸ δὲ Δημοσθένους, τὸ ἥμισυ
μάλιστα καὶ πλέον, ἀπεσπάσθη τε καὶ ἀτακτότερον ἐχώρει.

36 *At dawn they reach the sea and proceed down the coast road, overcoming the resistance they encounter on the way. (80⁵⁻⁶)*

ἅμα δὲ τῇ ἕῳ ἀφικνοῦνται ὅμως πρὸς τὴν θάλασσαν, καὶ
ἐσβάντες ἐς τὴν ὁδὸν τὴν Ἐλωρίνην καλουμένην ἐπορεύοντο,
ὅπως, ἐπειδὴ γένοιντο ἐπὶ τῷ ποταμῷ τῷ Κακυπάρει, παρὰ   420
τὸν ποταμὸν ἴοιεν ἄνω διὰ μεσογείας· ἤλπιζον γὰρ καὶ τοὺς
Σικελοὺς ταύτῃ οὓς μετεπέμψαντο ἀπαντήσεσθαι. ἐπειδὴ δ᾽
ἐγένοντο ἐπὶ τῷ ποταμῷ, ηὗρον καὶ ἐνταῦθα φυλακήν τινα τῶν
Συρακοσίων ἀποτειχίζουσάν τε καὶ ἀποσταυροῦσαν τὸν πόρον.
καὶ βιασάμενοι αὐτὴν διέβησάν τε τὸν ποταμὸν καὶ ἐχώρουν   425
αὖθις πρὸς ἄλλον ποταμὸν τὸν Ἐρινεόν· ταύτῃ γὰρ οἱ ἡγεμόνες
ἐκέλευον.

Demosthenes surrenders: Nikias, refused terms, tries to escape again by night. (81–3)
Meanwhile, when day came and the Syracusans and their allies found that the Athenians had gone, most of them accused Gylippos of having let them escape on purpose, and hastily pursuing by the road which they could easily see that they had taken, overtook them about dinner-time. They first came up to the troops under Demosthenes, who were behind and marching somewhat slowly and in disorder, owing to the night panic referred to above, and at once attacked and engaged them. The Syracusan cavalry surrounded them more easily now that they were separated from the rest, and hemmed them in on one spot. The forces of Nikias were 5 or 6 miles [8 or 10 km] on in front, as he led them more rapidly, thinking that under the circumstances their safety lay not in staying and fighting of their own volition, but in retreating as fast as possible, and only fighting when forced to do so. On the other hand, Demosthenes was, generally speaking, harassed more incessantly, as his post in the rear left him the first to be exposed to the attacks of the enemy; and now, finding that the Syracusans were in

pursuit, he opted for forming his men in battle-line instead of pushing on, and so waited until he was surrounded by his pursuers and himself and the Athenians with him were placed in the most distressing position, huddled into an enclosure with a wall all round it, a road on each side and olive-trees in great number, where missiles were showered in upon them from every quarter. This method of attack the Syracusans had with good reason adopted in preference to fighting at close quarters, as to risk a struggle with desperate men was now more to the advantage of the Athenians than to their own; besides, their success had now become so certain that they began to spare themselves a little so as not to be killed in the moment of victory, thinking too that, as it was, they would be able in this way to subdue and capture the enemy.

ἄνω i.e. *inland*
ἀπαντάω (fut.
  ἀπαντήσομαι) *meet*
ἀπέχω *be distant*
ἀποσπάομαι *be separated*
ἀποσταυρόω *build a stockade*
  on
ἀποτειχίζω *wall off*
ἄτακτος ον *disorderly*
δεῖμα, τό *terror* (3b)

Ἑλώρινος η ον *to Heloron*
Ἐρινεός, ὁ *Erineos* (2a)
ἥμισυς εια υ *half*
ἰοῦσιν *goes with* στρατοπέδοις
  (l. 414)
Κακύπαρις, ὁ *Kakyparis*
μεσογεία, ἡ *interior* (1b)
*μεταπέμπομαι *send for,*
  summon
ξυμμένω *hold together*

πολεμίας sc. '*country*'
πόρος, ὁ *route* (2a)
προλαμβάνω (προλαβ-) *get*
  ahead
Σικελός ή όν *Sikel* (*with whom*
  they had arranged a
  rendezvous)
*ταραχή, ἡ *confusion, disorder*
  (1a)
φιλεῖ sc. '*to happen*'

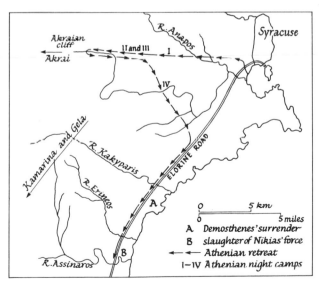

Route of Athenian retreat

In fact, after attacking the Athenians and their allies all day long from every side with missiles, they at length saw that they were worn out with their wounds and other sufferings; and Gylippos and the Syracusans and their allies made a proclamation, offering their liberty to any of the islanders who chose to come over to them; and a few cities went over. Afterwards a capitulation was agreed upon for all the rest with Demosthenes, to lay down their arms on condition that no one was to be put to death either by violence or imprisonment or want of the necessaries of life. Upon this they surrendered, 6,000 of them in all, laying down all the money in their possession, which filled the hollows of four shields, and were immediately taken off by the Syracusans to the town.

Meanwhile Nikias with his forces arrived that day at the river Erineos, crossed over, and posted his army upon some high ground upon the other side. The next day the Syracusans overtook him and told him that the troops under Demosthenes had surrendered, and invited him to follow their example. Incredulous of the fact, Nikias asked for a truce to send a horseman to see, and upon the return of the messenger with the news that they had surrendered, sent a herald to Gylippos and the Syracusans, saying that he was ready to agree with them on behalf of the Athenians to repay whatever money the Syracusans had spent on the war if they would let his army go; and offered until the money was paid to give Athenians as hostages, one for every talent. The Syracusans and Gylippos rejected this proposition, and attacked this force as they had the other, standing all round and pelting them with missiles until the evening. The troops were in as poor a condition as their comrades had been through lack of food and necessaries. But they waited for the quiet of night, intending to resume their march then. But as they were taking up their arms the Syracusans noticed and raised their paian, upon which the Athenians, realising that they had been seen, laid them down again, except about 300 men who forced their way through the guards and went on during the night whatever way they could.

Rout of the Athenians at the river Assinaros; total defeat of the expedition

37 *Next day the Athenians set off and under constant harassment reach the river Assinaros. They are slaughtered as they try to cross. (84)*

Νικίας δ' ἐπειδὴ ἡμέρα ἐγένετο ἦγε τὴν στρατιάν· οἱ δὲ Συρακόσιοι καὶ οἱ ξύμμαχοι προσέκειντο τὸν αὐτὸν τρόπον πανταχόθεν βάλλοντές τε καὶ κατακοντίζοντες. καὶ οἱ Ἀθηναῖοι ἠπείγοντο πρὸς τὸν Ἀσσίναρον ποταμόν, ἅμα μὲν βιαζόμενοι ὑπὸ τῆς πανταχόθεν προσβολῆς ἱππέων τε πολλῶν καὶ τοῦ ἄλλου ὄχλου, οἰόμενοι ῥᾷόν τι σφίσιν ἔσεσθαι, ἢν

διαβῶσι τὸν ποταμόν, ἅμα δ' ὑπὸ τῆς ταλαιπωρίας καὶ τοῦ
πιεῖν ἐπιθυμίᾳ. ὡς δὲ γίγνονται ἐπ' αὐτῷ, ἐσπίπτουσιν οὐδενὶ   435
κόσμῳ ἔτι, ἀλλὰ πᾶς τέ τις διαβῆναι αὐτὸς πρῶτος βουλόμενος
καὶ οἱ πολέμιοι ἐπικείμενοι χαλεπὴν ἤδη τὴν διάβασιν ἐποίουν·
ἀθρόοι γὰρ ἀναγκαζόμενοι χωρεῖν ἐπέπιπτόν τε ἀλλήλοις καὶ
κατεπάτουν, περί τε τοῖς δορατίοις καὶ σκεύεσιν οἱ μὲν εὐθὺς
διεφθείροντο, οἱ δὲ ἐμπαλασσόμενοι κατέρρεον. ἐς τὰ ἐπὶ   440
θάτερά τε τοῦ ποταμοῦ παραστάντες οἱ Συρακόσιοι (ἦν δὲ
κρημνῶδες) ἔβαλλον ἄνωθεν τοὺς Ἀθηναίους, πίνοντάς τε τοὺς
πολλοὺς ἀσμένους καὶ ἐν κοίλῳ ὄντι τῷ ποταμῷ ἐν σφίσιν
αὐτοῖς ταρασσομένους. οἵ τε Πελοποννήσιοι ἐπικαταβάντες
τοὺς ἐν τῷ ποταμῷ μάλιστα ἔσφαζον. καὶ τὸ ὕδωρ εὐθὺς   445
διέφθαρτο, ἀλλ' οὐδὲν ἧσσον ἐπίνετό τε ὁμοῦ τῷ πηλῷ
ᾑματωμένον καὶ περιμάχητον ἦν τοῖς πολλοῖς.

38 *Finally Nikias surrenders and Gylippos gives the order to take
prisoners. The enormity of the catastrophe. (85)*

τέλος δὲ νεκρῶν τε πολλῶν ἐπ' ἀλλήλοις ἤδη κειμένων ἐν τῷ
ποταμῷ καὶ διεφθαρμένου τοῦ στρατεύματος τοῦ μὲν κατὰ τὸν
ποταμόν, τοῦ δὲ καί, εἴ τι διαφύγοι, ὑπὸ τῶν ἱππέων, Νικίας   450
Γυλίππῳ ἑαυτὸν παραδίδωσι, πιστεύσας μᾶλλον αὐτῷ ἢ τοῖς
Συρακοσίοις· καὶ ἑαυτῷ μὲν χρήσασθαι ἐκέλευεν ἐκεῖνόν τε καὶ
Λακεδαιμονίους ὅτι βούλονται, τοὺς δὲ ἄλλους στρατιώτας
παύσασθαι φονεύοντας. καὶ ὁ Γύλιππος μετὰ τοῦτο ζωγρεῖν
ἤδη ἐκέλευεν· καὶ τούς τε λοιποὺς ὅσους μὴ ἀπεκρύψαντο   455
(πολλοὶ δὲ οὗτοι ἐγένοντο) ξυνεκόμισαν ζῶντας, καὶ ἐπὶ τοὺς

αἱματόομαι be made bloody
ἀποκρύπτομαι hide
Ἀσσίναρος, ὁ Assinaros (2a)
αὐτῷ (l. 435) i.e. *the river*
*Γύλιππος, ὁ Gylippos,
  commander of
  Lakedaimonian troops (2a)
διάβασις, ἡ crossing (3e)
δοράτιον, τό spear (2b)
ἐμπαλάσσομαι be entangled
  (*with one another*)

*ἐπίκειμαι be laid upon; lie
  over against, press on
ἐπιπίπτω fall upon (+dat.)
ἐς τὰ ἐπὶ θάτερα on the one
  side
ζωγρέω take alive
κατακοντίζω throw javelins
καταπατέω tread underfoot
καταρρέω be swept away
κοῖλος η ον hollow
κρημνώδης ες steep

ξυγκομίζω bring together
περιμάχητος ον fought over
  by (+dat.)
πηλός, ὁ mud (2a)
πρόσκειμαι harrass, press
  closely
*σφάζω slaughter
ταλαιπωρία, ἡ distress (1b)
*ταράσσω disturb, disorganise,
  confuse
φονεύω kill

τριακοσίους, οἳ τὴν φυλακὴν διεξῆλθον τῆς νυκτός, πέμψαντες
τοὺς διωξομένους ξυνέλαβον. τὸ μὲν οὖν ἀθροισθὲν τοῦ
στρατεύματος ἐς τὸ κοινὸν οὐ πολὺ ἐγένετο, τὸ δὲ διακλαπὲν
πολύ, καὶ διεπλήσθη πᾶσα Σικελία αὐτῶν, ἅτε οὐκ ἀπὸ   460
ξυμβάσεως ὥσπερ τῶν μετὰ Δημοσθένους ληφθέντων. μέρος δέ
τι οὐκ ὀλίγον καὶ ἀπέθανεν· πλεῖστος γὰρ δὴ φόνος οὗτος καὶ
οὐδενὸς ἐλάσσων τῶν ἐν τῷ πολέμῳ τούτῳ ἐγένετο. καὶ ἐν ταῖς
ἄλλαις προσβολαῖς ταῖς κατὰ τὴν πορείαν συχναῖς γενομέναις
οὐκ ὀλίγοι ἐτεθνήκεσαν. πολλοὶ δὲ ὅμως καὶ διέφυγον, οἱ μὲν   465
καὶ παραυτίκα, οἱ δὲ καὶ δουλεύσαντες καὶ διαδιδράσκοντες
ὕστερον· τούτοις δ᾽ ἦν ἀναχώρησις ἐς Κατάνην.

39   Athenian prisoners are put into the stone-quarries. Nikias and Demos-
thenes are put to death against Gylippos' wishes. Reasons for this
action. Nikias' misfortune. (86)

   ξυναθροισθέντες δὲ οἱ Συρακόσιοι καὶ οἱ ξύμμαχοι, τῶν τε
αἰχμαλώτων ὅσους ἐδύναντο πλείστους καὶ τὰ σκῦλα
ἀναλαβόντες, ἀνεχώρησαν ἐς τὴν πόλιν. καὶ τοὺς μὲν ἄλλους   470
Ἀθηναίων καὶ τῶν ξυμμάχων ὁπόσους ἔλαβον κατεβίβασαν ἐς
τὰς λιθοτομίας, ἀσφαλεστάτην εἶναι νομίσαντες τήρησιν,
Νικίαν δὲ καὶ Δημοσθένη ἄκοντος τοῦ Γυλίππου ἀπέσφαξαν. ὁ
γὰρ Γύλιππος καλὸν τὸ ἀγώνισμα ἐνόμιζέν οἱ εἶναι ἐπὶ τοῖς
ἄλλοις καὶ τοὺς ἀντιστρατήγους κομίσαι Λακεδαιμονίοις.   475
ξυνέβαινε δὲ τὸν μὲν πολεμιώτατον αὐτοῖς εἶναι, Δημοσθένη,
διὰ τὰ ἐν τῇ νήσῳ καὶ Πύλῳ, τὸν δὲ διὰ τὰ αὐτὰ
ἐπιτηδειότατον· τοὺς γὰρ ἐκ τῆς νήσου ἄνδρας τῶν
Λακεδαιμονίων ὁ Νικίας προυθυμήθη, σπονδὰς πείσας τοὺς
Ἀθηναίους ποιήσασθαι, ὥστε ἀφεθῆναι. ἀνθ᾽ ὧν οἵ τε   480
Λακεδαιμόνιοι ἦσαν αὐτῷ προσφιλεῖς κἀκεῖνος οὐχ ἥκιστα διὰ
τοῦτο πιστεύσας ἑαυτὸν τῷ Γυλίππῳ παρέδωκεν. ἀλλὰ τῶν
Συρακοσίων τινές, ὡς ἐλέγετο, οἱ μὲν δείσαντες, ὅτι πρὸς αὐτὸν
ἐκεκοινολόγηντο, μὴ βασανιζόμενος διὰ τὸ τοιοῦτο ταραχὴν
σφίσιν ἐν εὐπραγίᾳ ποιήσῃ, ἄλλοι δέ, καὶ οὐχ ἥκιστα οἱ   485
Κορίνθιοι, μὴ χρήμασι δὴ πείσας τινάς, ὅτι πλούσιος ἦν,
ἀποδρᾷ καὶ αὖθις σφίσι νεώτερόν τι ἀπ᾽ αὐτοῦ γένηται,
πείσαντες τοὺς ξυμμάχους ἀπέκτειναν αὐτόν. καὶ ὁ μὲν τοιαύτῃ
ἢ ὅτι ἐγγύτατα τούτων αἰτίᾳ ἐτεθνήκει, ἥκιστα δὴ ἄξιος ὢν
τῶν γε ἐπ᾽ ἐμοῦ Ἑλλήνων ἐς τοῦτο δυστυχίας ἀφικέσθαι διὰ   490
τὴν ⌐πᾶσαν⌐ ἐς ἀρετὴν ⌐νενομισμένην⌐ ἐπιτήδευσιν.

40 The terrible conditions in the stone-quarries. (87¹⁻⁴)

τοὺς δ᾽ ἐν ταῖς λιθοτομίαις οἱ Συρακόσιοι χαλεπῶς τοὺς
πρώτους χρόνους μετεχείρισαν. ἐν γὰρ κοίλῳ χωρίῳ ὄντας καὶ
ὀλίγῳ πολλοὺς οἵ τε ἥλιοι τὸ πρῶτον καὶ τὸ πνῖγος ἔτι ἐλύπει
διὰ τὸ ἀστέγαστον καὶ αἱ νύκτες ἐπιγιγνόμεναι τοὐναντίον   495
μετοπωριναὶ καὶ ψυχραὶ τῇ μεταβολῇ ἐς ἀσθένειαν ἐνεωτέριζον,
πάντα τε ποιούντων αὐτῶν διὰ στενοχωρίαν ἐν τῷ αὐτῷ καὶ
προσέτι τῶν νεκρῶν ὁμοῦ ἐπ᾽ ἀλλήλοις ξυννενημένων, οἳ ἔκ τε
τῶν τραυμάτων καὶ διὰ τὴν μεταβολὴν καὶ τὸ τοιοῦτον
ἀπέθνῃσκον, καὶ ὀσμαὶ ἦσαν οὐκ ἀνεκτοί, καὶ λιμῷ ἅμα καὶ   500
δίψῃ ἐπιέζοντο (ἐδίδοσαν γὰρ αὐτῶν ἑκάστῳ ἐπὶ ὀκτὼ μῆνας

ἀγώνισμα, τό achievement (3b)
*ἀθροίζω collect, gather together
αἰχμάλωτος, ὁ prisoner of war (2a)
ἀναχώρησις, ἡ retreat (3e)
ἀνεκτός όν bearable
ἀντιστράτηγος, ὁ enemy general (2a)
*ἀποδιδράσκω (ἀποδρα-) run away, escape
ἀποσφάζω put to the sword
ἀστέγαστος uncovered
ἀφεθῆναι = aor. inf. pass. of ἀφίημι
βασανίζω torture
διὰ τὸ τοιοῦτο i.e. their treachery (these people had wanted to betray Syracuse to Nikias during the siege)
διαδιδράσκω escape
διακλέπτω steal and disperse (aor. pass. διεκλάπην)
διαπίμπλημι (aor. pass. stem διαπλησθ-) fill (+gen.)
*δίψα, ἡ thirst (1c)
δουλεύω be a slave
*δυστυχία, ἡ misfortune (1b)

ἐπ᾽ ἐμοῦ in my lifetime
*ἐπὶ τοῖς ἄλλοις καί 'on top of everything else that'
ἐπιτήδειος a ον friendly
ἐπιτήδευσις, ἡ conduct (3e)
ἔτι in addition
εὐπραγία, ἡ success (1b)
ἢ ὅτι ἐγγύτατα τούτων 'or one very near to it'
ἥλιοι, οἱ sun's rays (2a)
καταβιβάζω put down (into)
κοινολογέομαι πρός consult with
*κοινός ή όν common, shared; τὸ κοινόν 'the common stock'
*κομίζω bring; supply; mind; carry off
Κορίνθιοι, οἱ Corinthians (2a)
*λιθοτομία, ἡ stone-quarry (1b)
*λυπέω cause distress, annoy
*μεταβολή, ἡ change (1a)
μεταχειρίζω treat
μετοπωρινός ή όν autumnal
μήν (or μείς) (μην-), ὁ month (3a)
νεωτερίζω make innovations (i.e. turned them from healthy

into sick men)
νεώτερον sc. 'calamity'
νήσῳ i.e. Sphakteria
*νομίζω practise, adopt
ξύμβασις, ἡ agreement (3e)
ξυννέομαι be piled up together
*ὀκτώ eight
ὀσμή, ἡ smell, stench (1a)
ὅσους ... πλείστους 'as very many as'
παραυτίκα at once
πιέζω oppress
πνῖγος, τό choking, stifling heat (3c)
πορεία, ἡ journey (1b)
προσφιλής ἐς friendly towards (+dat.)
σκῦλα, τά spoils (2b)
στενοχωρία, ἡ cramped conditions (1b)
συχνός ή όν frequent
τήρησις, ἡ guard (3e)
τοὐναντίον i.e. to the day
*τραῦμα, τό wound (3b)
*τριακόσιοι αι α 300
*φόνος, ὁ slaughter (2a)
*ψυχρός ά όν cold

κοτύλην ὕδατος καὶ δύο κοτύλας σίτου), ἄλλα τε ὅσα εἰκὸς ἐν
τῷ τοιούτῳ χωρίῳ ἐμπεπτωκότας κακοπαθῆσαι, οὐδὲν ὅτι οὐκ
ἐπεγένετο αὐτοῖς· καὶ ἡμέρας μὲν ἑβδομήκοντά τινας οὕτω
διῃτήθησαν ἁθρόοι· ἔπειτα πλὴν Ἀθηναίων καὶ εἴ τινες   505
Σικελιωτῶν ἢ Ἰταλιωτῶν ξυνεστράτευσαν, τοὺς ἄλλους
ἀπέδοντο. ἐλήφθησαν δὲ οἱ ξύμπαντες, ἀκριβείᾳ μὲν χαλεπὸν
ἐξειπεῖν, ὅμως δὲ οὐκ ἐλάσσους ἑπτακισχιλίων.

41   *Thucydides sums up the campaign. This was the greatest event in the
war, for the side which lost suffered complete destruction. (87⁵⁻⁶)*

ξυνέβη τε ἔργον τοῦτο τῶν κατὰ τὸν πόλεμον τόνδε μέγιστον
γενέσθαι, δοκεῖν δ' ἔμοιγε καὶ ὧν ἀκοῇ Ἑλληνικῶν ἴσμεν, καὶ   510
τοῖς τε κρατήσασι λαμπρότατον καὶ τοῖς διαφθαρεῖσι
δυστυχέστατον· κατὰ πάντα γὰρ πάντως νικηθέντες καὶ οὐδὲν
ὀλίγον ἐς οὐδὲν κακοπαθήσαντες πανωλεθρίᾳ δὴ τὸ λεγόμενον
καὶ πεζὸς καὶ νῆες καὶ οὐδὲν ὅτι οὐκ ἀπώλετο, καὶ ὀλίγοι ἀπὸ
πολλῶν ἐπ' οἴκου ἀπενόστησαν. ταῦτα μὲν τὰ περὶ Σικελίαν   515
γενόμενα.

Reactions to the news at Athens

42   *Disbelief at the news in Athens, followed by anger against those who
had advised for the expedition and fear for the future. Nevertheless,
they decide to stand firm. (8.1)*

ἐς δὲ τὰς Ἀθήνας ἐπειδὴ ἠγγέλθη, ἐπὶ πολὺ μὲν ἠπίστουν
καὶ τοῖς πάνυ τῶν στρατιωτῶν ἐξ αὐτοῦ τοῦ ἔργου
διαπεφευγόσι καὶ σαφῶς ἀγγέλλουσι, μὴ οὕτω γε ἄγαν πανσυδὶ
διεφθάρθαι· ἐπειδὴ δὲ ἔγνωσαν, χαλεποὶ μὲν ἦσαν τοῖς   520
ξυμπροθυμηθεῖσι τῶν ῥητόρων τὸν ἔκπλουν, ὥσπερ οὐκ αὐτοὶ
ψηφισάμενοι, ὠργίζοντο δὲ καὶ τοῖς χρησμολόγοις τε καὶ
μάντεσι καὶ ὁπόσοι τι τότε αὐτοὺς θειάσαντες ἐπήλπισαν ὡς
λήψονται Σικελίαν. πάντα δὲ πανταχόθεν αὐτοὺς ἐλύπει τε καὶ
περιειστήκει ἐπὶ τῷ γεγενημένῳ φόβος τε καὶ κατάπληξις   525
μεγίστη δή. ἅμα μὲν γὰρ στερόμενοι καὶ ἰδίᾳ ἕκαστος καὶ ἡ
πόλις ὁπλιτῶν τε πολλῶν καὶ ἱππέων καὶ ἡλικίας οἵαν οὐχ
ἑτέραν ἑώρων ὑπάρχουσαν ἐβαρύνοντο· ἅμα δὲ ναῦς οὐχ

ὁρῶντες ἐν τοῖς νεωσοίκοις ἱκανὰς οὐδὲ χρήματα ἐν τῷ κοινῷ
οὐδ' ὑπηρεσίας ταῖς ναυσὶν ἀνέλπιστοι ἦσαν ἐν τῷ παρόντι   530
σωθήσεσθαι, τούς τε ἀπὸ τῆς Σικελίας πολεμίους εὐθὺς σφίσιν
ἐνόμιζον τῷ ναυτικῷ ἐπὶ τὸν Πειραιᾶ πλευσεῖσθαι, ἄλλως τε
καὶ τοσοῦτον κρατήσαντας, καὶ τοὺς αὐτόθεν πολεμίους τότε
δὴ καὶ διπλασίως πάντα παρεσκευασμένους κατὰ κράτος ἤδη
καὶ ἐκ γῆς καὶ ἐκ θαλάσσης ἐπικείσεσθαι, καὶ τοὺς ξυμμάχους   535
σφῶν μετ' αὐτῶν ἀποστάντας. ὅμως δὲ ὡς ἐκ τῶν ὑπαρχόντων
ἐδόκει χρῆναι μὴ ἐνδιδόναι, ἀλλὰ παρασκευάζεσθαι καὶ
ναυτικόν, ὅθεν ἂν δύνωνται ξύλα ξυμπορισαμένους, καὶ
χρήματα, καὶ τὰ τῶν ξυμμάχων ἐς ἀσφάλειαν ποιεῖσθαι, καὶ
μάλιστα τὴν Εὔβοιαν, τῶν τε κατὰ τὴν πόλιν τι ἐς εὐτέλειαν   540
σωφρονίσαι, καὶ ἀρχήν τινα πρεσβυτέρων ἀνδρῶν ἑλέσθαι,
οἵτινες περὶ τῶν παρόντων ὡς ἂν καιρὸς ᾖ προβουλεύσουσιν.
πάντα τε πρὸς τὸ παραχρῆμα περιδεές, ὅπερ φιλεῖ δῆμος
ποιεῖν, ἑτοῖμοι ἦσαν εὐτακτεῖν. καὶ ὡς ἔδοξεν αὐτοῖς, καὶ
ἐποίουν ταῦτα, καὶ τὸ θέρος ἐτελεύτα.   545

---

*ἄγαν too much; excessive;
  overwhelmingly
ἀκρίβεια, ἡ exactitude (1b)
ἄλλα τε ὅσα εἰκός 'and (of) all
  the other (ills) which (it is)
  likely that (men) . . .'
ἀπιστέω doubt x's (dat.)
  story that (μή +inf.)
*ἀποδίδομαι (ἀποδο-) sell
ἀπονοστέω return home
*ἀρχή, ἡ board of magistrates
  (1a)
ἀσφάλεια, ἡ stability, security
  (1b)
βαρύνομαι be distressed
*διαιτάομαι live, lead a certain
  type of life
διπλασίως doubly
ἑβδομήκοντα 70
Ἑλληνικός ή όν Greek (sc.
  'history', 'deeds')
ἐπελπίζω buoy up with hope
*ἐπιγίγνομαι befall (+dat.)
ἑπτακισχίλιοι αι α 7,000
ἐς οὐδέν 'in any respect'

Εὔβοια, ἡ Euboia (1b)
εὐτακτέω be orderly, behave
  well
εὐτέλεια, ἡ thrift, economy
  (1b)
ἡλικία, ἡ manhood (1b)
θειάζω prophesy
Ἰταλιώτης, ὁ Italian (1d)
καὶ τοῖς πάνυ (l. 518) 'even
  those who actually'
*κακοπαθέω suffer
κατάπληξις, ἡ consternation
  (3e)
κοινόν, τό treasury (2b)
κοτύλη, ἡ c. ¼ litre (1a)
*κράτος, τό force, strength,
  might, power (3c); κατὰ
  κράτος in full strength
*λαμπρός ά όν brilliant, clear,
  famous
*μάντις, ὁ prophet (3e)
νεώσοικος, ὁ ship-shed (2a)
*ξύλον wood (2b)
ξυμπορίζομαι gather
  together

οἵαν . . . ἑτέραν (l. 527) 'the
  like of which'
πανσυδί with all one's force;
  totally
πάντα (l. 534) 'in all respects'
πανωλεθρίᾳ δὴ τὸ λεγόμενον
  'totally wiped out, as the
  saying goes'
προβουλεύω make a policy
  decision (for ratification by
  the ekklesia)
Σικελιώτης, ὁ Sikel, Sicilian
  (1d)
σωφρονίζω moderate,
  control
τοὺς αὐτόθεν (l. 533) i.e. in
  Greece
*ὑπάρχοντα, τά circumstances,
  resources (3)
ὑπηρεσίαι, αἱ hired slave
  rowers (1b)
χρησμολόγος, ὁ soothsayer
  (2a)
ὡς ἐκ (l. 536) 'as far as possible
  from'

A music lesson

PLATO

Part of a letter written by Plato (or if not, by a contemporary) in which his early development is sketched:

> κακῶν οὖν οὐ λήξειν τὰ ἀνθρώπινα γένη, πρὶν ἂν ἢ τὸ τῶν φιλοσοφούντων ὀρθῶς γε καὶ ἀληθῶς γένος εἰς ἀρχὰς ἔλθῃ τὰς πολιτικὰς ἢ τὸ τῶν δυναστευόντων ἐν ταῖς πόλεσιν ἔκ τινος μοίρας θείας ὄντως φιλοσοφήσῃ.

'Mankind will have no respite from trouble until either real philosophers gain political power or politicians become by some miracle true philosophers.'
Seventh Letter 326a–b

This Selection

Introductory passages: What is ἀρετή? (*Protagoras* 310b–320c (*pass.*)) page 102
        Socrates refuses to compromise (*Apology* 28a–30c) page 112
Target passages: The life and death of Socrates (*Apology* 30c–35d) page 124
        The life and death of Socrates (*cont.*) (*Phaidon* 116a–end) page 134
        Might is right? (*Gorgias* 483b–522e (*pass.*)) page 140

Plato, the philosopher

Plato *(Πλάτων)* was an Athenian, who was born *c.* 429 and died in 347. He was greatly influenced by Socrates, whose views about how life should be led acted as the base on which all Plato's own political and metaphysical theories were developed. After Socrates was executed in 399, Plato left Athens and travelled widely, before finally re-settling in Athens in 387. It was then that he set up his 'school', the Academy – so called because it was situated in the grove of Akademos, just outside the walls of Athens. His aim was to train the young in political insight by a thorough education in mathematics, logic and philosophy. He was closely associated with the court of Dionysios II at Syracuse (through his friendship with Dionysios' chief adviser Dion, whom he had met on his travels), and tried, in vain, to make Dionysios a practical embodiment of what he thought a statesman should be.

Almost all Plato's writings survive in full. Their chronological order is a matter of much dispute, but there is some agreement about the three phases into which his works fall. They are given in highly speculative chronological order in phases, with their Greek titles followed by the ones most commonly used in English:

Phase one
Ἀπολογία Σωκράτους (*Apology*), Εὐθύφρων (*Euthyphro*), Κρίτων (*Crito*), Χαρμίδης (*Charmides*), Λάχης (*Laches*), Ἱππίας μείζων (*Hippias Major*), Ἱππίας ἐλάττων (*Hippias Minor*), Ἴων (*Ion*), Λύσις (*Lysis*).

Phase two
Μενέξενος (*Menexenus*), Εὐθύδημος (*Euthydemus*), Κρατύλος (*Cratylus*), Πρωταγόρας (*Protagoras*), Γοργίας (*Gorgias*), Μένων (*Meno*), Φαίδων (*Phaedo*), Συμπόσιον (*Symposium*), Πολιτεία (*Republic*), Φαῖδρος (*Phaedrus*), Παρμενίδης (*Parmenides*), Θεαίτητος (*Theaetetus*).

Phase three
Σοφιστής (*Sophist*), Πολιτικός (*Politicus*, or *Statesman*), Τίμαιος (*Timaeus*), Κριτίας (*Critias*) (incomplete), Φίληβος (*Philebus*), Νόμοι (*Laws*).

There are a number of other works ascribed to him, including thirteen letters, the authenticity of which is disputed. Apart from the *Apology* – Socrates' defence when on trial for his life – Plato's works are in dialogue form, and the central character is usually Socrates (though since Socrates wrote nothing, the question of what is Socratic, what Platonic, thought is not always easy to resolve). Plato's thought lies at the very heart of the Western philosophical and political tradition.

Introduction to the selections
One of the major contributions of Greek thinkers to human ideas was the claim that human reason (λόγος, rational discourse) was the sole and sufficient means to truth. If that was the case, they argued, it must also be the case that the world is constructed rationally (otherwise reason could not apprehend it); and it also followed that human values – of which one may say that happiness is the most

important – depended on the correct use of reason quite as much as human intellectual understanding did. Whether one agrees with these assertions or not (one cannot deny the grip they have exercised on human thinking ever since), they lie at the heart of the teaching and thinking of their first consistent exponents, Socrates and his follower Plato. Socrates (cf. *Reading Greek* Sections Five to Six) made his central concern the question – what is the best way for a man to live? He saw the answer in clearing the mind of misconceptions and from there building up a true picture, through reason, of what constituted right and wrong behaviour. So logical thought restored order in the moral sphere: when one saw what was right, one would do it – and this would lead inevitably to happiness.

Plato, deeply influenced by Socrates' teaching, and moved by his life and death, developed his own system of metaphysics and his theory of nature out of Socrates' practical discussions of how life should be led (using Socrates as a mouthpiece for his views in nearly all of his dialogues). But Plato never lost the feeling that theory should have practical consequences for how life should be organised – politically, morally and socially – and though he never engaged fully in Athenian politics, the following extract from the Seventh Letter (which, even if it is a forgery, was certainly written by a contemporary of Plato's) shows how eager he was in his youth to play a full part in the workings of the *polis:*

'I had much the same experience as many other young men. I expected, when I came of age, to go into politics. The political situation gave me an opportunity. The existing constitution, which was subject to widespread criticism, was overthrown . . . and a committee of Thirty given supreme power. As it happened some of them were friends and relations of mine and they at once invited me to join them, as if it were the natural thing for me to do. My feelings were what were to be expected in a young man: I thought they were going to reform society and rule justly, and so I watched their proceedings with deep interest. I found that they soon made the earlier regime look like a golden age. Among other things they tried to incriminate my old friend Socrates, whom I should not hesitate to call the most upright man then living, by sending him, with others, to arrest a fellow-citizen and bring him forcibly to execution; Socrates refused, and risked everything rather than make himself party to their wicked-ness. When I saw all this, and other things as bad, I was disgusted and drew back from the wickedness of the times.

'Not long afterwards the Thirty fell, and the constitution was changed. And again, though less keenly, I felt the desire to enter politics. Those were troublous times, and many things were done to which one could object; nor was it surprising that vengeance should sometimes be excessive in a revolution. None the less the returned democrats behaved, on the whole, with moderation. Unfortunately, however, some of those in power brought my friend Socrates to trial on a monstrous charge, the last that could be made against him, the charge of impiety; and he was condemned and executed . . .

'When I considered all this, the more closely I studied the politicians and the laws and customs of the day, and the older I grew, the more difficult it seemed to me to govern rightly. Nothing could be done without trustworthy friends and supporters; and these were not easy to come by in an age which had abandoned its traditional moral code but found it impossibly difficult to create a new one. At the same time law and morality were deteriorating at an alarming rate, with the result that though I had been full of eagerness for a political career, the sight of all this chaos made me giddy, and though I never stopped thinking how things might be improved and the constitution reformed, I postponed action, waiting for a favourable opportunity. Finally I came to the conclusion that all existing states were badly governed, and that their constitutions were incapable of reform without drastic treatment and a great deal of good luck. I was forced, in fact, to the belief that the only hope of finding justice for society or for the individual lay in true philosophy, and that mankind will have no respite from trouble until either real philosophers gain political power or politicians become by some miracle true philosophers.'

A constant theme of Plato's work is that the new providers of higher education, of which there was little or none before their day, known collectively as 'sophists' (and including men of great ability and distinction), were not fit to be entrusted with the education of suggestible young men. Plato regarded the skills which they claimed to teach as instruments of merely temporary success and happiness and of no value to those who sought the truth. The question of what actually does make for a good, and therefore happy, life, and how an understanding of what is good can be taught (if at all), is one of the themes of the selection of passages. The major theme is the life, teaching and death of Socrates, in whom Plato saw ἀρετή – 'human excellence, what is admirable in a man' – personified.

Introductory passages: What is ἀρετή? (*Protagoras* 310b–320c (*pass.*))

Introduction

Protagoras (*c.* 490–420) was born at Abdera on the north coast of the Aegean. He was the first, and in many ways the greatest, of the sophists. He had a long and successful career, travelling widely throughout the Greek world and made a considerable amount of money from the fees which he charged for his instruction. He claimed to teach his pupils how to attain personal and political success, and in his teaching emphasised the importance for such success of skill in clear expression and argument.

In this dialogue, in which Socrates is the speaker, the youthful Hippokrates asks to be taken to the famous teacher Protagoras, who has just arrived in town. Socrates' aim is to ensure that the young man knows what he is letting himself in for, but it is quickly apparent that Hippokrates has not considered sufficiently closely what he expects to learn from Protagoras and what effect the knowledge will have on him. When Protagoras has defined his teaching in terms of the personal and political success it will bring, Socrates seriously wonders whether such a thing can be taught at all, drawing an example from the practice of the Athenian assembly in session.

Socrates and a friend meet and the conversation turns to Protagoras (309a–310a)

FRIEND Hullo, Socrates. Where are you from? Chasing that attractive young man Alkibiades I suppose. I saw him myself the other day and he certainly still *is* attractive, but he's a man, Socrates, a man. Between ourselves, he's already got quite a beard.

SOCRATES   And so what? Aren't you an admirer of Homer who said that youth is at its most charming when the beard is just growing, which is just the stage Alkibiades is at?

FR.   But how do things stand just now? Have you been with him? And what are the young man's feelings about you?

SO.   I think he likes me very well, and today in particular he spoke often in my defence. For I have just been with him. But I'd like to tell you something that will surprise you, for though he was with me, I paid no attention to him and often forgot him altogether.

FR.   And how did anything so extraordinary happen to you both? You can't have met anyone more attractive here in Athens.

SO.   I did, much more attractive.

FR.   Really? Citizen or visitor?

SO.   Visitor.

FR.   Where from?

SO.   Abdera.

FR.   And you thought this visitor so attractive that he seemed to you more attractive than the son of Kleinias?

SO.   But isn't high intelligence more attractive than anything?

FR.   Had you then just been with someone intelligent when we met?

SO.   The most intelligent man now living, that is if you reckon that description applies to Protagoras.

FR.   What's that? Is Protagoras visiting here?

SO.   This is his third day.

FR.   And you had just been with him when you arrived here?

SO.   Yes, and I said and heard a lot.

FR.   Then why not tell us about your meeting, if you have nothing else to keep you. Make my slave get up and sit down here.

SO.   Very well. I shall be most gratified to have you as an audience.

FR.   And we shall be grateful to you for what you tell us.

SO.   So gratitude will be mutual. Now listen.

1   *Hippokrates came to me last night and told me that Protagoras had come. (310a–b)*

> τῆς γὰρ παρελθούσης νυκτὸς ταυτησί, ἔτι βαθέος ὄρθρου,
> Ἱπποκράτης, ὁ Ἀπολλοδώρου ὑὸς Φάσωνος δὲ ἀδελφός, τὴν
> θύραν τῇ βακτηρίᾳ πάνυ σφόδρα ἔκρουε, καὶ ἐπειδὴ αὐτῷ
> ἀνέῳξέ τις, εὐθὺς εἴσω ᾔει ἐπειγόμενος, καὶ τῇ φωνῇ μέγα
> λέγων, 'ὦ Σώκρατες', ἔφη, 'ἐγρήγορας ἢ καθεύδεις;'
>   καὶ ἐγὼ τὴν φωνὴν γνοὺς αὐτοῦ, 'Ἱπποκράτης', ἔφην,
> 'οὗτος· μή τι νεώτερον ἀγγέλλεις;'
>   'οὐδέν γ'', ἦ δ' ὅς, 'εἰ μὴ ἀγαθά γε.'

*ἀνοίγνυμι (ἀν(ε)οιξ-,
   ἀν(ε)οιγ-) open
βαθὺς ὄρθρος, ὁ morning
   twilight
βακτηρία, ἡ stick (1b)
*ἐγρήγορα I am awake (perf.

of ἐγείρω arouse, awake)
*εἴσω (to) inside
*ἐπείγω drive, urge on; (mid.)
   hurry
*Ἱπποκράτης, ὁ Hippokrates
   (young friend of Socrates) (3d)

κρούω knock, pound at
*μή (l. 7) 'can it be
   that . . .'
*ὑός = υἱός
Φάσων (Φασων-), ὁ Phason
   (brother of Hippokrates) (3a)

'εὖ ἂν λέγοις', ἦν δ' ἐγώ· 'ἔστι δὲ τί, καὶ τοῦ ἕνεκα τηνικάδε
ἀφίκου;'   10
'Πρωταγόρας', ἔφη, 'ἥκει', στὰς παρ' ἐμοί.
'πρῴην', ἔφην ἐγώ· 'σὺ δὲ ἄρτι πέπυσαι;'
'νὴ τοὺς θεούς', ἔφη, 'ἑσπέρας γε.'

2   *Hippokrates breathlessly tells how he heard of Protagoras' arrival and
came as quickly as possible. (310c–d)*

καὶ ἅμα ἐπιψηλαφήσας τοῦ σκίμποδος ἐκαθέζετο παρὰ τοὺς
πόδας μου, καὶ εἶπεν· 'ἑσπέρας δῆτα, μάλα γε ὀψὲ ἀφικόμενος   15
ἐξ Οἰνόης. ὁ γάρ τοι παῖς⌐ με ¬ὁ Σάτυρος ἀπέδρα· καὶ δῆτα
μέλλων σοι φράζειν ὅτι διωξοίμην αὐτόν, ὑπό τινος ἄλλου
ἐπελαθόμην. ἐπειδὴ δὲ ἦλθον καὶ δεδειπνηκότες ἦμεν καὶ
ἐμέλλομεν ἀναπαύεσθαι, τότε μοι ἀδελφὸς λέγει ὅτι ἥκει
Πρωταγόρας. καὶ ἔτι μὲν ἐνεχείρησα εὐθὺς παρὰ σὲ ἰέναι,   20
ἔπειτά μοι λίαν πόρρω ἔδοξε τῶν νυκτῶν εἶναι· ἐπειδὴ δὲ
τάχιστά με ἐκ τοῦ κόπου ὁ ὕπνος ἀνῆκεν, εὐθὺς ἀναστὰς οὕτω
δεῦρο ἐπορευόμην.'
καὶ ἐγὼ γιγνώσκων αὐτοῦ τὴν ἀνδρείαν καὶ τὴν πτοίησιν, 'τί
οὖν σοι', ἦν δ' ἐγώ, 'τοῦτο; μῶν τί σε ἀδικεῖ Πρωταγόρας;'   25
καὶ ὃς γελάσας, 'νὴ τοὺς θεούς', ἔφη, 'ὦ Σώκρατες, ὅτι γε
μόνος ἐστὶ σοφός, ἐμὲ δὲ οὐ ποιεῖ.'

3   *Though Hippokrates wants me to take him to Protagoras as soon as
possible, I suggest we wait till daylight. (310d–311a)*

'ἀλλὰ ναὶ μὰ Δία', ἔφην ἐγώ, 'ἂν αὐτῷ διδῷς ἀργύριον καὶ
πείθῃς ἐκεῖνον, ποιήσει καὶ σὲ σοφόν.'
'εἰ γάρ', ἦ δ' ὅς, 'ὦ Ζεῦ καὶ θεοί, ἐν τούτῳ εἴη· ὡς οὔτ' ἂν   30
τῶν ἐμῶν ἐπιλίποιμι οὐδὲν οὔτε τῶν φίλων· ἀλλ' αὐτὰ ταῦτα
καὶ νῦν ἥκω παρὰ σέ, ἵνα ὑπὲρ ἐμοῦ διαλεχθῇς αὐτῷ. ἐγὼ γὰρ
ἅμα μὲν καὶ νεώτερός εἰμι, ἅμα δὲ οὐδὲ ἑώρακα Πρωταγόραν
πώποτε οὐδ' ἀκήκοα οὐδέν· ἔτι γὰρ παῖς ἦ ὅτε τὸ πρότερον
ἐπεδήμησε. ἀλλὰ γάρ, ὦ Σώκρατες, πάντες τὸν ἄνδρα   35
ἐπαινοῦσιν καί φασιν σοφώτατον εἶναι λέγειν· ἀλλὰ τί οὐ
βαδίζομεν παρ' αὐτόν, ἵνα ἔνδον καταλάβωμεν; καταλύει δ', ὡς
ἐγὼ ἤκουσα, παρὰ Καλλίᾳ τῷ Ἱππονίκου· ἀλλ' ἴωμεν.'

καὶ ἐγὼ εἶπον· 'μήπω, ἀγαθέ, ἐκεῖσε ἴωμεν – πρῴ γάρ
ἐστιν – ἀλλὰ δεῦρο ἐξαναστῶμεν εἰς τὴν αὐλήν, καὶ περιιόντες   40
αὐτοῦ διατρίψωμεν ἕως ἂν φῶς γένηται· εἶτα ἴωμεν. καὶ γὰρ τὰ
πολλὰ Πρωταγόρας ἔνδον διατρίβει, ὥστε, θάρρει,
καταληψόμεθα αὐτόν, ὡς τὸ εἰκός, ἔνδον.'

---

*ἄν (l. 28) = ἐάν
ἀναπαύομαι rest
*ἀνδρεία, ἡ manliness, spirit
  (1b)
*ἀνίημι (ἀνε(ι)-) let go;
  allow; neglect
ἀποδιδράσκω (ἀποδρα-) run
  away
αὐτὰ ταῦτα 'this is just the
  reason why' (lit. 'in respect
  of these things themselves')
δειπνέω have dinner
*ἐγχειρέω undertake, try;
  attack (+ dat.)
ἐν τούτῳ ἐστί 'it is a question
  of this'
ἐπειδὴ τάχιστα as soon as
ἐπιλείπω leave untouched
ἐπιψηλαφάω grope for

(+ gen.)
*ἑσπέρα, ἡ evening (1b)
*ἑώρακα = perf. of ὁράω
*θαρρέω be of good courage,
  cheer up
Ἱππόνικος, ὁ Hipponikos
  (2a)
*καθέζομαι sit, take a seat
*καὶ ὅς and he (especially in
  conversation)
Καλλίας, ὁ Kallias (1a)
καταλύω stay, lodge
κόπος, ὁ fatigue (2a)
λίαν exceedingly, very
*μήπω not yet
Οἰνόη, ἡ Oinoe (a town on the
  island Ikaria, near Samos)
  (1a)
*ὄψε late

*πέπυσμαι = perf., of
  πυνθάνομαι
πρῴ early
πρῴην the day before
  yesterday
*Πρωταγόρας, ὁ Protagoras (a
  famous teacher and thinker)
  (1d)
πτοίησις, ἡ excitement (3e)
Σάτυρος, ὁ Satyros (a slave of
  Hippokrates) (2a)
*σκίμπους (σκιμποδ-), ὁ small
  couch (3a)
τηνικάδε at this time (i.e. so
  early)
τοῦ ἕνεκα = τίνος ἕνεκα why?
  (lit. 'for the sake of what?')
τῶν ἐμῶν . . . οὔτε τῶν
  φίλων i.e. my or their money

σκίμπους

4   *I ask Hippokrates what it is that he would want to become were he to pay money for training to a doctor or sculptor. (311a–c)*

μετὰ ταῦτα ἀναστάντες εἰς τὴν αὐλὴν περιῇμεν· καὶ ἐγώ,
ἀποπειρώμενος τοῦ Ἱπποκράτους τῆς ῥώμης, διεσκόπουν   45
αὐτὸν καὶ ἠρώτων, 'εἰπέ μοι', ἔφην ἐγώ, 'ὦ Ἱππόκρατες, παρὰ
Πρωταγόραν νῦν ἐπιχειρεῖς ἰέναι, ἀργύριον τελῶν ἐκείνῳ
μισθὸν ὑπὲρ σεαυτοῦ, ὡς παρὰ τίνα ἀφιξόμενος καὶ τίς
γενησόμενος; ὥσπερ ἂν εἰ ἐπενόεις παρὰ τὸν σαυτοῦ ὁμώνυμον
ἐλθὼν Ἱπποκράτη τὸν Κῷον, τὸν τῶν Ἀσκληπιαδῶν, ἀργύριον   50
τελεῖν ὑπὲρ σαυτοῦ μισθὸν ἐκείνῳ, εἴ τίς σε ἤρετο· "εἰπέ μοι,
μέλλεις τελεῖν, ὦ Ἱππόκρατες, Ἱπποκράτει⌐ μισθὸν ὡς
⌐τίνι͡ὄντι⌐;" τί ἂν ἀπεκρίνω;'
'εἶπον ἄν', ἔφη, 'ὅτι ὡς ⌐ἰατρῷ.'
'"ὡς τίς γενησόμενος;"'   55
'ὡς ἰατρός', ἔφη.
'εἰ δὲ παρὰ Πολύκλειτον τὸν Ἀργεῖον ἢ Φειδίαν τὸν
Ἀθηναῖον ἐπενόεις ἀφικόμενος μισθὸν ὑπὲρ σαυτοῦ τελεῖν
ἐκείνοις, εἴ τίς σε ἤρετο· "τελεῖν τοῦτο τὸ ἀργύριον ὡς τίνι⌐
ὄντι ἐν νῷ ἔχεις ⌐Πολυκλείτῳ τε καὶ Φειδίᾳ;" τί ἂν ἀπεκρίνω;'   60
'εἶπον ἂν ὡς ἀγαλματοποιοῖς.'
'"ὡς τίς δὲ γενησόμενος αὐτός;"'
'δῆλον ὅτι ἀγαλματοποιός.'

5   *I establish that Protagoras is a sophist. (311d–e)*

'εἶεν', ἦν δ' ἐγώ· 'παρὰ δὲ δὴ Πρωταγόραν νῦν ἀφικόμενοι
ἐγώ τε καὶ σὺ ἀργύριον ἐκείνῳ μισθὸν ἕτοιμοι ἐσόμεθα τελεῖν   65
ὑπὲρ σοῦ, ἂν μὲν ἐξικνῆται τὰ ἡμέτερα χρήματα καὶ τούτοις
πείθωμεν αὐτόν, εἰ δὲ μή, καὶ τὰ τῶν φίλων προσαναλίσκοντες.
εἰ οὖν τις ἡμᾶς περὶ ταῦτα οὕτω σφόδρα σπουδάζοντας ἔροιτο·
"εἰπέ μοι, ὦ Σώκρατές τε καὶ Ἱππόκρατες, ὡς τίνι ὄντι τῷ
Πρωταγόρᾳ ἐν νῷ ἔχετε χρήματα τελεῖν;" τί ἂν αὐτῷ   70
ἀποκριναίμεθα; τί ὄνομα ἄλλο γε λεγόμενον περὶ Πρωταγόρου
ἀκούομεν; ὥσπερ περὶ Φειδίου ἀγαλματοποιὸν καὶ περὶ
Ὁμήρου ποιητήν, τί τοιοῦτον περὶ Πρωταγόρου ἀκούομεν;'
'σοφιστὴν δή τοι ὀνομάζουσί γε, ὦ Σώκρατες, τὸν ἄνδρα
εἶναι', ἔφη.   75
'ὡς σοφιστῇ ἄρα ἐρχόμεθα τελοῦντες τὰ χρήματα;'
'μάλιστα.'

*ἀγαλματοποιός, ὁ sculptor (2a)
ἀποπειράομαι try, test (+gen.)
Ἀργεῖος α ον from Argos
Ἀσκληπιάδης, ὁ son of Asklepios (god of healing); a doctor (1d)
διασκοπέω examine
ἐξικνέομαι be sufficient
*ἐπινοέω have in mind; plan;

devise
Κῷος η ον from Kos (an island: this man is the Hippokrates, the doctor)
Ὅμηρος, ὁ Homer (2a)
ὁμώνυμος ον having the same name; namesake
*ὀνομάζω call, name
Πολύκλειτος, ὁ Polykleitos (a sculptor) (2a)
προσαναλίσκω lavish

ῥώμη, ἡ mettle (1a)
*τελέω pay; fulfil; perform
Φειδίας, ὁ Pheidias (a sculptor; he designed the Parthenon friezes) (1d)
ὡς . . . γενησόμενος; (ll. 48–9) 'in order to go to whom, and to become what?'

Asklepios

Finishing a bronze cast

6 *Hippokrates denies that he wants to become a sophist; he is rather looking for a general education. (311e–312b)*

‘εἰ οὖν καὶ τοῦτό τίς σε προσέροιτο· "αὐτὸς δὲ δὴ ὡς τίς
γενησόμενος ἔρχῃ παρὰ τὸν Πρωταγόραν;"’
καὶ ὃς εἶπεν ἐρυθριάσας – ἤδη γὰρ ὑπέφαινέν τι ἡμέρας,   80
ὥστε καταφανῆ αὐτὸν γενέσθαι – ‘εἰ μέν τι τοῖς ἔμπροσθεν
ἔοικεν, δῆλον ὅτι σοφιστὴς γενησόμενος.’
‘σὺ δέ’, ἦν δ’ ἐγώ, ‘πρὸς θεῶν, οὐκ ἂν αἰσχύνοιο εἰς τοὺς
Ἕλληνας σαυτὸν σοφιστὴν παρέχων;’
‘νὴ τὸν Δία, ὦ Σώκρατες, εἴπερ γε ἃ διανοοῦμαι χρὴ λέγειν.’   85
‘ἀλλ’ ἄρα, ὦ Ἱππόκρατες, μὴ οὐ τοιαύτην⌐ ὑπολαμβάνεις σου
⌐τὴν παρὰ Πρωταγόρου μάθησιν⌐ ἔσεσθαι, ἀλλ’ ⌐οἷαπερ ἡ παρὰ
τοῦ γραμματιστοῦ ἐγένετο καὶ κιθαριστοῦ καὶ παιδοτρίβου;
τούτων γὰρ σὺ ἑκάστην οὐκ ἐπὶ τέχνῃ ἔμαθες, ὡς δημιουργὸς
ἐσόμενος, ἀλλ’ ἐπὶ παιδείᾳ, ὡς τὸν ἰδιώτην καὶ τὸν ἐλεύθερον   90
πρέπει.’
‘πάνυ μὲν οὖν μοι δοκεῖ’, ἔφη, ‘τοιαύτη μᾶλλον εἶναι ἡ παρὰ
Πρωταγόρου μάθησις.’

7 *I establish that Hippokrates does not really know in what area of knowledge Protagoras will make him* sophos. *(312b–c)*

‘οἶσθα οὖν ὃ μέλλεις νῦν πράττειν, ἤ σε λανθάνει;’ ἦν δ’ ἐγώ.
‘τοῦ πέρι;’   95
‘ὅτι μέλλεις τὴν ψυχὴν τὴν σαυτοῦ παρασχεῖν θεραπεῦσαι
ἀνδρί, ὡς φής, σοφιστῇ· ὅτι δέ ποτε ὁ σοφιστής ἐστιν,
θαυμάζοιμ’ ἂν εἰ οἶσθα. καίτοι εἰ τοῦτ’ ἀγνοεῖς, οὐδὲ ὅτῳ
παραδίδως τὴν ψυχὴν οἶσθα, οὔτ’ εἰ ἀγαθῷ οὔτ’ εἰ κακῷ
πράγματι.’   100
‘οἶμαί γ’’, ἔφη, ‘εἰδέναι.’
‘λέγε δή, τί ἡγῇ εἶναι τὸν σοφιστήν;’
‘ἐγὼ μέν’, ἦ δ’ ὅς, ‘ὥσπερ τοὔνομα λέγει, τοῦτον εἶναι τὸν
τῶν σοφῶν ἐπιστήμονα.’
‘οὐκοῦν’, ἦν δ’ ἐγώ, ‘τοῦτο μὲν ἔξεστι λέγειν καὶ περὶ   105
ζωγράφων καὶ περὶ τεκτόνων, ὅτι οὗτοί εἰσιν οἱ τῶν σοφῶν
ἐπιστήμονες· ἀλλ’ εἴ τις ἔροιτο ἡμᾶς, "τῶν τί σοφῶν εἰσιν οἱ
ζωγράφοι ἐπιστήμονες;" εἴποιμεν ἄν που αὐτῷ ὅτι τῶν πρὸς
τὴν ἀπεργασίαν τὴν τῶν εἰκόνων, καὶ τἆλλα οὕτως. εἰ δέ τις

ἐκεῖνο ἔροιτο, "ὁ δὲ σοφιστὴς τῶν τί σοφῶν ἐστιν;" τί ἂν   110
ἀποκρινοίμεθα αὐτῷ; ποίας ἐργασίας ἐπιστάτης;'
'τί ἂν εἴποιμεν αὐτὸν εἶναι, ὦ Σώκρατες, ἢ ἐπιστάτην τοῦ
ποιῆσαι δεινὸν λέγειν;'
'ἴσως ἄν', ἦν δ' ἐγώ, 'ἀληθῆ λέγοιμεν, οὐ μέντοι ἱκανῶς γε·
ἐρωτήσεως γὰρ ἔτι ἡ ἀπόκρισις ἡμῖν δεῖται, περὶ ὅτου ὁ   115
σοφιστὴς δεινὸν ποιεῖ λέγειν· ὥσπερ ὁ κιθαριστὴς δεινὸν δήπου
ποιεῖ λέγειν περὶ οὗπερ καὶ ἐπιστήμονα, περὶ κιθαρίσεως· ἢ
γάρ;'
'ναί.'
'εἶεν· ὁ δὲ δὴ σοφιστὴς περὶ τίνος δεινὸν ποιεῖ λέγειν;'   120
'δῆλον ὅτι περὶ οὗπερ καὶ ἐπίστασθαι;'
'εἰκός γε. τί δή ἐστιν τοῦτο περὶ οὗ αὐτός τε ἐπιστήμων
ἐστὶν ὁ σοφιστὴς καὶ τὸν μαθητὴν ποιεῖ;'
'μὰ Δί'', ἔφη, 'οὐκέτι ἔχω σοι λέγειν.'

(I describe the danger of entrusting oneself to the care of an unknown quantity, especially if one is unaware of what may do one harm or good. We arrive at the house where Protagoras is staying and finally manage to gain entry.)

Socrates and Hippokrates catch their first sight of the sophists (314e 316a)

When we entered we found Protagoras walking about in the portico, and walking with him in line on either side were Kallias the son of Hipponikos and his

*ἀγνοέω be ignorant of, fail to understand
ἀπεργασία, ἡ execution (1b)
γραμματιστής, ὁ teacher of letters (1d)
εἴκων (εἰκον-), ὁ image (3a)
*ἔμπροσθεν before, previously (+gen.)
ἐπιστάτης, ὁ master (1d)
*ἐπιστήμων
(ἐπιστημον-) skilled in (+gen.); wise; knowing
ἐργασία, ἡ work, job (1b)
ἐρυθριάω blush
ἐρωτήσεως ... δεῖται 'needs a (sc. 'further') question'
*ἔχω (+inf.) be able to
*ζωγράφος, ὁ painter (2a)
ἤ (l. 112) 'other than'

καταφανής ἐς clear
κιθάρισις, ἡ lyre-playing (3e)
κιθαριστής, ὁ teacher of music (the lyre) (1d)
*μάθησις, ἡ instruction, learning (3e)
μή (+ind.) (l. 86) surely
(take οὐ with τοιαύτην)
οἵαπερ ἡ (l. 87) '(instruction) of that sort that'
ὅτι τῶν πρός (l. 108) 'that (sc. 'they were knowledgeable in respect') of that (sc. 'wisdom') relating to ...'
*ὅτῳ=ᾧτινι (l. 98) to whomever; cf.
ὅτου=οὗτινος
*παιδεία, ἡ education; culture; childhood (1b)

παιδοτρίβης, ὁ teacher of gymnastics (1d)
*πρέπει (impersonal) it is fitting, proper (+acc.)
*τέκτων (τεκτον-), ὁ builder (3a)
*τοῦ πέρι; = τίνος πέρι;
τοῦ, τῷ can = τίνος, τίνι
του, τῳ = τινος, τινι
τοῦ ποιῆσαι (ll. 112–13) 'of making' (sc. 'a man')
τῶν τί σοφῶν (l. 107) 'in respect of what wisdom?'
*ὑπολαμβάνω
(ὑπολαβ-) assume, suppose; reply
ὑποφαίνω gradually appear*

half-brother Paralos the son of Pericles with Kharmides the son of Glaukon on the one hand, and on the other Pericles' other son Xanthippos, Philippides the son of Philomelos, and Antimoiros of Mende, the most distinguished of Protagoras' pupils, who is studying professionally to be a sophist. The majority of those who were following them and listening to what they said appeared to be foreigners, whom Protagoras brings with him from the various cities through which he passes, charming them with the sound of his voice like Orpheus so that they follow bewitched; but there were some of our fellow-citizens in the company. I was much amused to see what a well-drilled chorus they were, careful never to get in Protagoras' way; when the great man and those who were with him turned, the audience broke right and left in good order and wheeling round formed up behind him again in the neatest formation. 'Next saw I', to quote Homer, Hippias of Elis, sitting in the opposite portico on a chair. And on seats round him sat Eryximakhos son of Akoumenos and Phaidros of Myrrhinos and Andron son of Androtion and a number of foreigners from Elis and other places. They appeared to be cross-questioning Hippias about natural philosophy and various astronomical matters, while he sat on his chair answering them in turn and explaining their problems.

'And Tantalos too did I see'; for Prodikos of Keos was also visiting Athens. He was in a room which Hipponikos had previously used as a store, but which Kallias had cleared out and converted into a guest room because of the number of people staying with him. Prodikos was still in bed, wrapped up in what appeared to be a mass of sheepskins and blankets. And sitting on the beds near him were Pausanias of Kerameis and a young boy who was certainly very good-looking, and I believe of a character to match his looks. I thought I heard them say his name was Agathon, and I wouldn't be surprised if he was Pausanias' boy-friend. Besides this boy there were the two Adeimantoses, sons of Kepis and Leukolophides, and various others. I couldn't from outside hear what they were talking about, eager as I was to hear what Prodikos was saying; for he seems to me to be supremely clever, with a touch of divine inspiration. But he has a deep voice which caused a sort of booming in the room which made what he said indistinct. We had not been there long when Alkibiades came in after us – attractive you call him and I agree; and with him was Kritias son of Kallaischros.

(I introduce Hippokrates to Protagoras, who does not deny being a sophist whose aim is to educate people. Everyone takes a seat ready for a discussion.)

8   *Protagoras describes the effect his teaching will have. (317e–318a)*

ἐπεὶ δὲ πάντες συνεκαθεζόμεθα, ὁ Πρωταγόρας, 'νῦν δὴ ἄν',   125
ἔφη, 'λέγοις, ὦ Σώκρατες, ἐπειδὴ καὶ οἵδε πάρεισιν, περὶ ὧν
ὀλίγον πρότερον μνείαν ἐποιοῦ πρὸς ἐμὲ ὑπὲρ τοῦ νεανίσκου.'

καὶ ἐγὼ εἶπον ὅτι 'ἡ αὐτή μοι ἀρχή ἐστιν, ὦ Πρωταγόρα,
ἥπερ ἄρτι, περὶ ὧν ἀφικόμην. Ἱπποκράτης γὰρ ὅδε τυγχάνει ἐν
ἐπιθυμίᾳ ὢν τῆς σῆς συνουσίας· ὅτι οὖν αὐτῷ ἀποβήσεται, ἐάν   130
σοι συνῇ, ἡδέως ἄν φησι πυθέσθαι. τοσοῦτος ὅ γε ἡμέτερος
λόγος.'

ὑπολαβὼν οὖν ὁ Πρωταγόρας εἶπεν· 'ὦ νεανίσκε, ἔσται
τοίνυν σοι⌐, ἐὰν ἐμοὶ συνῇς, ᾗ ἂν ἡμέρᾳ ἐμοὶ συγγένῃ, ἀπιέναι
οἴκαδε ⌐βελτίονι γεγονότι, καὶ ἐν τῇ ὑστεραίᾳ ταὐτὰ ταῦτα· καὶ   135
ἑκάστης ἡμέρας ἀεὶ ἐπὶ τὸ βέλτιον ἐπιδιδόναι.'

9 *I argue that Protagoras should clarify in what respect Hippokrates will
become 'better' every day. (318b–d)*

καὶ ἐγὼ ἀκούσας εἶπον· 'ὦ Πρωταγόρα, τοῦτο μὲν οὐδὲν
θαυμαστὸν λέγεις, ἀλλὰ εἰκός, ἐπεὶ κἂν σύ, καίπερ τηλικοῦτος
ὢν καὶ οὕτως σοφός, εἴ τίς σε διδάξειεν ὃ μὴ τυγχάνοις
ἐπιστάμενος, βελτίων ἂν γένοιο. ἀλλὰ μὴ οὕτως, ἀλλ' ὥσπερ ἂν   140
εἰ αὐτίκα μάλα μεταβαλὼν τὴν ἐπιθυμίαν Ἱπποκράτης ὅδε
ἐπιθυμήσειεν τῆς συνουσίας τούτου τοῦ νεανίσκου τοῦ νῦν
νεωστὶ ἐπιδημοῦντος, Ζευξίππου τοῦ Ἡρακλεώτου, καὶ
ἀφικόμενος παρ' αὐτόν, ὥσπερ παρὰ σὲ νῦν, ἀκούσειεν αὐτοῦ
ταὐτὰ ταῦτα ἅπερ σοῦ, ὅτι ἑκάστης ἡμέρας συνὼν αὐτῷ   145
βελτίων ἔσται καὶ ἐπιδώσει, εἰ αὐτὸν ἐπανέροιτο· "τί δὴ φῂς
βελτίω ἔσεσθαι καὶ εἰς τί ἐπιδώσειν;" εἴποι ἂν αὐτῷ ὁ
Ζεύξιππος ὅτι πρὸς γραφικήν· κἂν εἰ Ὀρθαγόρᾳ τῷ Θηβαίῳ
συγγενόμενος, ἀκούσας ἐκείνου ταὐτὰ ταῦτα ἅπερ σοῦ,

ἀλλὰ μὴ οὕτως ... εἰ 'but (do
  not reply) like this, but
  (rather) as if'
*ἀποβαίνει it happens, turns
  out; the effect is
γραφική, ἡ (sc. τέχνη)
  painting (1a)
*ἐπιδίδωμι (ἐπιδο-) progress;
  bestow, offer
*ἐπιθυμία, ἡ desire, passion
  (1b)
Ζεύξιππος, ὁ Zeuxippos (a

famous painter) (2a)
ᾗ ἂν ἡμέρᾳ 'on each and every
  day'
ἥπερ ἄρτι 'as (sc. 'it was') just
  now'
Ἡρακλεώτης from Heraklea
  (in S. Italy) (1d)
θαυμαστός ή όν wonderful
Θηβαῖος α ον from Thebes
μεταβάλλω change
μνείαν ποιέομαι mention
νεωστί recently

Ὀρθαγόρας, ὁ Orthagoras (a
  famous flautist) (1d)
περὶ ὧν (l. 129) 'about the
  reason why'
*συνουσία, ἡ association,
  company, intercourse (1b)
*ταὐτὰ ταῦτα 'the very same
  (things)'
τηλικοῦτος αὕτη οὗτο(ν) of
  such an age
*τί; (l. 146) 'in what respect?'

ἐπανέροιτο αὐτὸν εἰς ὅτι βελτίων καθ᾽ ἡμέραν ἔσται   150
συγγιγνόμενος ἐκείνῳ, εἴποι ἂν ὅτι εἰς αὔλησιν· οὕτω δὴ καὶ σὺ
εἰπὲ τῷ νεανίσκῳ καὶ ἐμοὶ ὑπὲρ τούτου ἐρωτῶντι, ʽΙπποκράτης
ὅδε Πρωταγόρᾳ συγγενόμενος, ᾗ ἂν αὐτῷ ἡμέρᾳ συγγένηται,
βελτίων ἄπεισι γενόμενος καὶ τῶν ἄλλων ἡμερῶν ἑκάστης
οὕτως ἐπιδώσει εἰς τί, ὦ Πρωταγόρα, καὶ περὶ τοῦ;᾽   155

10 *Protagoras defines what he teaches in terms of citizenship, but I am not*
sure this is teachable. (318d–319b)

   καὶ ὁ Πρωταγόρας ἐμοῦ ταῦτα ἀκούσας, ʽσύ τε καλῶς
ἐρωτᾷς᾽, ἔφη, ʽὦ Σώκρατες, καὶ ἐγὼ τοῖς καλῶς ἐρωτῶσι
χαίρω ἀποκρινόμενος. ʽΙπποκράτης γὰρ παρ᾽ ἐμὲ ἀφικόμενος
οὐ πείσεται ἅπερ ἂν ἔπαθεν ἄλλῳ τῳ συγγενόμενος τῶν
σοφιστῶν. οἱ μὲν γὰρ ἄλλοι λωβῶνται τοὺς νέους· τὰς γὰρ   160
τέχνας αὐτοὺς πεφευγότας ἄκοντας πάλιν αὖ ἄγοντες
ἐμβάλλουσιν εἰς τέχνας, λογισμούς τε καὶ ἀστρονομίαν καὶ
γεωμετρίαν καὶ μουσικὴν διδάσκοντες᾽ – καὶ ἅμα εἰς τὸν
ʽΙππίαν ἀπέβλεψεν – ʽπαρὰ δ᾽ ἐμὲ ἀφικόμενος μαθήσεται οὐ
περὶ ἄλλου του ἢ περὶ οὗ ἥκει. τὸ δὲ μάθημά ἐστιν εὐβουλία   165
περὶ τῶν οἰκείων, ὅπως ἂν ἄριστα τὴν αὑτοῦ οἰκίαν διοικοῖ, καὶ
περὶ τῶν τῆς πόλεως, ὅπως τὰ τῆς πόλεως δυνατώτατος ἂν εἴη
καὶ πράττειν καὶ λέγειν.᾽
   ʽἆρα᾽, ἔφην ἐγώ, ʽἕπομαί σου τῷ λόγῳ; δοκεῖς γάρ μοι λέγειν
τὴν πολιτικὴν τέχνην καὶ ὑπισχνεῖσθαι ποιεῖν ἄνδρας ἀγαθοὺς   170
πολίτας.᾽
   ʽαὐτὸ μὲν οὖν τοῦτό ἐστιν᾽, ἔφη, ʽὦ Σώκρατες, τὸ ἐπάγγελμα
ὃ ἐπαγγέλλομαι.᾽
   ʽἦ καλόν᾽, ἦν δ᾽ ἐγώ, ʽτέχνημα ἄρα κέκτησαι, εἴπερ
κέκτησαι· οὐ γάρ τι ἄλλο πρός γε σὲ εἰρήσεται ἢ ἅπερ νοῶ.   175
ἐγὼ γὰρ τοῦτο, ὦ Πρωταγόρα, οὐκ ᾤμην διδακτὸν εἶναι, σοὶ
δὲ λέγοντι οὐκ ἔχω ὅπως ἀπιστῶ. ὅθεν δὲ αὐτὸ ἡγοῦμαι οὐ
διδακτὸν εἶναι μηδ᾽ ὑπ᾽ ἀνθρώπων παρασκευαστὸν ἀνθρώποις,
δίκαιός εἰμι εἰπεῖν.᾽

11 I draw a parallel with meetings of the Assembly, where experts are
called on various topics, but no one seems to be an expert in govern-
ment. (319b–d)

'ἐγὼ γὰρ 'Αθηναίους, ὥσπερ καὶ οἱ ἄλλοι Ἕλληνες, φημὶ   180
σοφοὺς εἶναι. ὁρῶ οὖν, ὅταν συλλεγῶμεν εἰς τὴν ἐκκλησίαν,
ἐπειδὰν μὲν περὶ οἰκοδομίας τι δέῃ πρᾶξαι τὴν πόλιν, τοὺς
οἰκοδόμους μεταπεμπομένους συμβούλους περὶ τῶν
οἰκοδομημάτων, ὅταν δὲ περὶ ναυπηγίας, τοὺς ναυπηγούς, καὶ
τἆλλα πάντα οὕτως, ὅσα ἡγοῦνται μαθητά τε καὶ διδακτὰ   185
εἶναι· ἐὰν δέ τις ἄλλος ἐπιχειρῇ αὐτοῖς συμβουλεύειν ὃν ἐκεῖνοι
μὴ οἴονται δημιουργὸν εἶναι, κἂν πάνυ καλὸς ᾖ καὶ πλούσιος
καὶ τῶν γενναίων, οὐδέν τι μᾶλλον ἀποδέχονται, ἀλλὰ
καταγελῶσι καὶ θορυβοῦσιν, ἕως ἂν ἢ αὐτὸς ἀποστῇ ὁ
ἐπιχειρῶν λέγειν καταθορυβηθείς, ἢ οἱ τοξόται αὐτὸν   190
ἀφελκύσωσιν ἢ ἐξάρωνται, κελευόντων τῶν πρυτάνεων. περὶ
μὲν οὖν ὧν οἴονται ἐν τέχνῃ εἶναι, οὕτω διαπράττονται· ἐπειδὰν
δέ τι περὶ τῶν τῆς πόλεως διοικήσεως δέῃ βουλεύσασθαι,

ἄλλῳ τῳ (l. 159) 'with any
   other'
*τῳ = τινι
*τοῦ = τινος
ἀποδέχομαι accept, approve
ἀστρονομία, ἡ astronomy
   (1b)
αὔλησις, ἡ flute-playing (3e)
ἀφελκ(ύ)ω drag away
ἀφίσταμαι (ἀποστα-) stand
   down
γεωμετρία, ἡ geometry (1b)
*διδακτός ή όν teachable,
   taught
*διοίκησις, ἡ government,
   administration,
   management (3e)
εἰρήσεται 'will be said'
ἐμβάλλω plunge
ἐξαίρομαι (ἐξαρ-) carry off

ἐπαγγέλλομαι profess
ἐπάγγελμα, τό profession
   (3b)
εὐβουλία, ἡ good
   management (1b)
'Ἱππίας, ὁ Hippias (a famous
   polymath) (1d)
καταγελάω laugh down,
   mock
*κέκτημαι I have acquired; I
   possess (perf. of κτάομαι)
λογισμός, ὁ arithmetic (2a)
*λωβάομαι harm, hurt
*μάθημα, τό subject (3b)
μεταπέμπομαι send for
μουσική, ἡ (sc. τέχνη) music
   (1a)
ναυπηγία, ἡ ship-building
   (1b)
ναυπηγός, ὁ naval designer

(2a)
*οἰκεῖος α ον personal, of the
   household, related
*οἰκοδόμημα, τό building,
   structure (3b)
οἰκοδομία, ἡ building (1b)
οἰκοδόμος, ὁ builder (2a)
*οὐκ ἔχω ὅπως I do not know
   how
παρασκευαστός ή όν that can
   be handed down
περὶ ἄλλου του ἤ 'about
   anything other than'
*συμβουλεύω advise (+dat.)
σύμβουλος, ὁ adviser,
   consultant (2a)
*τέχνημα, τό skill; device;
   contrivance (3b)
τοξότης, ὁ archer (who
   controlled the ekklesia) (1d)

συμβουλεύει αὐτοῖς ἀνιστάμενος περὶ τούτων ὁμοίως μὲν
τέκτων, ὁμοίως δὲ χαλκεὺς σκυτοτόμος, ἔμπορος ναύκληρος,
πλούσιος πένης, γενναῖος ἀγεννής, καὶ τούτοις οὐδεὶς τοῦτο
ἐπιπλήττει ὥσπερ τοῖς πρότερον, ὅτι οὐδαμόθεν μαθών, οὐδὲ
ὄντος διδασκάλου οὐδενὸς αὐτῷ, ἔπειτα συμβουλεύειν
ἐπιχειρεῖ· δῆλον γὰρ ὅτι οὐχ ἡγοῦνται διδακτὸν εἶναι.'

195

12 *Furthermore, good fathers do not necessarily produce good children.*
    Consequently, I doubt if goodness like this can be taught. (319d–320c)

'μὴ τοίνυν ὅτι τὸ κοινὸν τῆς πόλεως οὕτως ἔχει, ἀλλὰ ἰδίᾳ
ἡμῖν οἱ σοφώτατοι καὶ ἄριστοι τῶν πολιτῶν ταύτην τὴν ἀρετὴν
ἣν ἔχουσιν οὐχ οἷοί τε ἄλλοις παραδιδόναι· ἐπεὶ Περικλῆς, ὁ
τουτωνὶ τῶν νεανίσκων πατήρ, τούτους ἃ μὲν διδασκάλων
εἴχετο καλῶς καὶ εὖ ἐπαίδευσεν, ἃ δὲ αὐτὸς σοφός ἐστιν οὔτε
αὐτὸς παιδεύει οὔτε τῳ ἄλλῳ παραδίδωσιν, ἀλλ' αὐτοὶ
περιιόντες νέμονται ὥσπερ ἄφετοι, ἐάν που αὐτόματοι
περιτύχωσιν τῇ ἀρετῇ. εἰ δὲ βούλει, Κλεινίαν, τὸν Ἀλκιβιάδου
τουτουΐ νεώτερον ἀδελφόν, ἐπιτροπεύων ὁ αὐτὸς οὗτος ἀνὴρ
Περικλῆς, δεδιὼς περὶ αὐτοῦ μὴ διαφθαρῇ δὴ ὑπὸ Ἀλκιβιάδου,
ἀποσπάσας ἀπὸ τούτου, καταθέμενος ἐν Ἀρίφρονος ἐπαίδευε·
καὶ πρὶν ἓξ μῆνας γεγονέναι, ἀπέδωκε τούτῳ οὐκ ἔχων ὅτι
χρήσαιτο αὐτῷ. καὶ ἄλλους σοι παμπόλλους ἔχω λέγειν, οἳ
αὐτοὶ ἀγαθοὶ ὄντες οὐδένα πώποτε βελτίω ἐποίησαν οὔτε τῶν

200

205

210

ἀγεννής ές low-born
Ἀλκιβιάδης, ὁ Alkibiades
    (1d)
ἀποσπάω drag off
αὐτόματος η ον spontaneous
ἄφετος, ὁ sacred cow (2a)
*δείδω (δεισ-, δεδοικ-,
    δεδι-) fear (part. δεδιώς)
ἔμπορος, ὁ merchant (2a)
ἐν Ἀρίφρονος 'in Ariphron's
    school'
ἐπιτροπεύω act as guardian
ἔχομαι lie in the province of
    (+gen.)

*ἴδιος (α) ον private, personal
    ἰδίᾳ in private
κατατίθεμαι (καταθε-)
    deposit for safety
Κλεινίας, ὁ Kleinias (1d)
*κοινός ή όν common,
    communal, public
μείς (μην-), ὁ month (3a)
μὴ τοίνυν ὅτι 'and (sc. 'it is')
    not only the case that'
ναύκληρος, ὁ ship-owner (2a)
νέμομαι graze, browse
*ὁμοίως equally, likewise
οὐδαμόθεν from no source

*πάμπολυς (παμπολλ-) very
    many
*περιτυγχάνω (περιτυχ-) meet
    by chance, come across
    (+dat.)
*πώποτε ever yet
σκυτοτόμος, ὁ cobbler (2a)
τούτοις οὐδείς ... ὅτι 'no one
    objects (ἐπιπλήττει) to
    these as (sc. 'they did') to
    the previous speakers in
    this respect (τοῦτο), that
    (ὅτι) ...'
χαλκεύς, ὁ blacksmith (3g)

τέκτων

χαλκεύς

σκυτοτόμος

οἰκείων οὔτε τῶν ἀλλοτρίων. ἐγὼ οὖν, ὦ Πρωταγόρα, εἰς
ταῦτα ἀποβλέπων οὐχ ἡγοῦμαι διδακτὸν εἶναι ἀρετήν· ἐπειδὴ   215
δέ σου ἀκούω ταῦτα λέγοντος, κάμπτομαι καὶ οἶμαί τί σε
λέγειν διὰ τὸ ἡγεῖσθαί σε ⸢πολλῶν μὲν ἔμπειρον γεγονέναι,
πολλὰ δὲ μεμαθηκέναι, τὰ δὲ ⸣αὐτὸν ἐξηυρηκέναι. εἰ οὖν ἔχεις
ἐναργέστερον ἡμῖν ἐπιδεῖξαι ὡς διδακτόν ἐστιν ἡ ἀρετή, μὴ
φθονήσῃς ἀλλ᾽ ἐπίδειξον.᾽   220

Protagoras' reply takes the shape of a long μῦθος, part of which appears in
Reading Greek Section Seventeen, in which Protagoras shows how Zeus im-
planted αἰδώς and δίκη into all men so that they could live in communities
together. But it remained true that people had ἀρετή in different quantities, so
that all remained open to teaching and improvement; and if good fathers
produced poor sons, that could be simply because the sons' natural aptitude for
ἀρετή was lacking. Indeed, the whole process of family training and education
was one permanent exercise in educating the young in ἀρετή.

ἐναργής ές clear, palpable
κάμπτομαι submit

φθονέω begrudge, envy
(+gen.), resent

Education

Introductory passages: Socrates refuses to compromise (*Apology* 28a–30c)

Introduction

Socrates is on trial for his life on the twin charges of corrupting the young and introducing new gods. His prosecutors are Meletos and Anytos. He is speaking before a jury of 501 dikasts. He has, to his own satisfaction, refuted the two charges brought against him, but remains aware that the prejudice and hatred he has stirred up may be decisive in telling against him (cf. *Reading Greek*, Section Six A–C). Socrates now moves on to a general consideration of the value of the life he has led to the Athenian people, and refuses categorically to compromise his own position, even if it means his death.

13 *I consider my defence sufficient: what will condemn me (as it has others) is prejudice. (28a–b)*

ἀλλὰ γάρ, ὦ ἄνδρες Ἀθηναῖοι, ὡς μὲν ἐγὼ οὐκ ἀδικῶ κατὰ
τὴν Μελήτου γραφήν, οὐ πολλῆς μοι δοκεῖ εἶναι ἀπολογίας,
ἀλλὰ ἱκανὰ καὶ ταῦτα· ὃ δὲ καὶ ἐν τοῖς ἔμπροσθεν ἔλεγον, ὅτι
πολλή μοι ἀπέχθεια γέγονεν καὶ πρὸς πολλούς, εὖ ἴστε ὅτι
ἀληθές ἐστιν. καὶ τοῦτ᾽ ἔστιν ὃ ἐμὲ αἱρεῖ, ἐάνπερ αἱρῇ, οὐ   225
Μέλητος οὐδὲ Ἄνυτος ἀλλ᾽ ἡ τῶν πολλῶν διαβολή τε καὶ
φθόνος. ἃ δὴ πολλοὺς καὶ ἄλλους καὶ ἀγαθοὺς ἄνδρας ᾕρηκεν,
οἶμαι δὲ καὶ αἱρήσει· οὐδὲν δὲ δεινὸν μὴ ἐν ἐμοὶ στῇ.

14 *I am not ashamed of leading a life which may bring me to my death: what counts, as the Homeric heroes knew, is whether one does right or wrong. (28b–d)*

ἴσως ἂν οὖν εἴποι τις· 'εἶτ᾽ οὐκ αἰσχύνῃ, ὦ Σώκρατες,
τοιοῦτον ἐπιτήδευμα ἐπιτηδεύσας ἐξ οὗ κινδυνεύεις νυνὶ   230
ἀποθανεῖν;' ἐγὼ δὲ τούτῳ ἂν δίκαιον λόγον ἀντείποιμι, ὅτι 'οὐ
καλῶς λέγεις, ὦ ἄνθρωπε, εἰ οἴει δεῖν κίνδυνον ὑπολογίζεσθαι
τοῦ ζῆν ἢ τεθνάναι ἄνδρα ὅτου τι καὶ σμικρὸν ὄφελός ἐστιν,
ἀλλ᾽ οὐκ ἐκεῖνο μόνον σκοπεῖν ὅταν πράττῃ, πότερον δίκαια ἢ
ἄδικα πράττει, καὶ ἀνδρὸς ἀγαθοῦ ἔργα ἢ κακοῦ. φαῦλοι γὰρ ἂν   235

τῷ γε σῷ λόγῳ εἶεν τῶν ἡμιθέων ὅσοι ἐν Τροίᾳ τετελευτήκασιν
οἵ τε ἄλλοι καὶ ὁ τῆς Θέτιδος υός, ὃς τοσοῦτον τοῦ κινδύνου
κατεφρόνησεν παρὰ τὸ αἰσχρόν τι ὑπομεῖναι ὥστε, ἐπειδὴ εἶπεν
ἡ μήτηρ αὐτῷ προθυμουμένῳ Ἕκτορα ἀποκτεῖναι, θεὸς οὖσα,
οὑτωσί πως, ὡς ἐγὼ οἶμαι· "ὦ παῖ, εἰ τιμωρήσεις Πατρόκλῳ   240
τῷ ἑταίρῳ τὸν φόνον καὶ Ἕκτορα ἀποκτενεῖς, αὐτὸς

*Ἄνυτος, ὁ Anytos (one of
  Socrates' prosecutors) (2a)
ἀπέχθεια, ἡ hatred (1b)
Ἕκτωρ (Ἕκτορ-), ὁ Hektor
  (great Trojan hero who killed
  Akhilleus' best friend
  Patroklos) (3a)
*ἐπιτήδευμα, τό life-style,
  pursuit, custom, business
  (3b)
*ζάω (ζα-, ζη-) live
ἡμίθεος, ὁ demi-god (2a)
Θέτις (Θετιδ-), ἡ Thetis
  (mother of Akhilleus) (3a)
*καταφρονέω despise, look

down on (+gen.)
*Μέλητος, ὁ Meletos (one of
  Socrates' prosecutors) (2a)
ὅτου . . . ἐστιν (l. 233) 'for
  whom there is'
οὐδὲν . . . δεινὸν μή (l. 228)
  'there is no fear that'
*ὄφελος, τό help, advantage,
  good (3c)
παρὰ τό + inf. in, comparison
  with
Πάτροκλος, ὁ Patroklos
  (Akhilleus' best friend) (2a)
πότμος, ὁ fate, death (2a)
*σμικρός = μικρός

στῆ 'it will come to a halt'
*τεθν- (perf. stem of
  θνήσκω) die, be dead
*τιμωρέω avenge x (dat.) for y
  (acc.)
Τροία, ἡ Troy (1b)
*ὑπολογίζομαι take into
  account, reckon
ὑπομένω submit to, endure
*φαῦλος (η) ον poor, mean,
  low
*φθόνος, ὁ resentment, envy,
  jealousy (2a)

Akhilleus and Thetis

ἀποθανῇ – αὐτίκα γάρ τοι", φησί, "μεθ᾽ Ἕκτορα πότμος
ἑτοῖμος " – ὁ δὲ τοῦτο ἀκούσας τοῦ μὲν θανάτου καὶ τοῦ
κινδύνου ὠλιγώρησε, πολὺ δὲ μᾶλλον δείσας τὸ ζῆν κακὸς ὢν
καὶ τοῖς φίλοις μὴ τιμωρεῖν, "αὐτίκα", φησί, "τεθναίην, δίκην   245
ἐπιθεὶς τῷ ἀδικοῦντι, ἵνα μὴ ἐνθάδε μένω καταγέλαστος παρὰ
νηυσὶ κορωνίσιν ἄχθος ἀρούρης." μὴ αὐτὸν οἴει φροντίσαι
θανάτου καὶ κινδύνου;᾽

15   *I cannot desert the post which the god has given me, any more than I*
could have deserted my post during my military service. Besides, how
can one know that death is a bad thing? (28d–29b)

οὕτω γὰρ ἔχει, ὦ ἄνδρες Ἀθηναῖοι, τῇ ἀληθείᾳ· οὗ ἄν τις
ἑαυτὸν τάξῃ ἡγησάμενος βέλτιστον εἶναι ἢ ὑπ᾽ ἄρχοντος ταχθῇ,   250
ἐνταῦθα δεῖ, ὡς ἐμοὶ δοκεῖ, μένοντα κινδυνεύειν, μηδὲν
ὑπολογιζόμενον μήτε θάνατον μήτε ἄλλο μηδὲν πρὸ τοῦ
αἰσχροῦ. ἐγὼ οὖν δεινὰ ἂν εἴην εἰργασμένος, ὦ ἄνδρες
Ἀθηναῖοι, εἰ ὅτε μέν με οἱ ἄρχοντες ἔταττον, οὓς ὑμεῖς εἵλεσθε
ἄρχειν μου, καὶ ἐν Ποτειδαίᾳ καὶ ἐν Ἀμφιπόλει καὶ ἐπὶ Δηλίῳ,   255
τότε μὲν οὗ ἐκεῖνοι ἔταττον ἔμενον ὥσπερ καὶ ἄλλος τις καὶ
ἐκινδύνευον ἀποθανεῖν, τοῦ δὲ θεοῦ τάττοντος, ὡς ἐγὼ ᾠήθην
τε καὶ ὑπέλαβον, φιλοσοφοῦντά με δεῖν ζῆν καὶ ἐξετάζοντα
ἐμαυτὸν καὶ τοὺς ἄλλους, ἐνταῦθα δὲ φοβηθεὶς ἢ θάνατον ἢ ἄλλ᾽
ὁτιοῦν πρᾶγμα λίποιμι τὴν τάξιν. δεινόν τἂν εἴη, καὶ ὡς   260
ἀληθῶς τότ᾽ ἄν με δικαίως εἰσάγοι τις εἰς δικαστήριον, ὅτι οὐ
νομίζω θεοὺς εἶναι ἀπειθῶν τῇ μαντείᾳ καὶ δεδιὼς θάνατον καὶ
οἰόμενος σοφὸς εἶναι οὐκ ὤν. τὸ γάρ τοι θάνατον δεδιέναι, ὦ
ἄνδρες, οὐδὲν ἄλλο ἐστὶν ἢ δοκεῖν σοφὸν εἶναι μὴ ὄντα· δοκεῖν
γὰρ εἰδέναι ἐστὶν ἃ οὐκ οἶδεν. οἶδε μὲν γὰρ οὐδεὶς τὸν θάνατον   265
οὐδ᾽ εἰ τυγχάνει τῷ ἀνθρώπῳ πάντων μέγιστον ὂν τῶν ἀγαθῶν,
δεδίασι δ᾽ ὡς εὖ εἰδότες ὅτι μέγιστον τῶν κακῶν ἐστι. καίτοι
πῶς οὐκ ἀμαθία ἐστὶν αὕτη ἡ ἐπονείδιστος, ἡ τοῦ οἴεσθαι
εἰδέναι ἃ οὐκ οἶδεν; ἐγὼ δ᾽, ὦ ἄνδρες, τούτῳ καὶ ἐνταῦθα ἴσως
διαφέρω τῶν πολλῶν ἀνθρώπων, καὶ εἰ δή τῳ σοφώτερός του   270
φαίην εἶναι, τούτῳ ἄν, ὅτι οὐκ εἰδὼς ἱκανῶς περὶ τῶν ἐν
Ἅιδου οὕτω καὶ οἴομαι οὐκ εἰδέναι· τὸ δὲ ἀδικεῖν καὶ ἀπειθεῖν
τῷ βελτίονι καὶ θεῷ καὶ ἀνθρώπῳ, ὅτι κακὸν καὶ αἰσχρόν ἐστιν
οἶδα. πρὸ οὖν τῶν κακῶν ὧν οἶδα ὅτι κακά ἐστιν, ἃ μὴ οἶδα εἰ
καὶ ἀγαθὰ ὄντα τυγχάνει οὐδέποτε φοβήσομαι οὐδὲ φεύξομαι·   275

16 *If you acquit me on condition that I give up philosophy, I shall be forced to disobey you. (29c–d)*

ὥστε οὐδ' εἴ με νῦν ὑμεῖς ἀφίετε Ἀνύτῳ ἀπιστήσαντες, ὃς
ἔφη ἢ τὴν ἀρχὴν οὐ δεῖν ἐμὲ δεῦρο εἰσελθεῖν ἤ, ἐπειδὴ εἰσῆλθον,
οὐχ οἷόν τ' εἶναι τὸ μὴ ἀποκτεῖναί με, λέγων πρὸς ὑμᾶς ὡς εἰ
διαφευξοίμην ἤδη ὑμῶν οἱ υἱεῖς ἐπιτηδεύοντες ἃ Σωκράτης
διδάσκει πάντες παντάπασι διαφθαρήσονται, – εἴ μοι πρὸς   280
ταῦτα εἴποιτε· 'ὦ Σώκρατες, νῦν μὲν Ἀνύτῳ οὐ πεισόμεθα
ἀλλ' ἀφίεμέν σε, ἐπὶ τούτῳ μέντοι, ἐφ' ᾧτε μηκέτι ἐν ταύτῃ τῇ
ζητήσει διατρίβειν μηδὲ φιλοσοφεῖν· ἐὰν δὲ ἁλῷς ἔτι τοῦτο

*Ἅιδης, ὁ Hades (1d)
  ἐν Ἅιδου in the house of
  Hades
*ἀμαθία, ἡ ignorance,
  stupidity (1b)
Ἀμφίπολις, ἡ Amphipolis
  (on the coast of N. Greece,
  scene of a battle, 437) (3e)
*ἀπειθέω disobey (+dat.)
*ἀπιστέω distrust, disbelieve
  (+dat.)
ἄρουρα, ἡ earth (1b)
ἄχθος, τό burden (3c)
δεῦρο i.e. into court
Δήλιον, τό sanctuary of Apollo

at Delion (on the coast due N.
  of Athens, scene of a battle,
  424) (2b)
*ἐπὶ τούτῳ on this condition
  ἐπί +dat. on condition of
ἐπιτίθημι (ἐπιθε-)
  δίκην punish (+dat.)
ἐπονείδιστος ον disgraceful
*ἐφ' ᾧτε on condition that
  (+inf.)
*ζήτησις, ἡ investigation,
  search, inquiry (3e)
κορωνίς beaked, curved
μαντεία, ἡ oracle (1b)
ὀλιγωρέω despise (+gen.)

*ὁστισοῦν, ὁτιοῦν who,
  whatever at all
*οὗ ἄν (l. 249) wherever
*παντάπασι in every respect
Ποτειδαία, ἡ Poteidaia (on the
  coast of N. Greece, scene of a
  battle, 432) (1b)
τάττω (ταξ-) position, post,
  appoint, assign
τὴν ἀρχήν 'at all'
τούτῳ (l. 269) 'in this respect'
τούτῳ ἄν (l. 271) (sc. 'it would
  be') 'in this respect'
*ὑεῖς = υἱοί
*φιλοσοφέω be a philosopher

Hoplite rank

πράττων, ἀποθανῇ' – εἰ οὖν με, ὅπερ εἶπον, ἐπὶ τούτοις
ἀφίοιτε, εἴποιμ' ἂν ὑμῖν ὅτι 'ἐγὼ ὑμᾶς, ὦ ἄνδρες 'Αθηναῖοι,   285
ἀσπάζομαι μὲν καὶ φιλῶ, πείσομαι δὲ μᾶλλον τῷ θεῷ ἢ ὑμῖν,
καὶ ἕωσπερ ἂν ἐμπνέω καὶ οἷός τε ὦ, οὐ μὴ παύσωμαι
φιλοσοφῶν καὶ ὑμῖν παρακελευόμενός τε καὶ ἐνδεικνύμενος ὅτῳ
ἂν ἀεὶ ἐντυγχάνω ὑμῶν, λέγων οἷάπερ εἴωθα, ὅτι . . .

17 I will say that citizens of Athens should be ashamed of seeking wealth
before goodness: I shall persist in making this point to everyone I meet
and shall not change my way of life. (29d–30c)

. . . "ὦ ἄριστε ἀνδρῶν, 'Αθηναῖος ὤν, πόλεως τῆς μεγίστης καὶ   290
εὐδοκιμωτάτης εἰς σοφίαν καὶ ἰσχύν, χρημάτων μὲν οὐκ
αἰσχύνῃ ἐπιμελούμενος ὅπως σοι ἔσται ὡς πλεῖστα, καὶ δόξης
καὶ τιμῆς, φρονήσεως δὲ καὶ ἀληθείας καὶ τῆς ψυχῆς ὅπως ὡς
βελτίστη ἔσται οὐκ ἐπιμελῇ οὐδὲ φροντίζεις;" καὶ ἐάν τις ὑμῶν
ἀμφισβητήσῃ καὶ φῇ ἐπιμελεῖσθαι, οὐκ εὐθὺς ἀφήσω αὐτὸν   295
οὐδ' ἄπειμι, ἀλλ' ἐρήσομαι αὐτὸν καὶ ἐξετάσω καὶ ἐλέγξω, καὶ
ἐάν μοι μὴ δοκῇ κεκτῆσθαι ἀρετήν, φάναι δέ, ὀνειδιῶ ὅτι ⁻ὰ
πλείστου ἄξια περὶ ἐλαχίστου ποιεῖται, τὰ δὲ φαυλότερα περὶ
πλείονος. ταῦτα καὶ νεωτέρῳ καὶ πρεσβυτέρῳ ὅτῳ ἂν
ἐντυγχάνω ποιήσω, καὶ ξένῳ καὶ ἀστῷ, μᾶλλον δὲ τοῖς ἀστοῖς,   300
ὅσῳ μου ἐγγυτέρω ἐστὲ γένει. ταῦτα γὰρ κελεύει ὁ θεός, εὖ
ἴστε, καὶ ἐγὼ οἴομαι οὐδέν πω ὑμῖν μεῖζον ἀγαθὸν γενέσθαι ἐν
τῇ πόλει ἢ τὴν ἐμὴν τῷ θεῷ ὑπηρεσίαν. οὐδὲν γὰρ ἄλλο
πράττων ἐγὼ περιέρχομαι ἢ πείθων ὑμῶν καὶ νεωτέρους καὶ
πρεσβυτέρους μήτε σωμάτων ἐπιμελεῖσθαι μήτε χρημάτων   305
πρότερον μηδὲ οὕτω σφόδρα ὡς τῆς ψυχῆς ὅπως ὡς ἀρίστη
ἔσται, λέγων ὅτι "οὐκ ἐκ χρημάτων ἀρετὴ γίγνεται, ἀλλ' ἐξ
ἀρετῆς χρήματα καὶ τὰ ἄλλα ἀγαθὰ τοῖς ἀνθρώποις ἅπαντα καὶ
ἰδίᾳ καὶ δημοσίᾳ." εἰ μὲν οὖν ταῦτα λέγων διαφθείρω τοὺς
νέους, ταῦτ' ἂν εἴη βλαβερά· εἰ δέ τίς μέ φησιν ἄλλα λέγειν ἢ   310
ταῦτα, οὐδέν λέγει. 'πρὸς ταῦτα', φαίην ἄν, 'ὦ ἄνδρες
'Αθηναῖοι, ἢ πείθεσθε 'Ανύτῳ ἢ μή, καὶ ἢ ἀφίετέ με ἢ μή, ὡς
ἐμοῦ οὐκ ἂν ποιήσαντος ἄλλα, οὐδ' εἰ μέλλω πολλάκις
τεθνάναι.'

*ἀμφισβητέω disagree, argue
βλαβερός ά όν harmful
*δημόσιος α ον public, of the
   state, common
   δημοσίᾳ in public
*εἴωθα I am accustomed
*ἐλάχιστος η ον very little (sup.
   of ὀλίγος)
ἐμπνέω breathe, live

*ἐνδείκνυμαι make a point;
   court; prove
*ἐνδείκνυμι inform against
*εὐδόκιμος ον famous,
   glorious
*ἰσχυς, ἡ strength, power (3g)
*ὀνειδίζω rebuke, reproach
*παρακελεύομαι exhort,
   encourage (+ dat.)

*περί . . . (+ gen.)
   ποιέομαι value x (acc.) at
   (περί + gen.)
ὑπηρεσία, ἡ service (1b)
*φρόνησις, ἡ wisdom,
   purpose, thought,
   judgement (3e)

Target passages: The life and death of Socrates (*Apology* 30c–35d)

Note: Sections **13–17** act as the introduction to this target.

18   *The worst thing is not death, but killing someone unjustly. It is you I fear for, who will be harmed by killing me, and who will lose the city's one stimulus to goodness.* (*30c–31a*)

μὴ θορυβεῖτε, ὦ ἄνδρες Ἀθηναῖοι, ἀλλ᾽ ἐμμείνατέ μοι οἷς   315
ἐδεήθην ὑμῶν, μὴ θορυβεῖν ἐφ᾽ οἷς ἂν λέγω ἀλλ᾽ ἀκούειν· καὶ
γάρ, ὡς ἐγὼ οἶμαι, ὀνήσεσθε ἀκούοντες. μέλλω γὰρ οὖν ἄττα
ὑμῖν ἐρεῖν καὶ ἄλλα ἐφ᾽ οἷς ἴσως βοήσεσθε· ἀλλὰ μηδαμῶς
ποιεῖτε τοῦτο. εὖ γὰρ ἴστε, ἐάν με ἀποκτείνητε τοιοῦτον ὄντα
οἷον ἐγὼ λέγω, οὐκ ἐμὲ μείζω βλάψετε ἢ ὑμᾶς αὐτούς· ἐμὲ μὲν   320
γὰρ οὐδὲν ἂν βλάψειεν οὔτε Μέλητος οὔτε Ἄνυτος – οὐδὲ γὰρ
ἂν δύναιτο – οὐ γὰρ οἴομαι θεμιτὸν εἶναι ἀμείνονι ἀνδρὶ ὑπὸ
χείρονος βλάπτεσθαι. ἀποκτείνειε μεντἂν ἴσως ἢ ἐξελάσειεν ἢ
ἀτιμώσειεν· ἀλλὰ ταῦτα οὗτος μὲν ἴσως οἴεται καὶ ἄλλος τίς
που μεγάλα κακά, ἐγὼ δ᾽ οὐκ οἴομαι, ἀλλὰ πολὺ μᾶλλον ποιεῖν   325
ἃ οὑτοσὶ νῦν ποιεῖ, ἄνδρα ἀδίκως ἐπιχειρεῖν ἀποκτεινύναι. νῦν
οὖν, ὦ ἄνδρες Ἀθηναῖοι, πολλοῦ δέω ἐγὼ ὑπὲρ ἐμαυτοῦ
ἀπολογεῖσθαι, ὥς τις ἂν οἴοιτο, ἀλλὰ ὑπὲρ ὑμῶν, μή τι
ἐξαμάρτητε περὶ τὴν τοῦ θεοῦ δόσιν ὑμῖν ἐμοῦ
καταψηφισάμενοι. ἐὰν γάρ με ἀποκτείνητε, οὐ ῥᾳδίως ἄλλον   330
τοιοῦτον εὑρήσετε, ἀτεχνῶς – εἰ καὶ γελοιότερον
εἰπεῖν – προσκείμενον τῇ πόλει ὑπὸ τοῦ θεοῦ ὥσπερ ἵππῳ
μεγάλῳ μὲν καὶ γενναίῳ, ὑπὸ μεγέθους δὲ νωθεστέρῳ καὶ
δεομένῳ ἐγείρεσθαι ὑπὸ μύωπός τινος, οἷον δή μοι δοκεῖ ὁ θεὸς
ἐμὲ τῇ πόλει προστεθηκέναι τοιοῦτόν τινα, ὃς ὑμᾶς ἐγείρων καὶ   335
πείθων καὶ ὀνειδίζων ἕνα ἕκαστον οὐδὲν παύομαι τὴν ἡμέραν
ὅλην πανταχοῦ προσκαθίζων.

19 *Do not kill me with a slap. The god has sent me to the city, as my strange behaviour on your behalf (ignoring my family and refusing to accept money for my services) demonstrates. (31a–c)*

τοιοῦτος οὖν ἄλλος οὐ ῥᾳδίως ὑμῖν γενήσεται, ὦ ἄνδρες, ἀλλ᾽ ἐὰν ἐμοὶ πείθησθε, φείσεσθέ μου· ὑμεῖς δ᾽ ἴσως τάχ᾽ ἂν

ἀποκτεινύναι = ἀποκτείνειν	*ἐξελαύνω (ἐξελασ-) exile,	benefit
*ἀτεχνῶς literally, simply, just	drive out	πανταχοῦ everywhere
ἀτιμόω disenfranchise	θεμιτός ή όν permitted by	*πολλοῦ δέω I am far from
ἄττα = τινά	gods or men	προσκαθίζω settle
*βλάπτω harm, injure;	*καταψηφίζομαι condemn	πρόσκειμαι be attached to
mislead; disable	(+ gen.)	προστίθημι (προσθε-) attach
γελοῖος a ον humorous,	μύωψ (μυωπ-), ὁ horse-fly	*τάχ(α) ἄν perhaps, possibly
absurd	(3a)	φείδομαι (fut. φεισ-) spare
δόσις, ἡ gift (3e)	νωθής ές sluggish	(+ gen.)
ἐμμένω abide by (+ dat.)	ὀνίναμαι (fut. ὀνησ-) gain	

Sentence passed on Arkheptolemos and Antiphon for treason, 411
The full resolution is preserved. It was made during the period of the oligarchy of the 400. The sentence, which was appended, runs as follows:

'Arkheptolemos son of Hippodamos of Agryle, being present, and Antiphon son of Sophilos of Rhamnous, being present, were found guilty of treason. They were sentenced to be handed over to the Eleven, their property to be confiscated, with the tithe consecrated to the goddess, their homes to be levelled to the ground and markers placed on the sites, inscribed 'the property of Arkheptolemos and Antiphon, the traitors'; and their heads of Deme to make an account of their property. It shall not be allowed to bury Arkheptolemos and Antiphon at Athens or in any Athenian dominion. Arkheptolemos and Antiphon and their posterity, both bastards and legitimate, shall be without citizen-rights. If anyone adopts a descendant of Arkheptolemos and Antiphon, he shall lose his citizen-rights. The Athenians shall inscribe this on a bronze stele and set it up in the same place as the decrees about Phrynikhos.'

Plutarch *Lives of the Ten Orators*, 55

ἀχθόμενοι, ὥσπερ οἱ νυστάζοντες ἐγειρόμενοι, κρούσαντες ἄν   340
με, πειθόμενοι Ἀνύτῳ, ῥᾳδίως ἂν ἀποκτείναιτε, εἶτα τὸν
λοιπὸν βίον καθεύδοντες διατελοῖτε ἄν, εἰ μή τινα ἄλλον ὁ θεὸς
ὑμῖν ἐπιπέμψειεν κηδόμενος ὑμῶν. ὅτι δ' ἐγὼ τυγχάνω ὢν
τοιοῦτος οἷος ὑπὸ τοῦ θεοῦ τῇ πόλει δεδόσθαι, ἐνθένδε ἂν
κατανοήσαιτε· οὐ γὰρ ἀνθρωπίνῳ ἔοικε τὸ ἐμὲ τῶν μὲν ἐμαυτοῦ   345
πάντων ἠμεληκέναι καὶ ἀνέχεσθαι τῶν οἰκείων ἀμελουμένων
τοσαῦτα ἤδη ἔτη, τὸ δὲ ὑμέτερον πράττειν ἀεί, ἰδίᾳ ἑκάστῳ
προσιόντα ὥσπερ πατέρα ἢ ἀδελφὸν πρεσβύτερον πείθοντα
ἐπιμελεῖσθαι ἀρετῆς. καὶ εἰ μέν τι ἀπὸ τούτων ἀπέλαυον καὶ
μισθὸν λαμβάνων ταῦτα παρεκελευόμην, εἶχον ἄν τινα λόγον·   350
νῦν δὲ ὁρᾶτε δὴ καὶ αὐτοὶ ὅτι οἱ κατήγοροι τἆλλα πάντα
ἀναισχύντως οὕτω κατηγοροῦντες τοῦτό γε οὐχ οἷοί τε
ἐγένοντο ἀπαναισχυντῆσαι παρασχόμενοι μάρτυρα, ὡς ἐγώ
ποτέ τινα ἢ ἐπραξάμην μισθὸν ἢ ᾔτησα. ἱκανὸν γάρ, οἶμαι, ἐγὼ
παρέχομαι τὸν μάρτυρα ὡς ἀληθῆ λέγω, τὴν πενίαν.   355

20   *If it seems strange that I should approach you all privately, yet never
address you publicly, the reason is to be found in my inner voice, which
debarred me from public life: had I taken public action, I would have
been put to death long ago. (31c–32a)*

ἴσως ἂν οὖν δόξειεν ἄτοπον εἶναι, ὅτι δὴ ἐγὼ ἰδίᾳ μὲν ταῦτα
συμβουλεύω περιιὼν καὶ πολυπραγμονῶ, δημοσίᾳ δὲ οὐ τολμῶ
ἀναβαίνων εἰς τὸ πλῆθος τὸ ὑμέτερον συμβουλεύειν τῇ πόλει.
τούτου δὲ αἴτιόν ἐστιν ὃ ὑμεῖς ἐμοῦ πολλάκις ἀκηκόατε
πολλαχοῦ λέγοντος, ὅτι μοι θεῖόν τι καὶ δαιμόνιον γίγνεται, ὃ   360
δὴ καὶ ἐν τῇ γραφῇ ἐπικωμῳδῶν Μέλητος ἐγράψατο. ἐμοὶ δὲ
τοῦτ' ἔστιν ἐκ παιδὸς ἀρξάμενον, φωνή τις γιγνομένη, ἣ ὅταν
γένηται, ἀεὶ ἀποτρέπει με τοῦτο ὃ ἂν μέλλω πράττειν,
προτρέπει δὲ οὔποτε. τοῦτ' ἔστιν ὅ μοι ἐναντιοῦται τὰ πολιτικὰ
πράττειν, καὶ παγκάλως γέ μοι δοκεῖ ἐναντιοῦσθαι· εὖ γὰρ   365
ἴστε, ὦ ἄνδρες Ἀθηναῖοι, εἰ ἐγὼ πάλαι ἐπεχείρησα πράττειν τὰ
πολιτικὰ πράγματα, πάλαι ἂν ἀπολώλη καὶ οὔτ' ἂν ὑμᾶς
ὠφελήκη οὐδὲν οὔτ' ἂν ἐμαυτόν. καί μοι μὴ ἄχθεσθε λέγοντι
τἀληθῆ· οὐ γὰρ ἔστιν ὅστις ἀνθρώπων σωθήσεται οὔτε ὑμῖν
οὔτε ἄλλῳ πλήθει οὐδενὶ γνησίως ἐναντιούμενος καὶ διακωλύων   370
πολλὰ ἄδικα καὶ παράνομα ἐν τῇ πόλει γίγνεσθαι, ἀλλ'
ἀναγκαῖόν ἐστι τὸν τῷ ὄντι μαχούμενον ὑπὲρ τοῦ δικαίου, καὶ

εἰ μέλλει ὀλίγον χρόνον σωθήσεσθαι, ἰδιωτεύειν ἀλλὰ μὴ
δημοσιεύειν.

21 When I was serving as a prytanis, I voted against an illegal proposal,
despite the danger to myself at the time. Later I refused to arrest Leon of
Salamis because I considered it wrong. (32a–e)

μεγάλα δ᾽ ἔγωγε ὑμῖν τεκμήρια παρέξομαι τούτων, οὐ   375
λόγους ἀλλ᾽ ὃ ὑμεῖς τιμᾶτε, ἔργα. ἀκούσατε δή μοι τὰ
συμβεβηκότα, ἵνα εἰδῆτε ὅτι οὐδ᾽ ἂν ἑνὶ ὑπεικάθοιμι παρὰ τὸ
δίκαιον δείσας θάνατον, μὴ ὑπείκων δὲ ἀλλὰ κἂν ἀπολοίμην.
ἐρῶ δὲ ὑμῖν φορτικὰ μὲν καὶ δικανικά, ἀληθῆ δέ. ἐγὼ γάρ, ὦ
ἄνδρες Ἀθηναῖοι, ἄλλην μὲν ἀρχὴν οὐδεμίαν πώποτε ἦρξα ἐν   380
τῇ πόλει, ἐβούλευσα δέ· καὶ ἔτυχεν ἡμῶν ἡ φυλὴ Ἀντιοχὶς

*ἀμελέω neglect (+ gen.), be
 careless
ἀναισχύντως shamelessly
ἀπαναισχυντέω have the
 effrontery to say
ἀπολαύω get x from (ἀπό) y
*ἀποτρέπω avert, divert
ἄτοπος ον strange,
 extraordinary
*ἄχθομαι be annoyed, irritated
βουλεύω serve on the βουλή (a
 body of 500 citizen men,
 serving for one year, who
 prepared business for the
 ekklesia, helped execute its
 decisions and oversaw state
 finance)
γνησίως genuinely, really
δαιμόνιος (α) ον heaven-sent,
 miraculous
*δημοσιεύω serve in public

office
*διατελέω continue, carry on;
 accomplish; live
δικανικός ή όν smacking of
 the law-courts
*ἐναντιόομαι oppose (+ dat.),
 contradict
ἐπικωμῳδέω caricature
θεῖος α ον divine, of the gods
*ἰδιωτεύω act as a private
 citizen
κήδομαι care for (+ gen.)
κρούω slap, squash
νυστάζω nod off, doze
οὐ γὰρ ἀνθρωπίνῳ ἔοικε
 τό ... 'it is not natural
 human behaviour that ...'
 (+ acc. and inf.)
παγκάλως very rightly
*παράνομος ον illegal, lawless
πολλαχοῦ everywhere

πολυπραγμονέω meddle,
 interfere
*πράττομαι make (money)
προτρέπω impel, urge on
*συμβαίνω (συμβα-) happen,
 occur, result
 τούτου δὲ αἴτιόν ἐστιν
 ὅ ... 'the reason for this is
 that which ...'
ὑπείκω (2nd aor.
 ὑπεικαθ-) yield, give way
 to (+ dat.)
φορτικός ή όν coarse,
 commonplace
φυλὴ Ἀντιοχίς, ἡ the tribe
 Antiokhis (a local division of
 the Athenian people: there
 were ten φυλαί)
*ὠφελέω help, benefit

πρυτανεύουσα ὅτε ὑμεῖς τοὺς δέκα στρατηγοὺς τοὺς οὐκ
ἀνελομένους τοὺς ἐκ τῆς ναυμαχίας ἐβουλεύσασθε ἀθρόους
κρίνειν, παρανόμως, ὡς ἐν τῷ ὑστέρῳ χρόνῳ πᾶσιν ὑμῖν ἔδοξεν.
τότ᾽ ἐγὼ μόνος τῶν πρυτάνεων ἠναντιώθην ὑμῖν μηδὲν ποιεῖν   385
παρὰ τοὺς νόμους καὶ ἐναντία ἐψηφισάμην· καὶ ἑτοίμων ὄντων
ἐνδεικνύναι με καὶ ἀπάγειν τῶν ῥητόρων, καὶ ὑμῶν κελευόντων
καὶ βοώντων, μετὰ τοῦ νόμου καὶ τοῦ δικαίου ᾤμην μᾶλλόν με
δεῖν διακινδυνεύειν ἢ μεθ᾽ ὑμῶν γενέσθαι μὴ δίκαια
βουλευομένων, φοβηθέντα δεσμὸν ἢ θάνατον. καὶ ταῦτα μὲν ἦν   390
ἔτι δημοκρατουμένης τῆς πόλεως· ἐπειδὴ δὲ ὀλιγαρχία ἐγένετο,
οἱ τριάκοντα αὖ μεταπεμψάμενοί με πέμπτον αὐτὸν εἰς τὴν
θόλον προσέταξαν ἀγαγεῖν ἐκ Σαλαμῖνος Λέοντα τὸν
Σαλαμίνιον ἵνα ἀποθάνοι, οἷα δὴ καὶ ἄλλοις ἐκεῖνοι πολλοῖς
πολλὰ προσέταττον, βουλόμενοι ὡς πλείστους ἀναπλῆσαι   395
αἰτιῶν. τότε μέντοι ἐγὼ οὐ λόγῳ ἀλλ᾽ ἔργῳ αὖ ἐνεδειξάμην ὅτι
ἐμοὶ θανάτου μὲν μέλει, εἰ μὴ ἀγροικότερον ἦν εἰπεῖν, οὐδ᾽
ὁτιοῦν, τοῦ δὲ μηδὲν ἄδικον μηδ᾽ ἀνόσιον ἐργάζεσθαι, τούτου
δὲ τὸ πᾶν μέλει. ἐμὲ γὰρ ἐκείνη ἡ ἀρχὴ οὐκ ἐξέπληξεν, οὕτως
ἰσχυρὰ οὖσα, ὥστε ἄδικόν τι ἐργάσασθαι, ἀλλ᾽ ἐπειδὴ ἐκ τῆς   400
θόλου ἐξήλθομεν, οἱ μὲν τέτταρες ᾤχοντο εἰς Σαλαμῖνα καὶ
ἤγαγον Λέοντα, ἐγὼ δὲ ᾠχόμην ἀπιὼν οἴκαδε. καὶ ἴσως ἂν διὰ
ταῦτα ἀπέθανον, εἰ μὴ ἡ ἀρχὴ διὰ ταχέων κατελύθη. καὶ
τούτων ὑμῖν ἔσονται πολλοὶ μάρτυρες.

22   *My public and private existence has been characterised by my refusal to
do wrong. I have never been a teacher, nor taken money from those who
have come to me. (32e–33b)*

ἆρ᾽ οὖν ἄν με οἴεσθε τοσάδε ἔτη διαγενέσθαι εἰ ἔπραττον τὰ   405
δημόσια, καὶ πράττων ἀξίως ἀνδρὸς ἀγαθοῦ ἐβοήθουν τοῖς
δικαίοις καὶ ὥσπερ χρὴ τοῦτο περὶ πλείστου ἐποιούμην; πολλοῦ
γε δεῖ, ὦ ἄνδρες Ἀθηναῖοι· οὐδὲ γὰρ ἂν ἄλλος ἀνθρώπων
οὐδείς. ἀλλ᾽ ἐγὼ διὰ παντὸς τοῦ βίου δημοσίᾳ τε εἴ πού τι
ἔπραξα τοιοῦτος φανοῦμαι, καὶ ἰδίᾳ ὁ αὐτὸς οὗτος, οὐδενὶ   410
πώποτε συγχωρήσας οὐδὲν παρὰ τὸ δίκαιον οὔτε ἄλλῳ οὔτε
τούτων οὐδενὶ οὓς δὴ διαβάλλοντες ἐμέ φασιν ἐμοὺς μαθητὰς
εἶναι. ἐγὼ δὲ διδάσκαλος μὲν οὐδενὸς πώποτ᾽ ἐγενόμην· εἰ δέ
τίς μου λέγοντος καὶ τὰ ἐμαυτοῦ πράττοντος ἐπιθυμεῖ ἀκούειν,
εἴτε νεώτερος εἴτε πρεσβύτερος, οὐδενὶ πώποτε ἐφθόνησα, οὐδὲ   415

χρήματα μὲν λαμβάνων διαλέγομαι, μὴ λαμβάνων δὲ οὔ, ἀλλ᾽
ὁμοίως καὶ πλουσίῳ καὶ πένητι παρέχω ἐμαυτὸν ἐρωτᾶν, καὶ
ἐάν τις βούληται ἀποκρινόμενος ἀκούειν ὧν ἂν λέγω. καὶ
τούτων ἐγὼ εἴτε τις χρηστὸς γίγνεται εἴτε μή, οὐκ ἂν δικαίως
τὴν αἰτίαν ὑπέχοιμι, ὧν μήτε ὑπεσχόμην μηδενὶ μηδὲν πώποτε   420
μάθημα μήτε ἐδίδαξα· εἰ δέ τίς φησι παρ᾽ ἐμοῦ πώποτέ τι
μαθεῖν ἢ ἀκοῦσαι ἰδίᾳ ὅτι μὴ καὶ οἱ ἄλλοι πάντες, εὖ ἴστε ὅτι
οὐκ ἀληθῆ λέγει.

ἀθρόος (a) ον all together, in a body
ἀναπίμπλημι (ἀναπλησ-) fill, infect with (+gen.)
ἀνόσιος (a) ον unholy, profane
ἀπάγω arrest
δημοκρατέομαι have a democratic constitution
διὰ ταχέων very quickly
διαγίγνομαι survive, live
*ἐκπλήττω shock, frighten; amaze
*ἐναντίος a ον opposite, opposing, contrary
θόλος, ἡ Round Chamber (where Prytaneis met) (2a)
καταλύω bring down

Λέων (Λεοντ-), ὁ Leon (an innocent party) (3a)
με πέμπτον αὐτόν lit. 'me as fifth' i.e. 'me with four others'
*μεταπέμπομαι send for, summon
*ὀλιγαρχία, ἡ oligarchy (1b)
*προστάττω instruct; prescribe; attach to
πρυτανεύω serve as the Prytaneis (this tribal subdivision of the βουλή, each tribe serving for 36 days in the βουλή year, was on constant call to receive business and summon the βουλή as needed)
Σαλαμίνιος (a) ον from

Salamis
τοὺς δέκα στρατηγούς after the battle of Arginousai (a group of islands N. of Chios) these ten failed to recover their dead (406)
τούτων . . . εἴτε τις (l. 419) 'whether any of these'
τριάκοντα, οἱ the Thirty (a ruling body established when Athens lost the Peloponnesian War against Sparta in 404: it lasted 8 months)
ὑπέχω bear the weight of
ὧν . . . μηδενί (l. 420) 'to none of whom'

Model of Tholos, with βουλή chamber directly behind

23 The young listened to me because they enjoyed seeing their elders
exposed. If I corrupted the young, let their families now say so.
(*33b–34b*)

ἀλλὰ διὰ τί δή ποτε μετ᾽ ἐμοῦ χαίρουσί τινες πολὺν χρόνον
διατρίβοντες; ἀκηκόατε, ὦ ἄνδρες Ἀθηναῖοι, πᾶσαν ὑμῖν τὴν   425
ἀλήθειαν ἐγὼ εἶπον· ὅτι ἀκούοντες χαίρουσιν ἐξεταζομένοις
τοῖς οἰομένοις μὲν εἶναι σοφοῖς, οὖσι δ᾽ οὔ. ἔστι γὰρ οὐκ ἀηδές.
ἐμοὶ δὲ τοῦτο, ὡς ἐγώ φημι, προστέτακται ὑπὸ τοῦ θεοῦ
πράττειν καὶ ἐκ μαντείων καὶ ἐξ ἐνυπνίων καὶ παντὶ τρόπῳ
ᾧπέρ τίς ποτε καὶ ἄλλη θεία μοῖρα ἀνθρώπῳ καὶ ὁτιοῦν   430
προσέταξε πράττειν. ταῦτα, ὦ ἄνδρες Ἀθηναῖοι, καὶ ἀληθῆ
ἐστιν καὶ εὐέλεγκτα. εἰ γὰρ δὴ ἔγωγε τῶν νέων τοὺς μὲν
διαφθείρω τοὺς δὲ διέφθαρκα, χρῆν δήπου, εἴτε τινὲς αὐτῶν
πρεσβύτεροι γενόμενοι ἔγνωσαν ὅτι νέοις οὖσιν αὐτοῖς ἐγὼ
κακὸν πώποτέ τι συνεβούλευσα, νυνὶ αὐτοὺς ἀναβαίνοντας ἐμοῦ   435
κατηγορεῖν καὶ τιμωρεῖσθαι· εἰ δὲ μὴ αὐτοὶ ἤθελον, τῶν
οἰκείων τινὰς τῶν ἐκείνων, πατέρας καὶ ἀδελφοὺς καὶ ἄλλους
τοὺς προσήκοντας, εἴπερ ὑπ᾽ ἐμοῦ τι κακὸν ἐπεπόνθεσαν αὐτῶν
οἱ οἰκεῖοι, νῦν μεμνῆσθαι καὶ τιμωρεῖσθαι. πάντως δὲ πάρεισιν
αὐτῶν πολλοὶ ἐνταυθοῖ οὓς ἐγὼ ὁρῶ, πρῶτον μὲν Κρίτων   440
οὑτοσί, ἐμὸς ἡλικιώτης καὶ δημότης, Κριτοβούλου τοῦδε
πατήρ, ἔπειτα Λυσανίας ὁ Σφήττιος, Αἰσχίνου τοῦδε πατήρ,
ἔτι δ᾽ Ἀντιφῶν ὁ Κηφισιεὺς οὑτοσί, Ἐπιγένους πατήρ, ἄλλοι
τοίνυν οὗτοι ὧν οἱ ἀδελφοὶ ἐν ταύτῃ τῇ διατριβῇ γεγόνασιν,
Νικόστρατος Θεοζοτίδου, ἀδελφὸς Θεοδότου – καὶ ὁ μὲν   445
Θεόδοτος τετελεύτηκεν, ὥστε οὐκ ἂν ἐκεῖνός γε αὐτοῦ
καταδεηθείη – καὶ Παράλιος ὅδε, ὁ Δημοδόκου, οὗ ἦν Θεάγης
ἀδελφός· ὅδε δὲ Ἀδείμαντος, ὁ Ἀρίστωνος, οὗ ἀδελφὸς οὑτοσὶ
Πλάτων, καὶ Αἰαντόδωρος, οὗ Ἀπολλόδωρος ὅδε ἀδελφός. καὶ
ἄλλους πολλοὺς ἐγὼ ἔχω ὑμῖν εἰπεῖν, ὧν τινα ἐχρῆν μάλιστα   450
μὲν ἐν τῷ ἑαυτοῦ λόγῳ παρασχέσθαι Μέλητον μάρτυρα· εἰ δὲ
τότε ἐπελάθετο, νῦν παρασχέσθω – ἐγὼ παραχωρῶ – καὶ
λεγέτω εἴ τι ἔχει τοιοῦτον. ἀλλὰ τούτου πᾶν τοὐναντίον
εὑρήσετε, ὦ ἄνδρες, πάντας ἐμοὶ βοηθεῖν ἑτοίμους τῷ
διαφθείροντι, τῷ κακὰ ἐργαζομένῳ τοὺς οἰκείους αὐτῶν, ὥς   455
φασι Μέλητος καὶ Ἄνυτος. αὐτοὶ μὲν γὰρ οἱ διεφθαρμένοι τάχ᾽
ἂν λόγον ἔχοιεν βοηθοῦντες· οἱ δὲ ἀδιάφθαρτοι, πρεσβύτεροι
ἤδη ἄνδρες, οἱ τούτων προσήκοντες, τίνα ἄλλον ἔχουσι λόγον
βοηθοῦντες ἐμοὶ ἀλλ᾽ ἢ τὸν ὀρθόν τε καὶ δίκαιον, ὅτι συνίσασι
Μελήτῳ μὲν ψευδομένῳ, ἐμοὶ δὲ ἀληθεύοντι;   460

24 *I refuse to curry favour by producing relatives and friends, not through any perversity or contempt, but because it would not be right for me to do so. (34b–35a)*

εἶεν δή, ὦ ἄνδρες· ἃ μὲν ἐγὼ ἔχοιμ' ἂν ἀπολογεῖσθαι, σχεδόν
ἐστι ταῦτα καὶ ἄλλα ἴσως τοιαῦτα. τάχα δ' ἄν τις ὑμῶν
ἀγανακτήσειεν ἀναμνησθεὶς ἑαυτοῦ, εἰ ὁ μὲν καὶ ἐλάττω
τουτουῒ τοῦ ἀγῶνος ἀγῶνα ἀγωνιζόμενος ἐδεήθη τε καὶ
ἱκέτευσε τοὺς δικαστὰς μετὰ πολλῶν δακρύων, παιδία τε αὐτοῦ   465
ἀναβιβασάμενος ἵνα ὅτι μάλιστα ἐλεηθείη, καὶ ἄλλους τῶν
οἰκείων καὶ φίλων πολλούς, ἐγὼ δὲ οὐδὲν ἄρα τούτων ποιήσω,
καὶ ταῦτα κινδυνεύων, ὡς ἂν δόξαιμι, τὸν ἔσχατον κίνδυνον.
τάχ' ἂν οὖν τις ταῦτα ἐννοήσας αὐθαδέστερον ἂν πρός με σχοίη
καὶ ὀργισθεὶς αὐτοῖς τούτοις θεῖτο ἂν μετ' ὀργῆς τὴν ψῆφον. εἰ   470
δή τις ὑμῶν οὕτως ἔχει – οὐκ ἀξιῶ μὲν γὰρ ἔγωγε, εἰ δ'
οὖν – ἐπιεικῆ ἄν μοι δοκῶ πρὸς τοῦτον λέγειν λέγων ὅτι 'ἐμοί,
ὦ ἄριστε, εἰσὶν μέν πού τινες καὶ οἰκεῖοι· καὶ γὰρ τοῦτο αὐτὸ
τὸ τοῦ Ὁμήρου, οὐδ' ἐγὼ "ἀπὸ δρυὸς οὐδ' ἀπὸ πέτρης"
πέφυκα ἀλλ' ἐξ ἀνθρώπων, ὥστε καὶ οἰκεῖοί μοί εἰσι καὶ υἱεῖς   475
γε, ὦ ἄνδρες Ἀθηναῖοι, τρεῖς, εἷς μὲν μειράκιον ἤδη, δύο δὲ

---

*ἀγανακτέω be displeased, complain, be angry
Ἀδείμαντος, ὁ Adeimantos (2a)
ἀδιάφθαρτος ον uncorrupted
ἀηδής ές unpleasant
Αἰαντόδορος, ὁ Aiantodoros (2a)
Αἰσχίνης, ὁ Aiskhines (1d)
*ἀληθεύω tell the truth
*ἀναβιβάζομαι bring up (as witnesses)
Ἀντίφων, ὁ Antiphon (3a)
Ἀρίστων, ὁ Ariston (3a)
αὐθαδέστερον ἔχω act rather wilfully
Δημόδοκος, ὁ Demodokos (2a)
δημότης, ὁ fellow-demesman (1d)
δρῦς (δρυ-), ἡ oak
*ἐλεέω pity, show mercy to
*ἐννοέω reflect upon; consider;

understand
ἐνταυθοῖ here
ἐνύπνιον, τό vision (2b)
Ἐπιγένης, ὁ Epigenes (3d)
*ἐπιεικής ές reasonable, fair
εὐελεγκτός easily checked
ἡλικιώτης, ὁ equal in age, comrade (1d)
Θεάγης, ὁ Theages (3d)
Θεόδοτος, ὁ Theodotos (2a)
Θεοζοτίδης, ὁ Theosdotides (1a)
καταδέομαι entreat earnestly, appeal to (+gen.)
Κηφισεύς of the deme Kephisia
Κριτόβουλος, ὁ Kritoboulos (2a)
*Κρίτων (Κριτων-), ὁ Kriton (3a)
Λυσανίας, ὁ Lysanias (1d)
μαντεῖον, τό oracle (2b)
μειράκιον, τό youth (2b)

*μοῖρα, ἡ providence, fate, lot, death (1b)
Νικόστρατος, ὁ Nikostratos (2a)
Ὅμηρος, ὁ Homer (2a)
*ὀρθός ή όν straight; upright; safe; real
ὅτι (l. 426) 'the reason is that …'
πάντως in any case
Παράλιος, ὁ Paralios (2a)
παραχωρέω concede, allow
πέτρα, ἡ rock (1b)
Πλάτων, ὁ Plato (3a)
*προσήκων (προσηκοντ-), ὁ relative; (as adj.) proper, befitting
*σύνοιδα be witness to, implicated in (+dat.)
Σφήττιος of the deme Sphettos*

παιδία· ἀλλ' ὅμως οὐδένα αὐτῶν δεῦρο ἀναβιβασάμενος
δεήσομαι ὑμῶν ἀποψηφίσασθαι.' τί δὴ οὖν οὐδὲν τούτων
ποιήσω; οὐκ αὐθαδιζόμενος, ὦ ἄνδρες 'Αθηναῖοι, οὐδ' ὑμᾶς
ἀτιμάζων, ἀλλ' εἰ μὲν θαρραλέως ἐγὼ ἔχω πρὸς θάνατον ἢ μή,   480
ἄλλος λόγος, πρὸς δ' οὖν δόξαν καὶ ἐμοὶ καὶ ὑμῖν καὶ ὅλῃ τῇ
πόλει οὔ μοι δοκεῖ καλὸν εἶναι ἐμὲ τούτων οὐδὲν ποιεῖν καὶ
τηλικόνδε ὄντα καὶ τοῦτο τοὔνομα ἔχοντα, εἴτ' οὖν ἀληθὲς εἴτ'
οὖν ψεῦδος, ἀλλ' οὖν δεδογμένον γέ ἐστί τῳ Σωκράτη διαφέρειν
τῶν πολλῶν ἀνθρώπων.   485

25   Often respectable people indulge in disgraceful performances to win
acquittal, but justice should not be a matter of dispensing favours. I
shall not act inconsistently with my principles. (35a–d)

εἰ οὖν ὑμῶν οἱ δοκοῦντες διαφέρειν εἴτε σοφίᾳ εἴτε ἀνδρείᾳ
εἴτε ἄλλῃ ᾑτινιοῦν ἀρετῇ τοιοῦτοι ἔσονται, αἰσχρὸν ἂν εἴη·
οἵουσπερ ἐγὼ πολλάκις ἑώρακά τινας ὅταν κρίνωνται,
δοκοῦντας μέν τι εἶναι, θαυμάσια δὲ ἐργαζομένους, ὡς δεινόν τι
οἰομένους πείσεσθαι εἰ ἀποθανοῦνται, ὥσπερ ἀθανάτων   490
ἐσομένων ἂν ὑμεῖς αὐτοὺς μὴ ἀποκτείνητε· οἳ ἐμοὶ δοκοῦσιν
αἰσχύνην τῇ πόλει περιάπτειν, ὥστ' ἄν τινα καὶ τῶν ξένων
ὑπολαβεῖν ὅτι οἱ διαφέροντες 'Αθηναίων εἰς ἀρετήν, οὓς αὐτοὶ
ἑαυτῶν ἔν τε ταῖς ἀρχαῖς καὶ ταῖς ἄλλαις τιμαῖς προκρίνουσιν,
οὗτοι γυναικῶν οὐδὲν διαφέρουσιν. ταῦτα γάρ, ὦ ἄνδρες   495
'Αθηναῖοι, οὔτε ὑμᾶς χρὴ ποιεῖν τοὺς δοκοῦντας καὶ ὁπηοῦν τι
εἶναι, οὔτ', ἂν ἡμεῖς ποιῶμεν, ὑμᾶς ἐπιτρέπειν, ἀλλὰ τοῦτο
αὐτὸ ἐνδείκνυσθαι, ὅτι πολὺ μᾶλλον καταψηφιεῖσθε τοῦ τὰ
ἐλεινὰ ταῦτα δράματα εἰσάγοντος καὶ καταγέλαστον τὴν πόλιν
ποιοῦντος ἢ τοῦ ἡσυχίαν ἄγοντος.   500
χωρὶς δὲ τῆς δόξης, ὦ ἄνδρες, οὐδὲ δίκαιόν μοι δοκεῖ εἶναι
δεῖσθαι τοῦ δικαστοῦ οὐδὲ δεόμενον ἀποφεύγειν, ἀλλὰ
διδάσκειν καὶ πείθειν. οὐ γὰρ ἐπὶ τούτῳ κάθηται ὁ δικαστής,
ἐπὶ τῷ καταχαρίζεσθαι τὰ δίκαια, ἀλλ' ἐπὶ τῷ κρίνειν ταῦτα·
καὶ ὀμώμοκεν οὐ χαριεῖσθαι οἷς ἂν δοκῇ αὐτῷ, ἀλλὰ δικάσειν   505
κατὰ τοὺς νόμους. οὔκουν χρὴ οὔτε ἡμᾶς ἐθίζειν ὑμᾶς ἐπιορκεῖν
οὔθ' ὑμᾶς ἐθίζεσθαι· οὐδέτεροι γὰρ ἂν ἡμῶν εὐσεβοῖεν. μὴ οὖν
ἀξιοῦτέ με, ὦ ἄνδρες 'Αθηναῖοι, τοιαῦτα δεῖν πρὸς ὑμᾶς
πράττειν ἃ μήτε ἡγοῦμαι καλὰ εἶναι μήτε δίκαια μήτε ὅσια,
ἄλλως τε μέντοι νὴ Δία πάντως καὶ ἀσεβείας φεύγοντα ὑπὸ   510

Μελήτου τουτουί. σαφῶς γὰρ ἄν, εἰ πείθοιμι ὑμᾶς καὶ τῷ
δεῖσθαι βιαζοίμην ὀμωμοκότας, θεοὺς ἂν διδάσκοιμι μὴ
ἡγεῖσθαι ὑμᾶς εἶναι, καὶ ἀτεχνῶς ἀπολογούμενος κατηγοροίην
ἂν ἐμαυτοῦ ὡς θεοὺς οὐ νομίζω. ἀλλὰ πολλοῦ δεῖ οὕτως ἔχειν·
νομίζω τε γάρ, ὦ ἄνδρες Ἀθηναῖοι, ὡς οὐδεὶς τῶν ἐμῶν   515
κατηγόρων, καὶ ὑμῖν ἐπιτρέπω καὶ τῷ θεῷ κρῖναι περὶ ἐμοῦ
ὅπῃ μέλλει ἐμοί τε ἄριστα εἶναι καὶ ὑμῖν.

*αἰσχύνη, ἡ shame, disgrace (1a)	pathetic, pitiful	ὁπηοῦν in some respect
ἀλλ' οὖν . . . γε at any rate	ἐπιορκέω commit perjury	*ὅσιος a ον holy, sacred
ἄλλως τε μέντοι νὴ Δία πάντως καί . . . 'and, by Zeus, most particularly as . . .'	*ἐπιτρέπω allow, trust, (+dat.); transfer	περιάπτω attach προκρίνω draw up in a short-list
αὐθαδίζομαι be obstinate, arrogant	θαρραλέως ἔχω be confident *θαυμάσιος a ον wonderful,	τηλικόσδε at such an age φεύγω face a charge of
δεδογμένον ἐστί 'people have made up their minds'	extraordinary, strange καταχαρίζομαι bestow as a	(+gen.) χαρίζομαι act obligingly
ἐθίζω accustom, make used	favour	χωρίς apart from (+gen.)
*ἐλεινός ή όν mournful, sad,	ὀμώμοκα I have sworn (perf. of ὄμνυμι) ὅπῃ in whatever way	

The oath of the jurymen

'I will give verdict in accordance with the statutes and decrees of the
People of Athens and of the *Boule*. I will not vote for tyranny or oligarchy. If
any man should try to subvert the Athenian democracy or make any speech
or any proposal in contravention thereof, I will not comply. I will not allow
private debts to be cancelled, nor lands nor houses belonging to Athenian
citizens to be redistributed. I will not restore exiles or persons under sentence
of death. I will not expel, nor suffer another to expel, persons here resident in
contravention of the statutes and decrees of the Athenian People or of the
Boule. I will not confirm the appointment to any office of any person still
subject to review in respect of any other office. . . . I will not allow the same
man to hold the same office twice, or two offices in the same year. I will not
take bribes in respect of my judicial action, nor shall any other man or
woman accept bribes for me with my knowledge by any subterfuge or trick
whatsoever. I am not less than thirty years old. I will give impartial hearing
to prosecutor and defendant alike, and I will give my verdict strictly on the
charge named in the prosecution. The juror shall swear by Zeus, Poseidon,
and Demeter, and shall invoke destruction upon himself and his household if
he should in any way transgress this oath, and shall pray that his prosperity
may depend upon his loyal observance thereof.'

Demosthenes 24, 149

When the vote was taken, Socrates was condemned by 280 to 220 – a turn-round of a mere 30 votes would have acquitted him. His closing words to the dikasts were these (41c–end):

And you who are my judges ought also to feel confident in face of death, in the certain knowledge that no harm can come to the good man either in life or death, and that the gods will not neglect him. What has now happened to me is not a mere accident, and it is quite clear to me that the time had come when it was better for me to die and be released from troubles; that was the reason why my sign at no point turned me back, and why I feel no anger at all against those who have accused and condemned me. That was not what they had in mind in accusing and condemning; they thought they would injure me, and for that they deserve blame. But I ask this one favour of them. When my sons grow up, please punish them by plaguing them, as I have plagued you, if you think they care for money or anything else more than goodness; and if they think themselves important when they aren't, abuse them as I have abused you because they care for what they shouldn't and think they are important when they are worth nothing. If you do this you will have done justice both to me and my sons.

However, now it is time for us to go; I go to death, you to life. But which of us will fare better is hidden from everyone except god.

The life and death of Socrates (*cont.*) (*Phaidon* 116a–end)

Introduction
The scene is Socrates' prison in Athens. A long discussion on the immortality of the soul has just ended, and it is time for Socrates to die. Phaidon is telling the story to Ekhekrates, a friend.

26 *Socrates prepares to die. Kriton's plea that he should delay to the last is swept aside. (116a–117a)*

ταῦτ' εἰπὼν ἐκεῖνος μὲν ἀνίστατο εἰς οἴκημά τι ὡς
λουσόμενος, καὶ ὁ Κρίτων εἵπετο αὐτῷ, ἡμᾶς δ' ἐκέλευε
περιμένειν. περιεμένομεν οὖν πρὸς ἡμᾶς αὐτοὺς διαλεγόμενοι   520
περὶ τῶν εἰρημένων καὶ ἀνασκοποῦντες, τοτὲ δ' αὖ περὶ τῆς
συμφορᾶς διεξιόντες ὅση ἡμῖν γεγονυῖα εἴη, ἀτεχνῶς ἡγούμενοι
ὥσπερ πατρὸς στερηθέντες διάξειν ὀρφανοὶ τὸν ἔπειτα βίον.
ἐπειδὴ δὲ ἐλούσατο καὶ ἠνέχθη παρ' αὐτὸν τὰ παιδία – δύο γὰρ

ἀνασκοπέω review, examine carefully

*διάγω (διαγαγ-) pass; carry

over; maintain

εἰρημένος η ον spoken, said

οἴκημα, τό room (3b)

ὀρφανός (ή) όν orphan

Ruins of the prison in the ἀγορά (left foreground=tower building in reconstruction)

A reconstruction of the prison

αὐτῷ ὑεῖς σμικροὶ ἦσαν, εἷς δὲ μέγας – καὶ αἱ οἰκεῖαι γυναῖκες   525
ἀφίκοντο ἐκεῖναι, ἐναντίον τοῦ Κρίτωνος διαλεχθείς τε καὶ
ἐπιστείλας ἄττα ἐβούλετο, τὰς μὲν γυναῖκας καὶ τὰ παιδία
ἀπιέναι ἐκέλευσεν, αὐτὸς δὲ ἧκε παρ᾽ ἡμᾶς. καὶ ἦν ἤδη ἐγγὺς
ἡλίου δυσμῶν· χρόνον γὰρ πολὺν διέτριψεν ἔνδον. ἐλθὼν δ᾽
ἐκαθέζετο λελουμένος καὶ οὐ πολλὰ ἄττα μετὰ ταῦτα διελέχθη,   530
καὶ ἧκεν ὁ τῶν ἔνδεκα ὑπηρέτης καὶ στὰς παρ᾽ αὐτόν, ‘ὦ
Σώκρατες᾽, ἔφη, ‘οὐ καταγνώσομαί γε σοῦ ὅπερ ἄλλων
καταγιγνώσκω, ὅτι μοι χαλεπαίνουσι καὶ καταρῶνται ἐπειδὰν
αὐτοῖς παραγγείλω πίνειν τὸ φάρμακον ἀναγκαζόντων τῶν
ἀρχόντων. σὲ δὲ ἐγὼ καὶ ἄλλως ἔγνωκα ἐν τούτῳ τῷ χρόνῳ   535
γενναιότατον καὶ πρᾳότατον καὶ ἄριστον ἄνδρα ὄντα τῶν
πώποτε δεῦρο ἀφικομένων, καὶ δὴ καὶ νῦν εὖ οἶδ᾽ ὅτι οὐκ ἐμοὶ
χαλεπαίνεις, γιγνώσκεις γὰρ τοὺς αἰτίους, ἀλλὰ ἐκείνοις. νῦν
οὖν, οἶσθα γὰρ ἃ ἦλθον ἀγγέλλων, χαῖρέ τε καὶ πειρῶ ὡς ῥᾷστα
φέρειν τὰ ἀναγκαῖα.᾽ καὶ ἅμα δακρύσας μεταστρεφόμενος   540
ἀπῄει.
    καὶ ὁ Σωκράτης ἀναβλέψας πρὸς αὐτόν, ‘καὶ σύ᾽, ἔφη,
‘χαῖρε, καὶ ἡμεῖς ταῦτα ποιήσομεν.᾽ καὶ ἅμα πρὸς ἡμᾶς, ‘ὡς
ἀστεῖος᾽, ἔφη, ‘ὁ ἄνθρωπος· καὶ παρὰ πάντα μοι τὸν χρόνον
προσῄει καὶ διελέγετο ἐνίοτε καὶ ἦν ἀνδρῶν λῷστος, καὶ νῦν ὡς   545
γενναίως με ἀποδακρύει. ἀλλ᾽ ἄγε δή, ὦ Κρίτων, πειθώμεθα
αὐτῷ, καὶ ἐνεγκάτω τις τὸ φάρμακον, εἰ τέτριπται· εἰ δὲ μή,
τριψάτω ὁ ἄνθρωπος.᾽
    καὶ ὁ Κρίτων, ‘ἀλλ᾽ οἶμαι᾽, ἔφη, ‘ἔγωγε, ὦ Σώκρατες, ἔτι
ἥλιον εἶναι ἐπὶ τοῖς ὄρεσιν καὶ οὔπω δεδυκέναι. καὶ ἅμα ἐγὼ   550
οἶδα καὶ ἄλλους πάνυ ὀψὲ πίνοντας, ἐπειδὰν παραγγελθῇ
αὐτοῖς, δειπνήσαντάς τε καὶ πιόντας εὖ μάλα, καὶ
συγγενομένους γ᾽ ἐνίους ὧν ἂν τύχωσιν ἐπιθυμοῦντες. ἀλλὰ
μηδὲν ἐπείγου· ἔτι γὰρ ἐγχωρεῖ.᾽
    καὶ ὁ Σωκράτης, ‘εἰκότως γε᾽, ἔφη, ‘ὦ Κρίτων, ἐκεῖνοί τε   555
ταῦτα ποιοῦσιν, οὓς σὺ λέγεις – οἴονται γὰρ κερδαίνειν ταῦτα
ποιήσαντες – καὶ ἔγωγε ταῦτα εἰκότως οὐ ποιήσω· οὐδὲ γὰρ
οἶμαι κερδανεῖν ὀλίγον ὕστερον πιὼν ἄλλο γε ἢ γέλωτα
ὀφλήσειν παρ᾽ ἐμαυτῷ, γλιχόμενος τοῦ ζῆν καὶ φειδόμενος
οὐδενὸς ἔτι ἐνόντος. ἀλλ᾽ ἴθι᾽, ἔφη, ‘πείθου καὶ μὴ ἄλλως ποίει.᾽   560

27   The death of Socrates. *(117a–end)*

καὶ ὁ Κρίτων ἀκούσας ἔνευσε τῷ παιδὶ πλησίον ἑστῶτι. καὶ
ὁ παῖς ἐξελθὼν καὶ συχνὸν χρόνον διατρίψας ἧκεν ἄγων τὸν
μέλλοντα δώσειν τὸ φάρμακον, ἐν κύλικι φέροντα τετριμμένον.
ἰδὼν δὲ ὁ Σωκράτης τὸν ἄνθρωπον, 'εἶεν', ἔφη, 'ὦ βέλτιστε, σὺ
γὰρ τούτων ἐπιστήμων, τί χρὴ ποιεῖν;'   565

ἀστεῖος a ον polite, charming
ἄττα = τινά
ἄττα (l. 527) = ἅ τινα 'what'
γελῶτα ὀφλισκάνω παρά
  (+dat.) incur a charge of
  ridiculousness with
γλίχομαι cling to, long for
  (+gen.)
δεδυκέναι 'has gone down'
δειπνέω dine
δυσμαί, αἱ setting (1a)
ἐγχωρεῖ (impersonal) there is
  time
ἔνιοι αι α some
ἐνίοτε sometimes

ἐπιστέλλω
  (ἐπιστειλ-) command,
  direct
*ἑστώς ῶσα ός standing
*καταγιγνώσκω
  (καταγνο-) condemn
  (+gen.); lay as a charge;
  observe
καταράομαι call down curses
  on
κερδαίνω gain, profit
κύλιξ (κυλικ-), ἡ cup (3a)
λῷστος η ον best
μεταστρέφομαι turn round
νεύω nod

οὐδενὸς ἔτι ἐνόντος i.e. 'there is
  no more left in the cup of
  life'
παρά (l. 544) during (+acc.)
πρᾶος, (πραεῖα), πρᾶν mild,
  gentle
συχνός ή όν much, long
*τρίβω pound, crush; wear
  out; waste (perf. τέτριμμαι)
*φάρμακον, τό poison, drug;
  remedy
φείδομαι spare (+gen.)
*χαλεπαίνω get angry with
  (+dat.)

Grinder and stone

'οὐδὲν ἄλλο', ἔφη, 'ἢ πιόντα περιιέναι, ἕως ἄν σου βάρος ἐν
τοῖς σκέλεσι γένηται, ἔπειτα κατακεῖσθαι· καὶ οὕτως αὐτὸ
ποιήσει.' καὶ ἅμα ὤρεξε τὴν κύλικα τῷ Σωκράτει.

καὶ ὃς λαβὼν καὶ μάλα ἵλεως, ὦ Ἐχέκρατες, οὐδὲν τρέσας
οὐδὲ διαφθείρας οὔτε τοῦ χρώματος οὔτε τοῦ προσώπου, ἀλλ᾽   570
ὥσπερ εἰώθει ταυρηδὸν ὑποβλέψας πρὸς τὸν ἄνθρωπον, 'τί
λέγεις', ἔφη, 'περὶ τοῦδε τοῦ πώματος πρὸς τὸ ἀποσπεῖσαί τινι;
ἔξεστιν ἢ οὔ;'
'τοσοῦτον', ἔφη, 'ὦ Σώκρατες, τρίβομεν ὅσον οἰόμεθα
μέτριον εἶναι πιεῖν.'   575
'μανθάνω', ἦ δ᾽ ὅς· 'ἀλλ᾽ εὔχεσθαί γέ που τοῖς θεοῖς ἔξεστί τε
καὶ χρή, τὴν μετοίκησιν τὴν ἐνθένδε ἐκεῖσε εὐτυχῆ γενέσθαι· ἃ
δὴ καὶ ἐγὼ εὔχομαί τε καὶ γένοιτο ταύτῃ.' καὶ ἅμ᾽ εἰπὼν ταῦτα
ἐπισχόμενος καὶ μάλα εὐχερῶς καὶ εὐκόλως ἐξέπιεν. καὶ ἡμῶν
οἱ πολλοὶ τέως μὲν ἐπιεικῶς οἷοί τε ἦσαν κατέχειν τὸ μὴ   580
δακρύειν, ὡς δὲ εἴδομεν πίνοντά τε καὶ πεπωκότα, οὐκέτι, ἀλλ᾽
ἐμοῦ γε βίᾳ καὶ αὐτοῦ ἀστακτὶ ἐχώρει τὰ δάκρυα, ὥστε
ἐγκαλυψάμενος ἀπέκλαον ἐμαυτόν – οὐ γὰρ δὴ ἐκεῖνόν γε, ἀλλὰ
τὴν ἐμαυτοῦ τύχην, οἵου ἀνδρὸς ἑταίρου ἐστερημένος εἴην. ὁ δὲ
Κρίτων ἔτι πρότερος ἐμοῦ, ἐπειδὴ οὐχ οἷός τ᾽ ἦν κατέχειν τὰ   585
δάκρυα, ἐξανέστη. Ἀπολλόδωρος δὲ καὶ ἐν τῷ ἔμπροσθεν
χρόνῳ οὐδὲν ἐπαύετο δακρύων, καὶ δὴ καὶ τότε
ἀναβρυχησάμενος κλάων καὶ ἀγανακτῶν οὐδένα ὅντινα οὐ
κατέκλασε τῶν παρόντων πλήν γε αὐτοῦ Σωκράτους.

ἐκεῖνος δέ, 'οἷα', ἔφη, 'ποιεῖτε, ὦ θαυμάσιοι. ἐγὼ μέντοι οὐχ   590
ἥκιστα τούτου ἕνεκα τὰς γυναῖκας ἀπέπεμψα, ἵνα μὴ τοιαῦτα
πλημμελοῖεν· καὶ γὰρ ἀκήκοα ὅτι ἐν εὐφημίᾳ χρὴ τελευτᾶν.
ἀλλ᾽ ἡσυχίαν τε ἄγετε καὶ καρτερεῖτε.'

καὶ ἡμεῖς ἀκούσαντες ᾐσχύνθημέν τε καὶ ἐπέσχομεν τοῦ
δακρύειν. ὁ δὲ περιελθών, ἐπειδή οἱ βαρύνεσθαι ἔφη τὰ σκέλη,   595
κατεκλίνη ὕπτιος – οὕτω γὰρ ἐκέλευεν ὁ ἄνθρωπος – καὶ ἅμα
ἐφαπτόμενος αὐτοῦ οὗτος ὁ δοὺς τὸ φάρμακον, διαλιπὼν
χρόνον ἐπεσκόπει τοὺς πόδας καὶ τὰ σκέλη, κἄπειτα σφόδρα
πιέσας αὐτοῦ τὸν πόδα ἤρετο εἰ αἰσθάνοιτο, ὁ δ᾽ οὐκ ἔφη. καὶ
μετὰ τοῦτο αὖθις τὰς κνήμας· καὶ ἐπανιὼν οὕτως ἡμῖν   600
ἐπεδείκνυτο ὅτι ψύχοιτό τε καὶ πήγνυτο. καὶ αὐτὸς ἥπτετο καὶ
εἶπεν ὅτι, ἐπειδὰν πρὸς τῇ καρδίᾳ γένηται αὐτῷ, τότε
οἰχήσεται.

ἤδη οὖν σχεδόν τι αὐτοῦ ἦν τὰ περὶ τὸ ἦτρον ψυχόμενα, καὶ
ἐκκαλυψάμενος – ἐνεκεκάλυπτο γάρ – εἶπεν – ὃ δὴ τελευταῖον   605
ἐφθέγξατο – 'ὦ Κρίτων', ἔφη, 'τῷ Ἀσκληπιῷ ὀφείλομεν

ἀλεκτρυόνα· ἀλλὰ ἀπόδοτε καὶ μὴ ἀμελήσητε.'
'ἀλλὰ ταῦτα', ἔφη, 'ἔσται', ὁ Κρίτων· 'ἀλλ' ὅρα εἴ τι ἄλλο
λέγεις.'

ταῦτα ἐρομένου αὐτοῦ οὐδὲν ἔτι ἀπεκρίνατο, ἀλλ' ὀλίγον   610
χρόνον διαλιπὼν ἐκινήθη τε καὶ ὁ ἄνθρωπος ἐξεκάλυψεν αὐτόν,
καὶ ὃς τὰ ὄμματα ἔστησεν· ἰδὼν δὲ ὁ Κρίτων συνέλαβε τὸ
στόμα καὶ τοὺς ὀφθαλμούς.

ἥδε ἡ τελευτή, ὦ Ἐχέκρατες, τοῦ ἑταίρου ἡμῖν ἐγένετο,
ἀνδρός, ὡς ἡμεῖς φαῖμεν ἄν, τῶν τότε ὧν ἐπειράθημεν ἀρίστου   615
καὶ ἄλλως φρονιμωτάτου καὶ δικαιοτάτου.

ἀλεκτρυών (ἀλεκτρυον-), ὁ
  cock (3a)
ἀναβρυχάομαι roar out loud
ἀποκλά(ι)ω weep for
ἀποσπένδω
  (ἀποσπεισ-) pour a
  libation
*ἅπτομαι feel, touch
Ἀσκληπιός, ὁ Asklepios, god
  of healing (2a)
ἀστακτί in floods
βαρύνομαι feel heavy
*ἐγκαλύπτομαι cover oneself
  up
*ἐκκαλύπτομαι uncover
  oneself
ἐμοῦ γε βίᾳ καὶ αὐτοῦ 'in spite
  of myself'
ἐνθένδε from here (on earth)
ἐπέχομαι hold up (the cup)
ἔστησεν 'he fixed, closed'
εὐκόλως contentedly
εὐφημία, ἡ silence (1b)

εὐχερῶς easily, without
  flinching
ἐφάπτομαι touch, feel
  (+gen.)
Ἐχεκράτης, ὁ Ekhekrates
  (3d)
ἦτρον, τό lower belly (2b)
ἵλεως cheerfully
καρδία, ἡ heart (1b)
καρτερέω be brave
κατακλάω make x (acc.)
  break down
κατακλίνομαι lie down
*κατέχω hold back, restrain;
  hold down
κινέομαι move, stir
κλάων = κλαίων
κνήμη, ἡ shin (1a)
μετοίκησις, ἡ migration,
  change of habitation (3e)
ὀρέγω offer
πειράομαι know, be
  acquainted with

νήγνυμαι become numb
πιέζω pinch
πλημμελέω offend
*πρόσωπον, τό face, expression
  (2b)
πῶμα, τό drink (3b)
σκέλος, τό leg (3c)
συλλαμβάνω close
ταυρηδόν like a bull
ταύτῃ in this way
τελευταῖος α ον last, final
τελευτή, ἡ end, death (1a)
τέως μέν so long
τρέω tremble, quake
*ὑποβλέπω peer
ὕπτιος α ον on one's back
φθέγγομαι utter
φρόνιμος η ον wise, sensible,
  judicious
χρῶμα, τό colour (3b)
ψύχομαι grow cold

Hemlock jars

Target passages: Might is right?
(*Gorgias* 483*b*–522*e* (*pass.*))

Gorgias and ῥητορική
Plato's dialogue *Gorgias* takes its title from the teacher of rhetoric, Gorgias, who
thought positively about style and experimented in it, and whose constant use
of balance and assonance and antithesis had a deep effect upon much later Greek
writing (especially Thucydides) though, as Dodds remarks, 'The style seems to
us, as it did to later antiquity, affected and boring: the well-drilled words
execute *ad nauseam* the same repetitive manoeuvres with the same mechanical
precision of a platoon on a barrack square.' A sample will give the idea:
(The context is the end of a funeral oration in praise of the dead, a point
where Gorgias is even more high-flown than usual.)

> τί γὰρ ἀπῆν τοῖς ἀνδράσι τούτοις ὧν δεῖ ἀνδράσι προσεῖναι;
> τί δὲ καὶ προσῆν ὧν οὐ δεῖ προσεῖναι; εἰπεῖν δυναίμην ἃ
> βούλομαι, βουλοίμην δ' ἃ δεῖ, λαθὼν μὲν τὴν θείαν νέμεσιν,
> φυγὼν δὲ τὸν ἀνθρώπινον φθόνον . . .
> [The dead were] ὑβρισταὶ εἰς τοὺς ὑβριστάς, κόσμιοι εἰς τοὺς
> κοσμίους, ἄφοβοι εἰς τοὺς ἀφόβους, δεινοὶ ἐν τοῖς δεινοῖς . . .
> σεμνοὶ μὲν πρὸς τοὺς θεοὺς τῷ δικαίῳ, ὅσιοι δὲ πρὸς τοὺς
> τοκέας τῇ θεραπείᾳ, δίκαιοι δὲ πρὸς τοὺς ἀστοὺς τῷ ἴσῳ,
> εὐσεβεῖς δὲ πρὸς τοὺς φίλους τῇ πίστει. τοιγαροῦν αὐτῶν
> ἀποθανόντων ὁ πόθος οὐ συναπέθανεν, ἀλλ' ἀθάνατος οὐκ ἐν
> ἀθανάτοις σώμασι ζῇ οὐ ζώντων.

'What did these men lack, which men ought to possess? And what did
they possess, which they ought not to possess? May I have the power to
say what I wish, and may I wish to say what I ought, avoiding divine
retribution and escaping the envy of men . . .
[The dead were] violent towards the violent, modest towards the
modest, fearless towards the fearless, terrible in terrors . . . reverent
towards the god in their justness, pious to parents in their caring, fair
towards citizens in their equal treatment, honourable towards friends
in their good faith. So, though they are dead, desire for them did not
die with them, but lives, immortal, in the not immortal bodies of those
who do not live.'

But the dialogue is not simply about rhetoric. True, ῥητορική (τέχνη) to a
Greek did mean the art of speaking well and convincingly, and it is with this art

that the dialogue begins. But it is essential to remember the associations that the art had for Athenians: ῥητορική was indissolubly bound up with government and the law. The Assembly of Athenian citizens had to be *persuaded* to pass the measures it did: the successful politician was only successful if he was a master of persuasion (no coincidence that ῥήτωρ means in Greek 'politician' as well as 'speaker, orator'). Equally, one's chance of survival in the law-courts (which spanned offences both civil and political) depended on one's personal ability to speak well. Consequently, an Athenian would have found it quite natural to see an argument about ῥητορική bring within its scope discussions of the political and legal power which it could confer upon a skilful exponent. The use to which such a powerful weapon could be put was of the greatest concern to Plato and, while the dialogue starts gently enough, by the time our selection begins (with the entry of Kallikles into the debate) it is reaching a pitch of bitterness and passion unparalleled in Plato.

The early part of the Gorgias

When the dialogue opens, Socrates engages Gorgias in a discussion of what ῥητορική is, and Gorgias says that it is the art of convincing men by means of speech. Under further questioning. Gorgias admits that it is his job to teach pupils how to use the art to its best advantage, but he can only hope that his pupils will use the skill for good, not bad, ends. He fully agrees that the ῥήτωρ should be δίκαιος, but cannot say where he will get this quality.

At this point Gorgias' place in the dialogue is taken by a young, rather impetuous disciple, Polos ('colt'), who demands a definition of ῥητορική from Socrates. Socrates defines it as a branch of κολακεία (a κόλαξ is a hanger-on, a parasite: perhaps 'creep', 'crawler' gets the right tone of contempt) – humouring people by telling them what they want to hear. Polos argues that the ῥήτωρ can hardly come in the same despised category as the κόλαξ – for he is the most powerful of people, able by his skill to do (or get others to do) whatever he wishes. Socrates argues that to do what one wishes to do may not be what is best for one, if the consequences are to your harm and not your benefit: merely being a ῥήτωρ does not automatically qualify you to tell what will be to your hurt, what to your good. Polos replies that at least he must be envied, but again Socrates disagrees – for how can it be enviable to be in a position where one can freely commit all sorts of crimes against others? For, says Socrates, it is the most harmful thing you can do to yourself to do wrong (τὸ ἀδικεῖν). Polos is amazed – surely suffering wrong (τὸ ἀδικεῖσθαι) is the most harmful thing? A long argument ensues, at the end of which Polos is forced to agree that τὸ ἀδικεῖν is worse for one than τὸ ἀδικεῖθαι, and that, indeed, it is the worst thing one can do to attempt to get off a just criminal charge by using ῥητορική (for the criminal is benefited by punishment).

At this point, Kallikles takes up the running. It is with his entry that the two strands of the argument – the use to which ῥητορική is put (with Gorgias) and the moral life (with Polos) – are fused into the wide-ranging question – in what does happiness really consist and how should we lead our lives to achieve it?

Kallikles can hardly believe his ears when he hears Polos agreeing with Socrates' conclusions, and steps in to take up the argument (481b–483b)

KALLIKLES   Tell me, Socrates, are we to take what you are saying seriously, or are you joking? For if you are serious and what you say is true, doesn't it turn human life upside-down and isn't all we do the opposite, apparently, of what it should be?

SOCRATES   My dear Kallikles, if men, for all their diversities, did not share a common experience, and the experience of some of us was quite private and different from that of the rest, it would not be easy to communicate our feelings to each other. I say this because I notice that you and I have something in common; we both have two loves. Mine are Alkibiades son of Kleinias and philosophy, and yours are the Athenian people and Pyrilampes. And I notice that, clever as you are, you are never able to contradict any assertion your loves make, but change your views to correspond. In the Assembly if the people contradict you, you change your views to meet their wishes, and you do just the same when you are confronted with young Pyrilampes' good looks. You are quite incapable of opposing what your loves want or say, and if anyone were to express surprise at some of the odd things you say in consequence, you would have, if you were truthful, to tell him that until someone stops your loves saying them you will go on saying them yourself. Well, you must reckon to hear the same sort of thing from me, and not be surprised at what I say, but stop philosophy, who is my love, from saying it. For it is philosophy that says what you have just heard me say, my dear Kallikles, and she is much the less impulsive of my loves. For Alkibiades says one thing at one time and another at another, but what philosophy says is always the same; it is what you were surprised at just now and you were here to hear it yourself. You must therefore, as I just said, either refute her contention that to do wrong and escape punishment is the worst of all evils, or, if you let her go unrefuted, I swear by the Dog the Egyptians worship that Kallikles will never be at peace with himself all his life long, but in continual disharmony. And, my dear Kallikles, I would myself much rather play on an instrument that was out of tune and direct a chorus that could not keep time, or disagree with most of my fellows, than be in disharmony and disagreement with myself, though I'm only a single individual.

KAL.   It seems to me Socrates that in what you say you combine the adolescent
            and the mob-orator. And your present bit of mob-oratory is simply due to
            Polos having suffered just what he accused Gorgias of having suffered at your
            hands. When you asked Gorgias whether, if any of his pupils in rhetoric lacked
            the knowledge of right and wrong, he would teach it them, Gorgias said he
            would; but Polos said Gorgias' reply arose out of deference to conventional
            opinion which would be outraged if he said he would not; and that the
            consequence of this admission was that Gorgias was forced to contradict
            himself, which is just the result you like to produce. Polos was quite right to
            ridicule you then, but has now fallen into the same trap himself. And I have no
            sympathy for his admission that to inflict wrong is more discreditable than to
            suffer it. For this admission enabled you to tie him up and silence him in
            argument, because he was ashamed to say what he thought. For under the
            pretence of pursuing the truth, Socrates, you are leading us into what are really
            a lot of cheap and vulgar notions, whose value is purely conventional with no
            basis in natural reality. Nature and convention are in most respects opposed to
            each other, and anyone who is ashamed to admit this and afraid to say what he
            thinks is forced into contradictions. You have discovered this subtle distinc-
            tion and make dishonest use of it in argument. If someone speaks in the
            language of convention, you question him in terms of nature; if he speaks in
            terms of nature, you reply in those of convention. So in this discussion about
            doing and suffering wrong, when Polos spoke of what is conventionally
            discreditable, you pursued the argument in terms of nature. For in terms of
            nature the more discreditable is always the more evil choice, in this case
            suffering wrong. But conventionally, doing wrong is the more discreditable.
            For suffering wrong is not really an experience suitable for a proper man, but
            for a slave who had better be dead than alive because however much he is
            wronged or abused he cannot help himself nor anyone for whom he cares.

28   *Laws are made by the weak to protect themselves against the strong.*
          Equality is merely a catch-phrase of the weak to prevent the strong from
          having their own justifiable way. (483b–484b)

ΚΑΛΛΙΚΛΗΣ

            ἀλλ' οἶμαι οἱ τιθέμενοι τοὺς νόμους οἱ ἀσθενεῖς ἄνθρωποί
            εἰσιν καὶ οἱ πολλοί. πρὸς αὐτοὺς οὖν καὶ τὸ αὐτοῖς συμφέρον

*συμφέρων ουσα ον useful, advantageous (συμφέρει=it is useful, expedient, agreed)

τούς τε νόμους τίθενται καὶ τοὺς ἐπαίνους ἐπαινοῦσιν καὶ τοὺς
ψόγους ψέγουσιν· ἐκφοβοῦντες τοὺς ἐρρωμενεστέρους τῶν   620
ἀνθρώπων καὶ δυνατοὺς ὄντας πλέον ἔχειν, ἵνα μὴ αὐτῶν πλέον
ἔχωσιν, λέγουσιν ὡς αἰσχρὸν καὶ ἄδικον τὸ πλεονεκτεῖν, καὶ
τοῦτό ἐστιν τὸ ἀδικεῖν, τὸ πλέον τῶν ἄλλων ζητεῖν ἔχειν·
ἀγαπῶσι γὰρ οἶμαι αὐτοὶ ἂν τὸ ἴσον ἔχωσιν φαυλότεροι ὄντες.
διὰ ταῦτα δὴ νόμῳ μὲν τοῦτο ἄδικον καὶ αἰσχρὸν λέγεται, τὸ   625
πλέον ζητεῖν ἔχειν τῶν πολλῶν, καὶ ἀδικεῖν αὐτὸ καλοῦσιν· ἡ δέ
γε οἶμαι φύσις αὐτὴ ἀποφαίνει αὐτό, ὅτι δίκαιόν ἐστιν τὸν
ἀμείνω τοῦ χείρονος πλέον ἔχειν καὶ τὸν δυνατώτερον τοῦ
ἀδυνατωτέρου. δηλοῖ δὲ ταῦτα πολλαχοῦ ὅτι οὕτως ἔχει, καὶ ἐν
τοῖς ἄλλοις ζῴοις καὶ τῶν ἀνθρώπων ἐν ὅλαις ταῖς πόλεσι καὶ   630
τοῖς γένεσιν, ὅτι οὕτω τὸ δίκαιον κέκριται, τὸν κρείττω τοῦ
ἥττονος ἄρχειν καὶ πλέον ἔχειν. ἐπεὶ ποίῳ δικαίῳ χρώμενος
Ξέρξης ἐπὶ τὴν Ἑλλάδα ἐστράτευσεν ἢ ὁ πατὴρ αὐτοῦ ἐπὶ
Σκύθας; ἢ ἄλλα μυρία ἄν τις ἔχοι τοιαῦτα λέγειν. ἀλλ' οἶμαι
οὗτοι κατὰ φύσιν τὴν τοῦ δικαίου ταῦτα πράττουσιν, καὶ ναὶ μὰ   635
Δία κατὰ νόμον γε τὸν τῆς φύσεως, οὐ μέντοι ἴσως κατὰ
τοῦτον ὃν ἡμεῖς τιθέμεθα· πλάττοντες τοὺς βελτίστους καὶ
ἐρρωμενεστάτους ἡμῶν αὐτῶν, ἐκ νέων λαμβάνοντες, ὥσπερ
λέοντας, κατεπᾴδοντές τε καὶ γοητεύοντες καταδουλούμεθα
λέγοντες ὡς τὸ ἴσον χρὴ ἔχειν καὶ τοῦτό ἐστιν τὸ καλὸν καὶ τὸ   640
δίκαιον. ἐὰν δέ γε οἶμαι φύσιν ἱκανὴν γένηται ἔχων ἀνήρ, πάντα
ταῦτα ἀποσεισάμενος καὶ διαρρήξας καὶ διαφυγών,
καταπατήσας τὰ ἡμέτερα γράμματα καὶ μαγγανεύματα καὶ
ἐπῳδὰς καὶ νόμους τοὺς παρὰ φύσιν ἅπαντας, ἐπαναστὰς
ἀνεφάνη δεσπότης ἡμέτερος ὁ δοῦλος, καὶ ἐνταῦθα ἐξέλαμψεν   645
τὸ τῆς φύσεως δίκαιον.

Kallikles calls the poets to support his case (484b–c)

KAL.   It seems to me that Pindar made the same point as I have, in the poem in which
         he says

                    'Custom is King o'er all,
                    Mortals and immortals.'

         And he goes on to say of it

                    'It carries things off with high hand,
                    Making might right.
                    Witness the deeds of Herakles,
                    When with no price paid –'

         or something of the sort – I don't know the poem by heart, but it tells how

Herakles drove away the oxen of Geryon without paying for them or having them given him, because this is natural justice, and the oxen and all other possessions of the inferior and weaker are at the disposal of the superior and stronger. That is the truth, as you will find out if you abandon philosophy and turn to more important things.

29 *Philosophy is all very well for a time, but as a way of life it is pointless.*
(484c–e)

ΚΑΛ.   φιλοσοφία γάρ τοί ἐστιν, ὦ Σώκρατες, χαρίεν, ἄν τις αὐτοῦ
μετρίως ἅψηται ἐν τῇ ἡλικίᾳ· ἐὰν δὲ περαιτέρω τοῦ δέοντος
ἐνδιατρίψῃ, διαφθορὰ τῶν ἀνθρώπων. ἐὰν γὰρ καὶ πάνυ εὐφυὴς
ᾖ καὶ πόρρω τῆς ἡλικίας φιλοσοφῇ, ἀνάγκη πάντων ἄπειρον   650
γεγονέναι ἐστὶν ὧν χρὴ ἔμπειρον εἶναι τὸν μέλλοντα καλὸν
κἀγαθὸν καὶ εὐδόκιμον ἔσεσθαι ἄνδρα. καὶ γὰρ τῶν νόμων
ἄπειροι γίγνονται τῶν κατὰ τὴν πόλιν, καὶ τῶν λόγων οἷς δεῖ
χρώμενον ὁμιλεῖν ἐν τοῖς συμβολαίοις τοῖς ἀνθρώποις καὶ ἰδίᾳ
καὶ δημοσίᾳ, καὶ τῶν ἡδονῶν τε καὶ ἐπιθυμιῶν τῶν   655

ἀγαπάω be content
ἀδύνατος ον weak, powerless
*ἄν (l. 647, 624) = ἐάν
ἀνάγκη ... ἐστίν 'it is
    inevitable that he will
    become ignorant of all the
    things'
ἀποσείω shake off
ἅπτομαι touch (+ gen.)
γοητεύω bewitch
γράμμα, τό paper
    prescription (3b)
δηλοῖ δὲ ταῦτα πολλαχοῦ
    ὅτι 'it is evident in many
    fields that these things'
διαρρήγνυμι
    (διαρρηξ-) burst, break
    out
διαφθορά, ἡ (c. ἐστί)
    corruption, destruction
    (1b)
ἐκ νέων

λαμβάνοντες 'catching
    them (from) young'
*ἐκλάμπω blaze, shine out
ἐνδιατρίβω spend time in a
    pursuit
ἔπαινος, ὁ approval, praise
    (2a)
ἐπανίσταμαι (ἐπαναστα-) rise
    in insurrection
ἐπῳδή, ἡ charm (1a)
ἐρρωμένος vigorous, strong
εὐφυής ές clever, gifted
*ἡλικία, ἡ youth, age (1b)
*ἴσος η ον equal; fair; just
καταπατέω trample under
    foot
κατεπάδω put under a spell
κέκριται 'has been assessed'
    (perf. pass. of κρίνω)
λέων (λεοντ-), ὁ lion (3a)
μαγγάνευμα, τό spell (3b)
*μέτριος α ον moderate,

    average, fair
μυρίος α ον countless
Ξέρξης, ὁ Xerxes (the great
    Persian king) (1d)
*ὁμιλέω engage with, be in
    company, associate with,
    attend (+ dat.)
περαιτέρω τοῦ δέοντος 'further
    than is necessary'
πλάττω mould, shape
*πλεονεκτέω have more than
    one's share; be grasping
Σκύθαι, οἱ Scythians (1d)
στρατεύω march
συμβόλαια, τά business
    contract (2b)
χαρίεις εσσα εν agreeable,
    pleasant
ψέγω censure, blame
ψόγος, ὁ censure, blame (2a)

ἀνθρωπείων, καὶ συλλήβδην τῶν ἠθῶν παντάπασιν ἄπειροι
γίγνονται. ἐπειδὰν οὖν ἔλθωσιν εἴς τινα ἰδίαν ἢ πολιτικὴν
πρᾶξιν, καταγέλαστοι γίγνονται, ὥσπερ γε οἶμαι οἱ πολιτικοί,
ἐπειδὰν αὖ εἰς τὰς ὑμετέρας διατριβὰς ἔλθωσιν καὶ τοὺς
λόγους, καταγέλαστοί εἰσιν. συμβαίνει γὰρ τὸ τοῦ Εὐριπίδου·   660
'λαμπρός τέ' ἐστιν 'ἕκαστος' ἐν τούτῳ, 'καὶ ἐπὶ τοῦτ'
ἐπείγεται',

> νέμων τὸ πλεῖστον ἡμέρας τούτῳ μέρος,
> ἵν' αὐτὸς αὑτοῦ τυγχάνει βέλτιστος ὤν·

Philosophy is a young, immature man's pursuit (485a–486a)

KAL.   He will shun and depreciate what he is bad at, but praise what he is good at, out
of self-regard and in the belief that the praise redounds to his own credit. But
to my mind the best course is to have some experience of both. Some
experience of philosophy is desirable as part of education, and there's no
discredit in philosophising when you are young. But when a man continues
with philosophy when he is grown up the thing becomes absurd, Socrates, and
I feel the same about philosophers as I do about stammering and children's
games. When I see a child, in whom it is quite appropriate, stammering and
being childish it pleases me and seems to be quite proper and to have a certain
charm and appropriateness at its young age; similarly when I hear a child
enunciating clearly I think it's rather disagreeable and it offends my ear and
seems a bit deferential. But if one hears a grown man stammering and sees him
playing childish games, it seems absurd and unmanly and he needs whipping. I
have the same feelings about philosophers. I approve of philosophy in the
young and immature, and think it a suitable study for them and the mark of a
free and generous spirit; failure to study it shows a certain poorness of spirit
and lack of high ambition. But when I see someone who is fully grown up
continuing with philosophy and not giving it up, then, Socrates, I think he
needs whipping. For however good his natural endowment, he will never be
able to become a real man if he avoids public and business affairs, in which as
the poet says men 'win renown', and retires to spend the rest of his life
whispering in a corner with three or four young men and never saying
anything big, bold or effective. Now I have quite an affection for you,
Socrates, and feel about you rather as Euripides' Sdethos, whom I have just
quoted, felt about his brother Amphion. Indeed I feel inclined to adapt
something he said to his brother, and say to you, 'Socrates, you are neglecting
what you ought to care about, and wasting your great natural abilities in
childish attitudes, with the result that you cannot contribute anything of value

to the proceedings of a court or produce a plausible or persuasive argument or contrive a bold plan to help a friend.' So don't get annoyed with me, Socrates, for I speak in all good-will, if I ask if you aren't ashamed to be in this state which I believe is common to all who like you overindulge in philosophy.

30 *Your life, Socrates, is of no practical benefit to you or anyone else: abandon it. (486a–d)*

ΚΑΛ. νῦν γὰρ εἴ τις σοῦ λαβόμενος ἢ ἄλλου ὁτουοῦν τῶν τοιούτων εἰς   665
τὸ δεσμωτήριον ἀπάγοι, φάσκων ἀδικεῖν μηδὲν ἀδικοῦντα,
οἶσθ᾽ ὅτι οὐκ ἂν ἔχοις ὅτι χρήσαιο σαυτῷ, ἀλλ᾽ ἰλιγγιῴης ἂν
καὶ χασμῷο οὐκ ἔχων ὅτι εἴποις, καὶ εἰς τὸ δικαστήριον
ἀναβάς, κατηγόρου τυχὼν πάνυ φαύλου καὶ μοχθηροῦ,
ἀποθάνοις ἄν, εἰ βούλοιτο θανάτου σοι τιμᾶσθαι. καίτοι πῶς   670
σοφὸν τοῦτό ἐστιν, ὦ Σώκρατες, 'ἥτις εὐφυῆ λαβοῦσα τέχνη
φῶτα ἔθηκε χείρονα᾽, μήτε αὐτὸν αὑτῷ δυνάμενον βοηθεῖν μηδ᾽
ἐκσῶσαι ἐκ τῶν μεγίστων κινδύνων μήτε ἑαυτὸν μήτε ἄλλον
μηδένα, ὑπὸ δὲ τῶν ἐχθρῶν περισυλᾶσθαι πᾶσαν τὴν οὐσίαν,
ἀτεχνῶς δὲ ἄτιμον ζῆν ἐν τῇ πόλει; τὸν δὲ τοιοῦτον, εἴ τι καὶ   675
ἀγροικότερον εἰρῆσθαι, ἔξεστιν ἐπὶ κόρρης τύπτοντα μὴ διδόναι
δίκην. ἀλλ᾽ ὠγαθέ, ἐμοὶ πείθου, 'παῦσαι δὲ ἐλέγχων,
πραγμάτων δ᾽ εὐμουσίαν ἄσκει᾽, καὶ ἄσκει ὁπόθεν δόξεις
φρονεῖν, 'ἄλλοις τὰ κομψὰ ταῦτα ἀφείς᾽, εἴτε ληρήματα χρὴ
φάναι εἶναι εἴτε φλυαρίας, 'ἐξ ὧν κενοῖσιν ἐγκατοικήσεις   680
δόμοις᾽· ζηλῶν οὐκ ἐλέγχοντας ἄνδρας τὰ μικρὰ ταῦτα, ἀλλ᾽ οἷς
ἔστιν καὶ βίος καὶ δόξα καὶ ἄλλα πολλὰ ἀγαθά.

ἀνθρώπειος α ον human
ἀσκέω practise, develop
*ἀτεχνῶς literally, really, simply
*δεσμωτήριον, τό prison (2b)
δόμοι, οἱ house (2a)
ἐγκατοικέω inhabit (+dat.)
εὐμουσία, ἡ sense of beauty (1b)
Εὐριπίδης, ὁ Euripides (1d)
ζηλόω admire, emulate
ἤθη, τά human nature (3c)

ἰλιγγιάω be in a daze
κενός ή όν empty, barren
κομψός ή όν over-ingenious, smart
κόρρη, ἡ chin (1a)
*λαμπρός ά όν bright, clear, brilliant, shining
λήρημα, τό nonsense (3b)
*μοχθηρός ά όν villainous, wretched, inferior
περισυλάω strip, plunder
συλλήβδην in short

*συμβαίνει it happens, turns out, proves true
τιμάομαι lay on x (dat.) a punishment of y (gen.)
τούτῳ ... ἵνα (ll. 663–4) 'to this area of activity ... in which'
φλυαρία, ἡ foolery, rubbish (1b)
*φρονέω be sensible, wise
χασμάομαι gape

148   *Plato*

(Socrates has taken Kallikles' argument that he is incapable of helping himself and attempted to show that real self-help consists not in defending oneself against others' wrongdoings, but in not doing wrong oneself. But what special skill (τέχνη) is needed to avoid both suffering wrong (τὸ ἀδικεῖσθαι) and doing it (τὸ ἀδικεῖν)?)

31   Socrates argues that one way of avoiding suffering wrong is to identify oneself with the existing regime. But the consequences would be disastrous. (510a–511a)

ΣΩ.   τίς οὖν ποτ᾽ ἐστὶν τέχνη τῆς παρασκευῆς τοῦ μηδὲν ἀδικεῖσθαι
ἢ ὡς ὀλίγιστα; σκέψαι εἰ σοὶ δοκεῖ ἥπερ ἐμοί. ἐμοὶ μὲν γὰρ
δοκεῖ ἥδε· ἢ αὐτὸν ἄρχειν δεῖν ἐν τῇ πόλει ἢ καὶ τυραννεῖν, ἢ   685
τῆς ὑπαρχούσης πολιτείας ἑταῖρον εἶναι.
ΚΑΛ.   ὁρᾷς, ὦ Σώκρατες, ὡς ἐγὼ ἕτοιμός εἰμι ἐπαινεῖν, ἄν τι καλῶς
λέγῃς; τοῦτό μοι δοκεῖς πάνυ καλῶς εἰρηκέναι.
ΣΩ.   σκόπει δὴ καὶ τόδε ἐάν σοι δοκῶ εὖ λέγειν. φίλος μοι δοκεῖ
ἕκαστος ἑκάστῳ εἶναι ὡς οἷόν τε μάλιστα, ὅνπερ οἱ παλαιοί τε   690
καὶ σοφοὶ λέγουσιν, ὁ ὅμοιος τῷ ὁμοίῳ. οὐ καὶ σοί;
ΚΑΛ.   ἔμοιγε.
ΣΩ.   οὐκοῦν ὅπου τύραννός ἐστιν ἄρχων ἄγριος καὶ ἀπαίδευτος, εἴ
τις τούτου ἐν τῇ πόλει πολὺ βελτίων εἴη, φοβοῖτο δήπου ἂν
αὐτὸν ὁ τύραννος καὶ τούτῳ ἐξ ἅπαντος τοῦ νοῦ οὐκ ἄν ποτε   695
δύναιτο φίλος γενέσθαι;
ΚΑΛ.   ἔστι ταῦτα.
ΣΩ.   οὐδέ γε εἴ τις πολὺ φαυλότερος εἴη, οὐδ᾽ ἂν οὗτος· καταφρονοῖ
γὰρ ἂν αὐτοῦ ὁ τύραννος καὶ οὐκ ἄν ποτε ὡς πρὸς φίλον
σπουδάσειεν.   700
ΚΑΛ.   καὶ ταῦτ᾽ ἀληθῆ.
ΣΩ.   λείπεται δὴ ἐκεῖνος μόνος ἄξιος λόγου φίλος τῷ τοιούτῳ, ὃς ἂν
ὁμοήθης ὤν, ταὐτὰ ψέγων καὶ ἐπαινῶν, ἐθέλῃ ἄρχεσθαι καὶ
ὑποκεῖσθαι τῷ ἄρχοντι. οὗτος μέγα ἐν ταύτῃ τῇ πόλει
δυνήσεται, τοῦτον οὐδεὶς χαίρων ἀδικήσει. οὐχ οὕτως ἔχει;   705
ΚΑΛ.   ναί.
ΣΩ.   εἰ ἄρα τις ἐννοήσειεν ἐν ταύτῃ τῇ πόλει τῶν νέων, ῾τίνα ἂν
τρόπον ἐγὼ μέγα δυναίμην καὶ μηδείς με ἀδικοῖ;᾽ αὕτη, ὡς
ἔοικεν, αὐτῷ ὁδός ἐστιν, εὐθὺς ἐκ νέου ἐθίζειν αὐτὸν τοῖς αὐτοῖς
χαίρειν καὶ ἄχθεσθαι τῷ δεσπότῃ, καὶ παρασκευάζειν ὅπως ὅτι   710
μάλιστα ὅμοιος ἔσται ἐκείνῳ. οὐχ οὕτως;
ΚΑΛ.   ναί.

ΣΩ.   οὐκοῦν τούτῳ τὸ μὲν μὴ ἀδικεῖσθαι καὶ μέγα δύνασθαι, ὡς ὁ
      ὑμέτερος λόγος, ἐν τῇ πόλει διαπεπράξεται.
ΚΑΛ. πάνυ γε.   715
ΣΩ.   ἆρ᾽ οὖν καὶ τὸ μὴ ἀδικεῖν; ἢ πολλοῦ δεῖ, εἴπερ ὅμοιος ἔσται τῷ
      ἄρχοντι ὄντι ἀδίκῳ καὶ παρὰ τούτῳ μέγα δυνήσεται; ἀλλ᾽ οἶμαι
      ἔγωγε, πᾶν τοὐναντίον οὑτωσὶ ἡ παρασκευὴ ἔσται αὐτῷ ἐπὶ τὸ
      οἵῳ τε εἶναι ὡς πλεῖστα ἀδικεῖν καὶ ἀδικοῦντα μὴ διδόναι
      δίκην. ἦ γάρ;   720
ΚΑΛ. φαίνεται.
ΣΩ.   οὐκοῦν τὸ μέγιστον αὐτῷ κακὸν ὑπάρξει μοχθηρῷ ὄντι τὴν
      ψυχὴν καὶ λελωβημένῳ διὰ τὴν μίμησιν τοῦ δεσπότου καὶ
      δύναμιν.

32 *Kallikles argues that the man who refuses to identify with the
        regime will be killed. Socrates asks whether this would be so bad a
        thing, and draws an analogy with life-saving. (511a–512a)*

ΚΑΛ. οὐκ οἶδ᾽ ὅπῃ στρέφεις ἑκάστοτε τοὺς λόγους ἄνω καὶ κάτω, ὦ   725
      Σώκρατες· ἢ οὐκ οἶσθα ὅτι οὗτος ὁ μιμούμενος τὸν μὴ
      μιμούμενον ἐκεῖνον ἀποκτενεῖ, ἐὰν βούληται, καὶ ἀφαιρήσεται
      τὰ ὄντα.
ΣΩ.   οἶδα, ὠγαθὲ Καλλίκλεις, εἰ μὴ κωφός γ᾽ εἰμί, καὶ σοῦ ἀκούων
      καὶ Πώλου ἄρτι πολλάκις καὶ τῶν ἄλλων ὀλίγου πάντων τῶν ἐν   730
      τῇ πόλει· ἀλλὰ καὶ σὺ ἐμοῦ ἄκουε, ὅτι ἀποκτενεῖ μέν, ἂν
      βούληται, ἀλλὰ πονηρὸς ὢν καλὸν κἀγαθὸν ὄντα.

ἄγριος α ον savage
ἀπαίδευτος ον uneducated
*ἄχθομαι be irritated with,
  annoyed at (+dat.)
ἐθίζω accustom
*εἴρηκα 'I have spoken'
ἑκάστοτε each and every time
*ἐναντίος α ον opposite,
  contrary
ἐξ ἅπαντος τοῦ νοῦ 'with all
  his heart'
ἐπὶ τὸ οἵῳ τε εἶναι 'with a
  view to being able'
Καλλικλῆς, ὁ Kallikles (3d)

κωφός ή όν stupid, deaf
μιμέομαι imitate (sc. 'the
  absolute ruler')
μίμησις, ἡ imitation (3e)
ὁμοήθης ες of the same habits
*ὅπῃ in what way? where?
παρασκευή, ἡ providing the
  means for (+gen.) (1a)
*πολλοῦ δεῖ far from it
Πῶλος, ὁ Polos ('colt' – an
  earlier adversary of Socrates)
  (2a)
*στρέφω turn, twist
τοῖς αὐτοῖς . . . τῷ

δεσπότῃ 'the same things
  . . . as his master'
τούτῳ . . . διαπεπράξεται 'by
  this means . . . he will have
  achieved'
τυραννέω hold absolute
  power
*τύραννος, ὁ sovereign (2a)
ὑπόκειμαι be subject to
  (+dat.)
ψέγω blame, censure
ὡς οἷόν τε μάλιστα 'to the
  greatest possible extent'

ΚΑΛ.   οὐκοῦν τοῦτο δὴ καὶ τὸ ἀγανακτητόν;

ΣΩ.   οὐ νοῦν γε ἔχοντι, ὡς ὁ λόγος σημαίνει. ἢ οἴει δεῖν τοῦτο
παρασκευάζεσθαι ἄνθρωπον, ὡς πλεῖστον χρόνον ζῆν, καὶ   735
μελετᾶν τὰς τέχνας ταύτας αἳ ἡμᾶς ἀεὶ ἐκ τῶν κινδύνων
σῴζουσιν, ὥσπερ καὶ ἣν σὺ κελεύεις ἐμὲ μελετᾶν τὴν ῥητορικὴν
τὴν ἐν τοῖς δικαστηρίοις διασῴζουσαν;

ΚΑΛ.   ναὶ μὰ Δία ὀρθῶς γέ σοι συμβουλεύων.

ΣΩ.   τί δέ, ὦ βέλτιστε; ἢ καὶ ἡ τοῦ νεῖν ἐπιστήμη σεμνή τίς σοι   740
δοκεῖ εἶναι;

ΚΑΛ.   μὰ Δί' οὐκ ἔμοιγε.

ΣΩ.   καὶ μὴν σῴζει γε καὶ αὕτη ἐκ θανάτου τοὺς ἀνθρώπους, ὅταν
εἴς τι τοιοῦτον ἐμπέσωσιν οὗ δεῖ ταύτης τῆς ἐπιστήμης. εἰ δ'
αὕτη σοι δοκεῖ σμικρὰ εἶναι, ἐγώ σοι μείζω ταύτης ἐρῶ, τὴν   745
κυβερνητικήν, ἣ οὐ μόνον τὰς ψυχὰς σῴζει ἀλλὰ καὶ τὰ
σώματα καὶ τὰ χρήματα ἐκ τῶν ἐσχάτων κινδύνων, ὥσπερ ἡ
ῥητορική. καὶ αὕτη μὲν προσεσταλμένη ἐστὶν καὶ κοσμία, καὶ
οὐ σεμνύνεται ἐσχηματισμένη ὡς ὑπερήφανόν τι
διαπραττομένη, ἀλλὰ ταὐτὰ διαπραξαμένη τῇ δικανικῇ, ἐὰν μὲν   750
ἐξ Αἰγίνης δεῦρο σώσῃ, οἶμαι δύ' ὀβολοὺς ἐπράξατο, ἐὰν δὲ ἐξ
Αἰγύπτου ἢ ἐκ τοῦ Πόντου, ἐὰν πάμπολυ, ταύτης τῆς μεγάλης
εὐεργεσίας, σώσασα ἃ νυνδὴ ἔλεγον, καὶ αὐτὸν καὶ παῖδας καὶ
χρήματα καὶ γυναῖκας, ἀποβιβάσασ' εἰς τὸν λιμένα δύο
δραχμὰς ἐπράξατο, καὶ αὐτὸς ὁ ἔχων τὴν τέχνην καὶ ταῦτα   755
διαπραξάμενος ἐκβὰς παρὰ τὴν θάλατταν καὶ τὴν ναῦν
περιπατεῖ ἐν μετρίῳ σχήματι· λογίζεσθαι γὰρ οἶμαι ἐπίσταται
ὅτι ἄδηλόν ἐστιν οὕστινάς τε ὠφέληκεν τῶν συμπλεόντων οὐκ
ἐάσας καταποντωθῆναι καὶ οὕστινας ἔβλαψεν, εἰδὼς ὅτι οὐδὲν
αὐτοὺς βελτίους ἐξεβίβασεν ἢ οἷοι ἐνέβησαν, οὔτε τὰ σώματα   760
οὔτε τὰς ψυχάς.

(*Socrates continues that the true test of the politician should not be that he saves lives – a
military engineer does that – but that he improves people. Pandering to people's desires does not
necessarily do that.*)

33   *Socrates recapitulates on the two ways of treating body and soul: either
by gratifying their every whim, or by improving them. On the
assumption that politicians should improve people, Socrates draws an
analogy from public life and the hiring of experts to do work on
contract.* (513d–514e)

ΣΩ. ἀναμνήσθητι δ' οὖν ὅτι δύ' ἔφαμεν εἶναι τὰς παρασκευὰς ἐπὶ τὸ
ἕκαστον θεραπεύειν, καὶ σῶμα καὶ ψυχήν, μίαν μὲν πρὸς
ἡδονὴν ὁμιλεῖν, τὴν ἑτέραν δὲ πρὸς τὸ βέλτιστον, μὴ
καταχαριζόμενον ἀλλὰ διαμαχόμενον. οὐ ταῦτα ἦν ἃ τότε   765
ὡριζόμεθα;
ΚΑΛ. πάνυ γε.
ΣΩ. οὐκοῦν ἡ μὲν ἑτέρα, ἡ πρὸς ἡδονήν, ἀγεννὴς καὶ οὐδὲν ἄλλο ἢ
κολακεία τυγχάνει οὖσα· ἢ γάρ;
ΚΑΛ. ἔστω, εἰ βούλει, σοὶ οὕτως.   770
ΣΩ. ἡ δέ γε ἑτέρα, ὅπως ὡς βέλτιστον ἔσται τοῦτο, εἴτε σῶμα
τυγχάνει ὂν εἴτε ψυχή, ὃ θεραπεύομεν;
ΚΑΛ. πάνυ γε.
ΣΩ. ἆρ' οὖν οὕτως ἐπιχειρητέον ἡμῖν ἐστιν τῇ πόλει καὶ τοῖς
πολίταις θεραπεύειν, ὡς βελτίστους αὐτοὺς τοὺς πολίτας   775
ποιοῦντας; ἄνευ γὰρ δὴ τούτου, ὡς ἐν τοῖς ἔμπροσθεν
ηὑρίσκομεν, οὐδὲν ὄφελος ἄλλην εὐεργεσίαν οὐδεμίαν
προσφέρειν, ἐὰν μὴ καλὴ κἀγαθὴ ἡ διάνοια ᾖ τῶν μελλόντων ἢ
χρήματα πολλὰ λαμβάνειν ἢ ἀρχήν τινων ἢ ἄλλην δύναμιν
ἡντινοῦν. φῶμεν οὕτως ἔχειν;   780
ΚΑΛ. πάνυ γε, εἴ σοι ἥδιον.

---

*ἀγανακτέω be angry,
  complain
ἀγεννής ές ignoble,
  dishonourable
ἄδηλος ον unknown, obscure
Αἴγινα, ἡ Aigina (an island
  near Athens) (1a)
Αἴγυπτος, ἡ Egypt (2a)
ἀναμιμνήσκομαι
  (ἀναμνησθ-) remember
ἀποβιβάζω disembark
*βλάπτω hurt, disable; harm;
  mislead
γυναῖκας i.e. wife and female
  slaves
ἐὰν πάμπολυ 'at the very
  most'
ἐκβιβάζω put off ship
*ἐπιστήμη, ἡ knowledge,
  understanding, professional
  skill (1a)

ἐσχηματισμένος posturing
ἑτέρα (l. 771)
  sc. 'aims at seeing to'
*εὐεργεσία, ἡ service, kindness
  (tr. 'in return for this
  service') (1b)
ἦ οἷοι 'than they were when'
καταποντόω drown
καταχαρίζομαι gratify
κολακεία, ἡ flattery (1b)
κόσμιος α ον decent
κυβερνητική (sc. τέχνη), ἡ
  navigation (1a)
*μελετάω practise
νέω swim
*ὀρθός η ον straight, right, true
ὁρίζομαι determine
παρασκευὴ ἐπὶ τό 'means by
  which to'
περιπατέω stroll about
Πόντος, ὁ Black Sea (2a)

*πράττομαι make (money)
πρὸς ἡδονήν 'for his
  enjoyment'
προσεσταλμένος unassuming
*ῥητορική (sc. τέχνη),
  ἡ oratory, art of speaking
  (1a)
σεμνός ή όν important
σεμνύνομαι act solemnly
σχῆμα, τό fashion, manner
  (3b)
τῇ δικανικῇ (l. 750) 'as
  oratory'
τῶν μελλόντων ἤ 'of those
  who intend either'
ὑπερήφανος ον splendid
ὥσπερ καὶ ἦν 'just like (that
  art) which'
*ὠφελέω help, aid, assist

ΣΩ.   εἰ οὖν παρεκαλοῦμεν ἀλλήλους, ὦ Καλλίκλεις, δημοσίᾳ
πράξοντες τῶν πολιτικῶν πραγμάτων ἐπὶ τὰ οἰκοδομικά, ἢ
τειχῶν ἢ νεωρίων ἢ ἱερῶν ἐπὶ τὰ μέγιστα οἰκοδομήματα,
πότερον ἔδει ἂν ἡμᾶς σκέψασθαι ἡμᾶς αὐτοὺς καὶ ἐξετάσαι   785
πρῶτον μὲν εἰ ἐπιστάμεθα τὴν τέχνην ἢ οὐκ ἐπιστάμεθα, τὴν
οἰκοδομικήν, καὶ παρὰ τοῦ ἐμάθομεν; ἔδει ἂν ἢ οὔ;
ΚΑΛ.   πάνυ γε.
ΣΩ.   οὐκοῦν δεύτερον αὖ τόδε, εἴ τι πώποτε οἰκοδόμημα
ᾠκοδομήκαμεν ἰδίᾳ ἢ τῶν φίλων τινὶ ἢ ἡμέτερον αὐτῶν, καὶ   790
τοῦτο τὸ οἰκοδόμημα καλὸν ἢ αἰσχρόν ἐστιν· καὶ εἰ μὲν
ηὑρίσκομεν σκοπούμενοι διδασκάλους τε ἡμῶν ἀγαθοὺς καὶ
ἐλλογίμους γεγονότας καὶ οἰκοδομήματα πολλὰ μὲν καὶ καλὰ
μετὰ τῶν διδασκάλων ᾠκοδομημένα ἡμῖν, πολλὰ δὲ καὶ ἴδια
ἡμῶν ἐπειδὴ τῶν διδασκάλων ἀπηλλάγημεν, οὕτω μὲν   795
διακειμένων, νοῦν ἐχόντων ἦν ἂν ἰέναι ἐπὶ τὰ δημόσια ἔργα· εἰ
δὲ μήτε διδάσκαλον εἴχομεν ἡμῶν αὐτῶν ἐπιδεῖξαι
οἰκοδομήματά τε ἢ μηδὲν ἢ πολλὰ καὶ μηδενὸς ἄξια, οὕτω δὴ
ἀνόητον ἦν δήπου ἐπιχειρεῖν τοῖς δημοσίοις ἔργοις καὶ
παρακαλεῖν ἀλλήλους ἐπ᾽ αὐτά. φῶμεν ταῦτα ὀρθῶς λέγεσθαι ἢ   800
οὔ;
ΚΑΛ.   πάνυ γε.
ΣΩ.   οὐκοῦν οὕτω πάντα, τά τε ἄλλα κἂν εἰ ἐπιχειρήσαντες
δημοσιεύειν παρεκαλοῦμεν ἀλλήλους ὡς ἱκανοὶ ἰατροὶ ὄντες,
ἐπεσκεψάμεθα δήπου ἂν ἐγώ τε σὲ καὶ σὺ ἐμέ, 'φέρε πρὸς θεῶν,   805
αὐτὸς δὲ ὁ Σωκράτης πῶς ἔχει τὸ σῶμα πρὸς ὑγίειαν; ἢ ἤδη
τις ἄλλος διὰ Σωκράτην ἀπηλλάγη νόσου, ἢ δοῦλος ἢ
ἐλεύθερος;' κἂν ἐγὼ οἶμαι περὶ σοῦ ἕτερα τοιαῦτα ἐσκόπουν·
καὶ εἰ μὴ ηὑρίσκομεν δι᾽ ἡμᾶς μηδένα βελτίω γεγονότα τὸ
σῶμα, μήτε τῶν ξένων μήτε τῶν ἀστῶν, μήτε ἄνδρα μήτε   810
γυναῖκα, πρὸς Διός, ὦ Καλλίκλεις, οὐ καταγέλαστον ἂν ἦν τῇ
ἀληθείᾳ, εἰς τοσοῦτον ἀνοίας ἐλθεῖν ἀνθρώπους, ὥστε, πρὶν
ἰδιωτεύοντας πολλὰ μὲν ὅπως ἐτύχομεν ποιῆσαι, πολλὰ δὲ
κατορθῶσαι καὶ γυμνάσασθαι ἱκανῶς τὴν τέχνην, τὸ λεγόμενον
δὴ τοῦτο ἐν τῷ πίθῳ τὴν κεραμείαν ἐπιχειρεῖν μανθάνειν, καὶ   815
αὐτούς τε δημοσιεύειν ἐπιχειρεῖν καὶ ἄλλους τοιούτους
παρακαλεῖν; οὐκ ἀνόητόν σοι δοκεῖ ἂν εἶναι οὕτω πράττειν;
ΚΑΛ.   ἔμοιγε.

ἄνοια, ἡ folly, idiocy (1b)   ἀπαλλαγ-) set free, deliver;   leave off; escape
*ἀπαλλάττω (ἀπαλλαξ-,   (mid., pass.) depart from,   γυμνάζομαι practise

*δημοσιεύω unded undertake a public practice, act publicly
ἐλλόγιμος ον held in high repute
ἐπί (l. 800) i.e. *to take up*
ἡμέτερον αὐτῶν 'as our own'
ἴδια ἡμῶν 'private (buildings) of our own (were built)'
*ἰδιωτεύω act in a private capacity, privately
κατορθόω succeed in
κεραμεία, ἡ pottery (1b)
νεώριον, τό dockyard (2b)

νοῦν ἐχόντων ἂν ἦν 'it would be the mark of sensible men'
οἰκοδομέω build
ὅπως ἐτύχομεν 'as we happened to' (i.e. *badly*)
οὕτω μὲν διακειμένων 'in these circumstances'
οὕτω ... κἂν εἰ (l. 803) 'so in all cases, and in other examples too, if'
*παρακαλέω encourage, exhort; summon; invite

πίθος, ὁ large pot, wine-jar (2a)
πράττω engage upon (+gen.)
τὰ οἰκοδομικά building (2b)
τὸ λεγόμενον δὴ τοῦτο 'in accordance with the saying, "to ..."'
ὑγίεια, ἡ health (1b)
ὥστε (l. 812): *in this clause take* τὸ λεγόμενον ... παρακαλεῖν *first, then take* πρίν ... τέχνην

From the building accounts for the Erectheum, 408–6
To those who put up the curved roof; fitting a cross-beam into its bed and all the others into theirs;
  to Manis resident at Kollytos 1 dr.; to Kroisos resident in the deme of the Skambonides 1 dr; to Andreas resident in Melite 1 dr.; to Prepon resident in Agryle 1 dr.; to Medos resident in Melite 1 dr.; to Apollodoros resident in Melite 1 dr.
To the six men who took down the scaffolding from the columns in the porch:
  Teukros resident in Kydathene 1 dr.; Kerdon slave of Axipeithes 1 dr., Kroisos resident in the deme of the Skambonides 1 dr.; Prepon resident in Agryle 1 dr.; Kephisodoros 1 dr.; Spodias 1 dr. ...
To the sawyers working by the day, two men working at a drachma a day each for 16 days:
  to Rhadios resident in Kollytos and his mate, 32 dr.;
to sawyers working by the day in the third fortnight (lit. twelve-day period) on sheathing planks for the roof, two men working for a drachma a day each for 7 days:
  to Rhaidios resident in Kollytos and his mate, 14 dr. Total for the sawyers 46 dr.
To the encaustic painters: for painting the moulding on the interior architrave at 5 obols a foot,
  the contractor Dionysodoros resident in Melite, the guarantor Heraklides from Oia, 30 dr. Total for encaustic painters, 30 dr.
To the goldsmiths:
  to Sisyphos resident in Melite for gilding the rosettes we paid the sums owing during the previous prytany of the Oineid tribe. Total for the goldsmiths (...)
Fees:
  to the architect Arkhilochos from Agryle 37 dr., to the assistant secretary Pyrgion 30 dr. 5 ob. Total Fees: 67 dr. 5 ob.
Total of all expenses:
  1790 dr. 3½ ob.

Inscriptiones Graecae I² 374, 56–114

34   *Has Kallikles improved people? Can he name any politician who has?*
     (515a–516b)

ΣΩ.   νῦν δέ, ὦ βέλτιστε ἀνδρῶν, ἐπειδὴ σὺ μὲν αὐτὸς ἄρτι ἄρχῃ
     πράττειν τὰ τῆς πόλεως πράγματα, ἐμὲ δὲ παρακαλεῖς καὶ   820
     ὀνειδίζεις ὅτι οὐ πράττω, οὐκ ἐπισκεψόμεθα ἀλλήλους, 'φέρε,
     Καλλικλῆς ἤδη τινὰ βελτίω πεποίηκεν τῶν πολιτῶν; ἔστιν
     ὅστις πρότερον πονηρὸς ὤν, ἄδικός τε καὶ ἀκόλαστος καὶ
     ἄφρων, διὰ Καλλικλέα καλός τε κἀγαθὸς γέγονεν, ἢ ξένος ἢ
     ἀστός, ἢ δοῦλος ἢ ἐλεύθερος;' λέγε μοι, ἐάν τίς σε ταῦτα   825
     ἐξετάζῃ, ὦ Καλλίκλεις, τί ἐρεῖς; τίνα φήσεις βελτίω
     πεποιηκέναι ἄνθρωπον τῇ συνουσίᾳ τῇ σῇ; ὀκνεῖς
     ἀποκρίνασθαι, εἴπερ ἔστιν τι ἔργον σὸν ἔτι ἰδιωτεύοντος, πρὶν
     δημοσιεύειν ἐπιχειρεῖν;
ΚΑΛ.   φιλόνικος εἶ, ὦ Σώκρατες.   830
ΣΩ.   ἀλλ' οὐ φιλονικίᾳ γε ἐρωτῶ, ἀλλ' ὡς ἀληθῶς βουλόμενος
     εἰδέναι ὅντινά ποτε τρόπον οἴει δεῖν πολιτεύεσθαι ἐν ἡμῖν. ἢ
     ἄλλου του ἄρα ἐπιμελήσῃ ἡμῖν ἐλθὼν ἐπὶ τὰ τῆς πόλεως
     πράγματα ἢ ὅπως ὅτι βέλτιστοι οἱ πολῖται ὦμεν; ἢ οὐ
     πολλάκις ἤδη ὡμολογήκαμεν τοῦτο δεῖν πράττειν τὸν πολιτικὸν   835
     ἄνδρα; ὡμολογήκαμεν ἢ οὔ; ἀποκρίνου. ὡμολογήκαμεν· ἐγὼ
     ὑπὲρ σοῦ ἀποκρινοῦμαι. εἰ τοίνυν τοῦτο δεῖ τὸν ἀγαθὸν ἄνδρα
     παρασκευάζειν τῇ ἑαυτοῦ πόλει, νῦν μοι ἀναμνησθεὶς εἰπὲ περὶ
     ἐκείνων τῶν ἀνδρῶν ὧν ὀλίγῳ πρότερον ἔλεγες, εἰ ἔτι σοι
     δοκοῦσιν ἀγαθοὶ πολῖται γεγονέναι, Περικλῆς καὶ Κίμων καὶ   840
     Μιλτιάδης καὶ Θεμιστοκλῆς.
ΚΑΛ.   ἔμοιγε.
ΣΩ.   οὐκοῦν εἴπερ ἀγαθοί, δῆλον ὅτι ἕκαστος αὐτῶν βελτίους ἐποίει
     τοὺς πολίτας ἀντὶ χειρόνων. ἐποίει ἢ οὔ;
ΚΑΛ.   ναί.   845
ΣΩ.   οὐκοῦν ὅτε Περικλῆς ἤρχετο λέγειν ἐν τῷ δήμῳ, χείρους ἦσαν
     οἱ Ἀθηναῖοι ἢ ὅτε τὰ τελευταῖα ἔλεγεν;
ΚΑΛ.   ἴσως.
ΣΩ.   οὐκ ἴσως δή, ὦ βέλτιστε, ἀλλ' ἀνάγκη ἐκ τῶν ὡμολογημένων,
     εἴπερ ἀγαθός γ' ἦν ἐκεῖνος πολίτης.   850
ΚΑΛ.   τί οὖν δή;
ΣΩ.   οὐδέν· ἀλλὰ τόδε μοι εἰπὲ ἐπὶ τούτῳ, εἰ λέγονται Ἀθηναῖοι διὰ
     Περικλέα βελτίους γεγονέναι, ἢ πᾶν τοὐναντίον διαφθαρῆναι
     ὑπ' ἐκείνου. ταυτὶ γὰρ ἔγωγε ἀκούω, Περικλέα πεποιηκέναι
     Ἀθηναίους ἀργοὺς καὶ δειλοὺς καὶ λάλους καὶ φιλαργύρους, εἰς   855

μισθοφορίαν πρῶτον καταστήσαντα.

ΚΑΛ. τῶν τὰ ὦτα κατεαγότων ἀκούεις ταῦτα, ὦ Σώκρατες.

ΣΩ. ἀλλὰ τάδε οὐκέτι ἀκούω, ἀλλ᾽ οἶδα σαφῶς καὶ ἐγὼ καὶ σύ, ὅτι
τὸ μὲν πρῶτον ηὐδοκίμει Περικλῆς καὶ οὐδεμίαν αἰσχρὰν δίκην
κατεψηφίσαντο αὐτοῦ Ἀθηναῖοι, ἡνίκα χείρους ἦσαν· ἐπειδὴ δὲ   860
καλοὶ κἀγαθοὶ ἐγεγόνεσαν ὑπ᾽ αὐτοῦ, ἐπὶ τελευτῇ τοῦ βίου τοῦ
Περικλέους, κλοπὴν αὐτοῦ κατεψηφίσαντο, ὀλίγου δὲ καὶ
θανάτου ἐτίμησαν, δῆλον ὅτι ὡς πονηροῦ ὄντος.

ἀκόλαστος ον undisciplined,
  uneducated
ἀργός ή όν lazy
ἄφρων ον senseless, stupid
δειλός ή όν cowardly
ἔτι ἰδιωτεύοντος 'while you
  were still a private citizen'
εὐδοκιμέω have an excellent
  reputation
ἡμῖν (l. 833) 'in our eyes'
ἡνίκα when
Θεμιστοκλῆς, ὁ Themistokles
  (architect of victory at
  Salamis) (3d)
καταψηφίζομαι bring a

charge of x (acc.) on Y
  (gen.)
Κίμων, ὁ Kimon (an important
  politician of the 470s) (3a)
κλοπή, ἡ misuse of public
  funds (1a)
λάλος η ον talkative
Μιλτιάδης, ὁ Miltiades (the
  victorious general at Marathon
  in 490) (1d)
μισθοφορία, ἡ payment for
  public service (1b)
ὀκνέω hesitate
τελευταῖα, τά 'for the last
  time'

τελευτή, ἡ end (1a)
τιμάω punish x (acc.) with Y
  (gen.)
τῶν τὰ ὦτα κατεαγότων
  'from those with
  cauliflower ears', i.e.
  Spartans
φιλάργυρος ον avaricious,
  money-grubbing
φιλονικία, ἡ competitiveness
  (1b)
φιλόνικος ον fond of victory,
  contentious

Potsherds (ὄστρακα) inscribed with some famous candidates for
ostracism

156   *Plato*

ΚΑΛ. τί οὖν; τούτου ἕνεκα κακὸς ἦν Περικλῆς;
ΣΩ.   ὄνων γοῦν ἂν ἐπιμελητὴς καὶ ἵππων καὶ βοῶν τοιοῦτος ὢν   865
      κακὸς ἂν ἐδόκει εἶναι, εἰ παραλαβὼν μὴ λακτίζοντας ἑαυτὸν
      μηδὲ κυρίττοντας μηδὲ δάκνοντας ἀπέδειξε ταῦτα ἅπαντα
      ποιοῦντας δι᾽ ἀγριότητα. ἢ οὐ δοκεῖ σοι κακὸς εἶναι ἐπιμελητὴς
      ὁστισοῦν ὁτουοῦν ζῴου, ὃς ἂν παραλαβὼν ἡμερώτερα ἀποδείξῃ
      ἀγριώτερα ἢ παρέλαβε; δοκεῖ ἢ οὔ;   870
ΚΑΛ. πάνυ γε, ἵνα σοι χαρίσωμαι.

(*Socrates argues that such statesmen gave people what they wanted, not what was good for them.
As a result, Athens was on the road to ruin. Indeed, there is nothing to choose between the
politician and the common sophist – neither looks to people's real interests.*)

35 Socrates is well aware his position may lead to his death, but is more
    concerned about the justice of his actions. He draws the analogy of the
    doctor and the pastry-cook on trial before a jury of children.
    (521a–522b)

ΣΩ.   ἐπὶ ποτέραν οὖν με παρακαλεῖς τὴν θεραπείαν τῆς πόλεως,
      διόρισόν μοι· τὴν τοῦ διαμάχεσθαι Ἀθηναίοις ὅπως ὡς
      βέλτιστοι ἔσονται, ὡς ἰατρόν, ἢ ὡς διακονήσοντα καὶ πρὸς
      χάριν ὁμιλήσοντα; τἀληθῆ μοι εἰπέ, ὦ Καλλίκλεις· δίκαιος γὰρ   875
      εἶ, ὥσπερ ἤρξω παρρησιάζεσθαι πρὸς ἐμέ, διατελεῖν ἃ νοεῖς
      λέγων. καὶ νῦν εὖ γενναίως εἰπέ.
ΚΑΛ. λέγω τοίνυν ὅτι ὡς διακονήσοντα.
ΣΩ.   κολακεύσοντα ἄρα με, ὦ γενναιότατε, παρακαλεῖς.
ΚΑΛ. εἰ σοι Μυσόν γε ἥδιον καλεῖν, ὦ Σώκρατες· ὡς εἰ μὴ ταῦτά γε   880
      ποιήσεις –
ΣΩ.   μὴ εἴπῃς ὃ πολλάκις εἴρηκας, ὅτι ἀποκτενεῖ με ὁ βουλόμενος,
      ἵνα μὴ αὖ καὶ ἐγὼ εἴπω, ὅτι 'πονηρός γε ὢν ἀγαθὸν ὄντα·' μηδ᾽
      ὅτι ἀφαιρήσεται ἐάν τι ἔχω, ἵνα μὴ αὖ ἐγὼ εἴπω ὅτι 'ἀλλ᾽
      ἀφελόμενος οὐχ ἕξει ὅτι χρήσεται αὐτοῖς, ἀλλ᾽ ὥσπερ με   885
      ἀδίκως ἀφείλετο, οὕτως καὶ λαβὼν ἀδίκως χρήσεται, εἰ δὲ
      ἀδίκως, αἰσχρῶς, εἰ δὲ αἰσχρῶς, κακῶς.'
ΚΑΛ. ὥς μοι δοκεῖς, ὦ Σώκρατες, πιστεύειν μηδ᾽ ἂν ἓν τούτων
      παθεῖν, ὡς οἰκῶν ἐκποδὼν καὶ οὐκ ἂν εἰσαχθεὶς εἰς δικαστήριον
      ὑπὸ πάνυ ἴσως μοχθηροῦ ἀνθρώπου καὶ φαύλου.   890
ΣΩ.   ἀνόητος ἄρα εἰμί, ὦ Καλλίκλεις, ὡς ἀληθῶς, εἰ μὴ οἴομαι ἐν

τῇδε τῇ πόλει ὁντινοῦν ἂν ὅτι τύχοι, τοῦτο παθεῖν. τόδε μέντοι
εὖ οἶδ' ὅτι, ἐάνπερ εἰσίω εἰς δικαστήριον περὶ τούτων τινὸς
κινδυνεύων, ὃ σὺ λέγεις, πονηρός τίς μ' ἔσται ὁ
εἰσάγων – οὐδεὶς γὰρ ἂν χρηστὸς μὴ ἀδικοῦντ' ἄνθρωπον   895
εἰσαγάγοι – καὶ οὐδέν γε ἄτοπον εἰ ἀποθάνοιμι. βούλει σοι
εἴπω δι' ὅτι ταῦτα προσδοκῶ;
ΚΑΛ. πάνυ γε.
ΣΩ.   οἶμαι μετ' ὀλίγων Ἀθηναίων, ἵνα μὴ εἴπω μόνος, ἐπιχειρεῖν τῇ
ὡς ἀληθῶς πολιτικῇ τέχνῃ καὶ πράττειν τὰ πολιτικὰ μόνος τῶν   900
νῦν· ἅτε οὖν οὐ πρὸς χάριν λέγων τοὺς λόγους οὓς λέγω
ἑκάστοτε, ἀλλὰ πρὸς τὸ βέλτιστον, οὐ πρὸς τὸ ἥδιστον, καὶ οὐκ
ἐθέλων ποιεῖν ἃ σὺ παραινεῖς, 'τὰ κομψὰ ταῦτα', οὐχ ἕξω ὅτι
λέγω ἐν τῷ δικαστηρίῳ. ὁ αὐτὸς δέ μοι ἥκει λόγος ὅνπερ πρὸς
Πῶλον ἔλεγον· κρινοῦμαι γὰρ ὡς ἐν παιδίοις ἰατρὸς ἂν κρίνοιτο   905
κατηγοροῦντος ὀψοποιοῦ. σκόπει γάρ, τί ἂν ἀπολογοῖτο ὁ
τοιοῦτος ἄνθρωπος ἐν τούτοις ληφθείς, εἰ αὐτοῦ κατηγοροῖ τις
λέγων ὅτι 'ὦ παῖδες, πολλὰ ὑμᾶς καὶ κακὰ ὅδε εἴργασται ἀνὴρ
καὶ αὐτούς, καὶ τοὺς νεωτάτους ὑμῶν διαφθείρει τέμνων τε καὶ
κάων, καὶ ἰσχναίνων καὶ πνίγων ἀπορεῖν ποιεῖ, πικρότατα   910
πώματα διδοὺς καὶ πεινῆν καὶ διψῆν ἀναγκάζων, οὐχ ὥσπερ
ἐγὼ πολλὰ καὶ ἡδέα καὶ παντοδαπὰ ηὐώχουν ὑμᾶς.' τί ἂν οἴει

ἄγριος α ον wild, fierce
ἀγριότης (ἀγριοτητ-), ἡ
    wildness, ferocity (3a)
*ἀποδείκνυμι
    (ἀποδειξ-) show, hand
    over (someone as), reveal,
    display
ἄτοπος ον surprising
βοῦς (βο-), ὁ ox (3)
διακονέω wait hand and foot
    on
διατελέω continue
διορίζω determine, ordain
διψάω be thirsty
ἑκάστοτε each and every time
ἐκποδών outside, i.e. in
    another world
ἐπιμελητής, ὁ handler (1d)
εὐωχέω feast x (acc.) on y
    (dat.)

ἥμερος (α) ον tame, docile
θεραπεία, ἡ service (1b)
ἰσχαίνω thin down
κολακεύω flatter
κομψός ά όν over-ingenious,
    smart
κυρίττω butt
λακτίζω kick
Μυσόν... καλεῖν to call
    Mysos Mysos, i.e. call a
    spade a spade
ὄνος, ὁ ass (2a)
ὀψοποιός, ὁ cook (2a)
παντοδαπός ή όν of all sorts
παραινέω advise
παρρησιάζομαι speak freely,
    openly
πεινάω be hungry
*πικρός ά όν bitter, harsh,
    severe

πνίγω choke
πρὸς χάριν 'for their pleasure'
προσδοκάω expect
Πῶλος, ὁ Polos (a previous
    adversary of Socrates in the
    dialogue) (2a)
πῶμα, τό drink (3b)
τέμνω cut
τοῦτο... ὅτι τύχοι (l. 892)
    'anything' (lit. 'this thing
    (namely) whatever might
    happen')
*χαρίζομαι (χαρισθ-) do a
    favour to; please; give
    graciously; (in past) be dear
    to (+dat.)
ὡς ἀληθῶς really and truly
ὡς... καὶ οὐκ ἂν (l. 889) 'as
    one who... and would not
    ...'

158   *Plato*

ἐν τούτῳ τῷ κακῷ ἀποληφθέντα ἰατρὸν ἔχειν εἰπεῖν; ἢ εἰ εἴποι
τὴν ἀλήθειαν, ὅτι 'ταῦτα πάντα ἐγὼ ἐποίουν, ὦ παῖδες,
ὑγιεινῶς', πόσον τι οἴει ἂν ἀναβοῆσαι τοὺς τοιούτους δικαστάς;   915
οὐ μέγα;
ΚΑΛ.   ἴσως.
ΣΩ.   οἴεσθαί γε χρή. οὐκοῦν οἴει ἐν πάσῃ ἀπορίᾳ ἂν αὐτὸν ἔχεσθαι
ὅτι χρὴ εἰπεῖν;
ΚΑΛ.   πάνυ γε.   920

36   Socrates foresees what will happen to him in a court of law, but insists
that genuine self-interest does not lie in the art of oratory. (522b–e)

ΣΩ.   τοιοῦτον μέντοι καὶ ἐγὼ οἶδα ὅτι πάθος πάθοιμι ἂν εἰσελθὼν εἰς
δικαστήριον. οὔτε γὰρ ἡδονὰς ἃς ἐκπεπόρικα ἔξω αὐτοῖς
λέγειν, ἃς οὗτοι εὐεργεσίας καὶ ὠφελίας νομίζουσιν, ἐγὼ δὲ
οὔτε τοὺς πορίζοντας ζηλῶ οὔτε οἷς πορίζεται· ἐάν τέ με ἢ
νεωτέρους φῇ διαφθείρειν ἀπορεῖν ποιοῦντα, ἢ τοὺς   925
πρεσβυτέρους κακηγορεῖν λέγοντα πικροὺς λόγους ἢ ἰδίᾳ ἢ
δημοσίᾳ, οὔτε τὸ ἀληθὲς ἔξω εἰπεῖν, ὅτι 'δικαίως πάντα ταῦτα
ἐγὼ λέγω, καὶ πράττω τὸ ὑμέτερον δὴ τοῦτο, ὦ ἄνδρες
δικασταί, οὔτε ἄλλο οὐδέν·' ὥστε ἴσως, ὅτι ἂν τύχω, τοῦτο
πείσομαι.   930
ΚΑΛ.   δοκεῖ οὖν σοι, ὦ Σώκρατες, καλῶς ἔχειν ἄνθρωπος ἐν πόλει
οὕτως διακείμενος καὶ ἀδύνατος ὢν ἑαυτῷ βοηθεῖν;
ΣΩ.   εἰ ἐκεῖνό γε ἓν αὐτῷ ὑπάρχοι, ὦ Καλλίκλεις, ὃ σὺ πολλάκις
ὡμολόγησας· εἰ βεβοηθηκὼς εἴη αὐτῷ, μήτε περὶ ἀνθρώπους
μήτε περὶ θεοὺς ἄδικον μηδὲν μήτε εἰρηκὼς μήτε εἰργασμένος.   935
αὕτη γὰρ τῆς βοηθείας ἑαυτῷ πολλάκις ἡμῖν ὡμολόγηται
κρατίστη εἶναι. εἰ μὲν οὖν ἐμέ τις ἐξελέγχοι ταύτην τὴν
βοήθειαν ἀδύνατον ὄντα ἐμαυτῷ καὶ ἄλλῳ βοηθεῖν, αἰσχυνοίμην
ἂν καὶ ἐν πολλοῖς καὶ ἐν ὀλίγοις ἐξελεγχόμενος καὶ μόνος ὑπὸ
μόνου, καὶ εἰ διὰ ταύτην τὴν ἀδυναμίαν ἀποθνήσκοιμι,   940
ἀγανακτοίην ἄν· εἰ δὲ κολακικῆς ῥητορικῆς ἐνδείᾳ τελευτῴην
ἔγωγε, εὖ οἶδα ὅτι ῥᾳδίως ἴδοις ἄν με φέροντα τὸν θάνατον.
αὐτὸ μὲν γὰρ τὸ ἀποθνήσκειν οὐδεὶς φοβεῖται, ὅστις μὴ
παντάπασιν ἀλόγιστός τε καὶ ἄνανδρός ἐστιν, τὸ δὲ ἀδικεῖν
φοβεῖται· πολλῶν γὰρ ἀδικημάτων γέμοντα τὴν ψυχὴν εἰς   945
Ἅιδου ἀφικέσθαι πάντων ἔσχατον κακῶν ἐστιν.

ἀδίκημα, τό crime (3b)
ἀδυναμία, ἡ incapacity (1b)
ἀλόγιστος ον irrational,
  unthinking
ἄνανδρος ον cowardly
αὐτῷ (l. 933) 'for that man'
  (i.e. 'whom you have just
  mentioned')
βοηθεία, ἡ defence, help,
  assistance (1b)

γέμω be loaded with, groan
  with (+gen.)
*ἐκπορίζω provide, supply
ἐνδεία, ἡ lack (1b)
ζηλόω envy, desire to
  compete with
κολακικός ή όν flattering,
  pandering
οἷς πορίζεται 'those to whom
  such services are provided'

*πορίζω offer, provide (sc.
  'such service')
πόσον τι how much? to what
  extent?
ταύτην τὴν βοηθείαν 'in
  respect of this assistance'
τὴν ψυχήν 'in his soul'
ὑγιεινῶς 'in the interests of
  health'
ὠφελία, ἡ good turn (1b)

ὀψοποιός

ἰατρός